मुस्लिम-परिवेश की विशिष्ट कहानियाँ

मुस्लिम जीवन और संस्कृति
से सम्बन्धित मार्मिक कहानियों का विशिष्ट-संग्रह

मुस्लिम परिवेश
की
विशिष्ट कहानियाँ

सम्पादक
विजयदेव झारी
नफ़ीस आफ़रीदी

स्कूल टाईम्स

ISBN– 978-81-910580-6-2

संस्करण : प्रथम, 2011

प्रकाशक : स्कूल टाईम्स
पंजीकृत ऑफिस : 6/36, प्रथम तल, विक्रम विहार, लाजपत नगर-IV नई दिल्ली-110024
शोरूम : ई-343 ए, (एल.जी.एफ.) ग्रेटर कैलाश-I नई दिल्ली-110048

मुद्रक : पराग प्रिंटिंग सर्विस, दिल्ली-48 द्वारा शब्द संयोजन एवं शर्मा प्रिंटर्स, दिल्ली-110094 में मुद्रित ।

Muslim Parivesh Ki Vishisht Kahaniyan
(Collection of Selected Short-Stories on Mohamedan Culture & Civilization)
Edited by : Vijay Dev Jhari & Nafees Aafridi

मुस्लिम परिवेश की विशिष्ट कहानियां

आलोक

कहानियां

मुस्लिम परिवेश की विशिष्ट कहानियां

□

□

आलोक

हिन्दी कहानी और मुस्लिम परिवेश

भारतवर्ष एक सेक्यूलर प्रजातांत्रिक गणराज्य है. मुसलमान भारतवर्ष की सबसे बड़ी अक़लीयत हैं. भारतीय जीवन में मुसलमानों के महत्त्व को झुठलाया नहीं जा सकता. इस्लाम के भारत-आगमन के पश्चात् भारतीय संस्कृति और मुस्लिम संस्कृति के समन्वय की प्रक्रिया आरम्भ हुई. यह समन्वय धर्म, दर्शन, कला, आचार-विचार आदि सभी क्षेत्रों में देखा जा सकता है. मुसलमानों की सत्ता-स्थापना के साथ ही धर्म और दर्शन के क्षेत्र में क्रान्ति की एक लहर समूचे भारतवर्ष में व्याप्त हो गई. सूफ़ी सन्तों-फ़कीरों और भारतीय निर्गुण-सगुण भक्तों ने धार्मिक और सामाजिक समन्वय का अभियान छेड़ दिया. मध्यकालीन भक्ति आन्दोलन निश्चय ही भारतीय संस्कृति और मुस्लिम संस्कृति के समन्वय का प्रतीक है.

कबीर आदि निर्गुण-संत कवियों ने जिस सांस्कृतिक समन्वय का प्रयास किया, वह आधुनिक युग में भी टैगोर एवं महात्मा गांधी जैसे उदार भारतीय मनीषियों और सुधारकों के लिए प्रेरणा का स्रोत बना. राम-रहीम की एकता के साथ हिन्दु-तुर्क की अभिन्नता, धर्म और समाज दोनों ही स्तरों पर एकता का प्रयास था.

मुसलमानों के सम्पर्क से हिन्दुओं के जीवन में परिवर्तन आए. पीर-फ़कीर-पूजा, जादू-टोने, तावीज़, झाड़-फूंक आदि अन्धविश्वास, पर्दा, सती, बाल-विवाह आदि प्रथाएं इन्हीं के सम्पर्क का परिणाम हैं. कला के क्षेत्र में गायन, संगीत, वास्तु और अन्य ललित तथा उपयोगी कलाओं का भव्य आदान-प्रदान हुआ. धार्मिक, सामाजिक,राजनैतिक, कलात्मक आदि सभी क्षेत्रों में भारतीय संस्कृति के साथ मुस्लिम संस्कृति के समन्वय की प्रक्रिया इस्लाम के आगमन से आज तक उत्तरोत्तर दृढ़ होती गई है. उर्दू भाषा और हिन्दी की उर्दूनुमा शैली तथा उर्दू-हिन्दी साहित्य का विकास भाषागत एवं साहित्यगत समन्वय का सुन्दर उदाहरण है. हिन्दी साहित्य के आदिकाल से ही अनेक मुसलमान कवियों-साहित्यकारों ने हिन्दी भाषा और साहित्य की अभिवृद्धि और समृद्धि में अपना अमूल्य योगदान किया है. अब्दुल रहमान, अमीर खुसरो, कुतबन, मंझन, जायसी, उसमान, नूर मुहम्मद, रहीम, रसखान, ताज, आलम आदि अनेक सहृदय मुसलमान कवियों ने इस्लामी संस्कृति का पुट देकर भारतीय संस्कृति को समृद्ध किया.

किन्तु इतना होते हुए भी खेद की बात है कि प्राचीन और मध्यकालीन हिन्दी साहित्य में मुस्लिम जीवन और संस्कृति का विशेष चित्रण नहीं हो सका था. आधुनिक युग में ही हिन्दी साहित्य में जीवन की यथार्थता का विशेष चित्रण हुआ. आधुनिक हिन्दी साहित्य—विशेषत: कथा-साहित्य में जीवन का व्यापक चित्रण आरम्भ हुआ. हिन्दी कथा-साहित्य में ही मुस्लिम जीवन और संस्कृति के कतिपय व्यापक चित्रों का अंकन हुआ है. यद्यपि आज का हिन्दी उपन्यास-साहित्य भी मुस्लिम परिवेश के अंकन में काफ़ी आगे बढ़ गया है, किन्तु शुरूआत का श्रेय हिन्दी कहानी को ही प्राप्त है.

यद्यपि 'गड़े मुर्दे उखाड़ना' मुंशी प्रेमचन्द को अभीष्ट नहीं था फिर भी आश्चर्य की बात है कि मुंशी प्रेमचन्द ही सम्भवत: हिन्दी के ऐसे प्रथम कहानीकार हैं जिन्होंने सर्वप्रथम मुस्लिम धर्म, इतिहास, संस्कृति और जीवन के चित्रण को लक्ष्य बनाकर हिन्दी में दर्जनों कहानियां रचीं. मुंशी प्रेमचंद को ही सर्वप्रथम इस बात का गौरव प्राप्त हुआ कि उन्होंने हज़रत मुहम्मद साहब के जीवन, इस्लाम धर्म के प्रचार और प्रसार तथा संघर्षों से सम्बंधित चार-पांच सुन्दर कहानियां लिखीं. उनकी **न्याय** (प्रस्तुत संकलन में संकलित), **क्षमा**, **दिल की रानी**, **परीक्षा** आदि ऐसी ही विशिष्ट कहानियां हैं. इस्लामी-इतिहास में प्रेमचंद की पैठ बड़ी ही महत्त्वपूर्ण है. खेद की बात है कि इस्लामी धर्म और संस्कृति के इतिहास के अध्ययन की जो परम्परा प्रेमचंद ने चलाई थी, उस पर हिन्दी के आगामी कहानीकार विशेष अग्रसर नहीं हुए. आज हिन्दी में अनेक मुसलमान लेखक अपनी-अपनी प्रतिभा का प्रकाश विकीर्ण कर रहे हैं. किन्तु आश्चर्य से लिखना पड़ रहा है कि हमें इन वर्तमान मुसलमान लेखकों की भी कोई कहानी इस्लाम के अतीत इतिहास को प्रकाशित करने वाली दिखाई नहीं पड़ी.

प्रेमचंद-जैसे हमारे आरम्भिक कहानीकारों ने न-केवल अतीत इस्लामी इतिहास को अपनी कहानियों में अपनाया अपितु कुछेक कहानियों में भारतीय ऐतिहासिक पृष्ठभूमि में भी मुस्लिम जीवन का प्रकाशन किया है. भारतीय पृष्ठभूमि में जिन लेखकों ने मुस्लिम बादशाही और सामन्तीय जीवन के राजसी वैभव और पतन का सजीव चित्रण किया है, उनमें आचार्य चतुरसेन का प्रमुख स्थान है. प्रेमचंद की **शतरंज के खिलाड़ी**, आचार्य चतुरसेन की **दुखवा मैं कासे कहूं मोरी सजनी, पानवाली, बुलबुल हजार दास्तान, दे खुदा की राह पर** (प्रस्तुत संकलन में संकलित) आदि ऐतिहासिक पृष्ठभूमि में मुस्लिम सामन्तीय जीवन के वैभव और पतन से सम्बंधित विशिष्ट कहानियां हैं.

स्वतंत्रता से पूर्व भारतीय इतिहास की पृष्ठभूमि में मुस्लिम जीवन और संस्कृति के अनेक पहलू हिन्दी कहानी में देखने को मिलते हैं. बदलती हुई परि-

स्थितियों ने मुस्लिम जीवन को बहुत प्रभावित और परिवर्तित किया. मुसलमानों के सामन्तीय वर्ग से, अंग्रेजी राज्य में मध्यवर्ग बनने और उससे टूटकर निम्न मध्यवर्ग और निम्न वर्ग में परिवर्तित होने का ऐतिहासिक दस्तावेज़ यशपाल की **परदा** (प्रस्तुत संग्रह में संकलित) जैसी कहानियों में देखने को मिलता है. राजनैतिक, आर्थिक, सामाजिक, धार्मिक आदि विभिन्न परिस्थितियों के परिवर्तन का एक अच्छा खाका हिन्दी की कई कहानियों में प्रकट हुआ है. स्वतंत्रता से पूर्व हिन्दी कहानियों में जहां एक ओर मुग़लिया वैभव और विलास आदि का वर्णन हुआ है वहीं दूसरी ओर स्वतंत्रता के बाद हिन्दी कहानियां साम्प्रदायिक भेद-भाव की कचोट, मुसलमानों की भारतीय राष्ट्रीयता पर संदेह तथा विभाजन की भूमिका आदि समस्याओं को आधार मान कर लिखी जाने लगीं. विष्णु प्रभाकर की **अधूरी कहानी** (प्रस्तुत संकलन में संकलित) साम्प्रदायिकता के मनोवैज्ञानिक और सामाजिक पक्ष को प्रकाशित करने वाली विशिष्ट कहानी कहा जा सकती है.

दो क़ौमों की ग़लत अवधारणा के आधार पर भारत का जो विभाजन हुआ उसने भारतीय मुसलमानों के लिए एक अजीब स्थिति और परिस्थिति पैदा कर दी. स्वतन्त्रता के बाद मुस्लिम जीवन की विषमता, विपन्नता और विसंगतियों का हिन्दी कहानी के द्वारा बड़े ही सजीव एवं सुन्दर ढंग से वर्णन किया गया है. शानी की **इमारत गिराने वाले**, **जली हुई रस्सी** आदि इसी प्रकार की कहानियां हैं. जैसाकि पहले कहा जा चुका है, विभाजन के बाद ही भारतीय मुसलमानों की राष्ट्रीयता पर सन्देह की समस्या प्रकट हुई. यह समस्या पाकिस्तान के सन्दर्भ में विशेष रूप से उभर कर आई. भारत का विभाजन हिन्दू-मुस्लिम साम्प्रदायिकता के ही आधार पर हुआ था. सन् 1965 के भारत-पाक युद्ध के समय मुसलमानों को जिस सन्देह, भय, आतंक और अन्तर्विरोधों का सामना करना पड़ा, उसकी झांकी शानी की **युद्ध** कहानी (इस संग्रह में संकलित) में देखने को मिलती है. इसके साथ-साथ विभाजन की भूमिका, साम्प्रदायिकता, भेदभाव की कचोट को लेकर लिखी गई कहानियों में बदीउज़्ज़मां की **मकबरे का आदमी** (इस संग्रह में संकलित), **अन्तिम इच्छा**, **परदेसी**, अज्ञेय की **मुस्लिम-मुस्लिम भाई-भाई**, **शरणदाता**, मोहन राकेश की **मलबे का मालिक** (इस संग्रह में संकलित), भीष्म साहनी की **अमृतसर आ गया है**, महीप सिंह की **पानी और पुल**, कृष्णा सोबती की **सिक्का बदल गया**, विष्णु प्रभाकर की **मेरा वतन** आदि बहुचर्चित एवं प्रसिद्ध कहानियां हैं.

स्वतन्त्रता के बाद जहां एक ओर हिन्दी कहानी ने एक नई करवट ली उसी के साथ-साथ कहानीकारों ने भी मुस्लिम जीवन के विविध पहलुओं को छूती हुई कहानियां प्रस्तुत कीं. इन कहानियों में मुस्लिम धार्मिक-विधान के अनुसार

मुस्लिम जीवन की सभी समस्याओं—बहु-विवाह, रिश्ते-नाते, पर्दा-प्रथा, आर्थिक विपन्नता, मेहर, पर्व-त्यौहार आदि—को कहानीकारों ने अपनी कहानियों का उपजीव्य बनाया. हिन्दी की कितनी ही कहानियां मुस्लिम नारी की असहाय और विषम दशा को लेकर लिखी गई हैं. नफ़ीस आफ़रीदी की **अर्द्धविराम** (इस संकलन में संकलित) एक ऐसी ही कहानी है. मुस्लिम जीवन की सामाजिक समस्याओं को छूती हुई कहानियों में—यशपाल की **लखनऊ वाले**, **परदा** (प्रस्तुत संकलन में संकलित), **खुदा की मदद**, **दूसरी नाक**, उपेन्द्रनाथ अश्क की **भिश्ती की बीवी**, **काँकड़ा का तेली**, प्रेमचंद की **मुक्तिधन**, **ईदगाह**, शैलेश मटियानी की **मैमूद** (प्रस्तुत संकलन में संकलित), बदी उज़्ज़मां की **परदेशी**, मेहरुन्निसा परवेज़ की **जाने कब**, **क़यामत आ गई है** (प्रस्तुत संग्रह में संकलित), **भोगे हुए दिन**, **सीढ़ियों का ठेका**, **त्यौहार**, शफ़ीक अहमद सिद्दिकी की **शीतल अग्नि**, सूर्यबाला की **एक इन्द्रधनुष : जुबेदा के नाम** (प्रस्तुत संकलन में संकलित), कैलाश सेंगर की **सुबह होने का इन्तज़ार** (इस संग्रह में संकलित), महीप सिंह की **काला बाप गोरा बाप** (प्रस्तुत संकलन में संकलित), भीष्म साहनी की **मुर्ग़ी की क़ीमत** (प्रस्तुत संकलन की कहानी), शानी, इब्राहीम शरीफ आदि की अनेक कहानियां तथा नफ़ीस आफ़रीदी की **अर्द्धविराम** (प्रस्तुत संकलन की कहानी) और अफ़रोज शाहीन की **बाज़ार** आदि उल्लेखनीय हैं.

हिन्दी कहानी में मुस्लिम जीवन का चित्रण करने में पुराने खेवे के प्रेमचंद, आचार्य चतुरसेन, यशपाल, उपेन्द्रनाथ अश्क आदि कहानीकारों ने तो अपना महत्त्वपूर्ण योग दिया ही है परन्तु गत दो दशकों से हिन्दी कहानी में ऐसे मुस्लिम कहानीकारों का भी आगमन हुआ जिन्होंने अपनी कहानियों-द्वारा स्वयं अपने वर्ग का चित्रण अपनी कहानियों का उपजीव्य बनाया. मेहरुन्निसा परवेज़ (**कयामत आ गई है**—संकलित कहानी), राही मासूम रज़ा, इब्राहीम शरीफ़ (संकलित कहानी— **फ़ैसले के बाद**) शानी (संकलित कहानी—**युद्ध**) बदी उज़्ज़मां (संकलित कहानी— **मक़बरे का आदमी**), नफ़ीस अफ़रीदी (संकलित कहानी **अर्द्ध-विराम**), मोहम्मद इब्राहीम (संकलित कहानी—**कुर्बानी**), असग़र वजाहत (संकलित कहानी—**सारी तालीमात**), अफ़रोज़ शाहीन (संकलित कहानी— **बाज़ार**), सलाम बिन रज़ाक (संकलित कहानी—**हत्या-आत्महत्या**), हबीब कैफ़ी (संकलित कहानी—**तमाशा**) आदि बीसियों मुसलमान कहानीकार मुस्लिम परिवेश की सुन्दर कहानियां पेश कर रहे हैं. इस संदर्भ में अखरने वाली बात यह है कि जहां प्रेमचंद, आचार्य चतुरसेन शास्त्री, बेचन शर्मा उग्र, सुदर्शन, अश्क, यशपाल आदि हमारे पुराने खेवे के कहानीकारों ने यदाकदा मुस्लिम जीवन और संस्कृति की झांकी लेने का अवसर भी प्राप्त कर लिया था, वहां वर्तमान नई पीढ़ी के ग़ैरमुस्लिम कहानीकारों की कहानियों में मुस्लिम-जीवन और संस्कृति

के चित्रण का कोई विशेष प्रयास नहीं पाया जाता. ऐसा प्रतीत होता है कि हमारे इन नव कहानीकारों का मुस्लिम परिवेश से कोई सम्पर्क ही नहीं रह गया है. पुराने कहानीकारों का फिर भी उर्दू भाषा तथा मुस्लिम जीवन से निकट का सम्बन्ध था. नये कहानीकार इस सम्बन्ध-सूत्र से कटे हुए-से हैं. यही कारण है कि निर्मल वर्मा, कमलेश्वर, धर्मवीर भारती, राजेन्द्र अवस्थी, राजेन्द्र यादव, मन्नु भण्डारी, शिवानी, गोविन्द मिश्र, अमरकान्त, हिमांशु जोशी, ज्ञानरंजन, प्रणव कुमार वंद्योपाध्याय, दीप्ति खण्डेलवाल आदि अनेक स्वातंत्र्योत्तर कहानीकारों में यह क्षेत्र प्रायः अछूता ही रहा है.

सेक्यूलर भारत में हिन्दू-जीवन और मुस्लिम जीवन परस्पर घुलते-मिलते जा रहे हैं. हमें अपने नए कहानीकारों से यह उम्मीद करनी चाहिए कि वे पुरानी पीढ़ी के प्रेमचंद आदि की तरह—बल्कि उनसे भी ज़्यादा व्यापकता के साथ—हिन्दू और मुस्लिम जीवन की मिली-जुली झांकियां अपनी कहानियों में प्रस्तुत करेंगे. यदि पैंसठ साल पूर्व प्रेमचंद अपनी **पंच परमेश्वर** जैसी कहानियों में हिन्दू और मुस्लिम जीवन का मिलाजुला चित्रण कर सकते थे तो आज के कहानीकार हिन्दू और मुस्लिम जीवन के मिले-जुले शहरी एवं ग्राम्य चित्र क्यों नहीं प्रस्तुत कर सकते ? जब जीवन निकट आता जा रहा है तो जीवन की निकटता का चित्रण क्यों न हो ? आशा है हमारे कहानीकार इस अभाव की पूर्ति में भी प्रयत्नशील होंगे.

प्रस्तुत संग्रह में चयन की सीमाओं के कारण कई अन्य प्रबुद्ध लेखकों की कई अच्छी कहानियां संकलित होने से रह गई हैं. आशा है कि शीघ्र ही इसी क्रम में एक और संग्रह प्रकाशित करके उनका भी उपयोग किया जाएगा. अन्त में हम उन सब कहानीकारों के प्रति अपनी कृतज्ञता ज्ञापित करते हैं, जिन्होंने अपनी कहानियां इस संकलन के लिए सहर्ष देने की अनुमति प्रदान की है.

●●

—विजयदेव झारी

भूलभुलैयां रोड,
महरौली,
नई दिल्ली-110030

मुस्लिम परिवेश और हिन्दी कहानी

ग्रामीण परिवेश, आंचलिक परिवेश, नगरीय परिवेश-जैसे विशेषणों से हटकर भिन्न अर्थों में ही मुस्लिम परिवेश को देखा-परखा जा सकता है, क्योंकि एक व्यापक परिवेश होने के कारण इसका फैलाव हर नगर, कस्बे, गाँव और गली-मोहल्ले में स्थित है. ग्राम-अंचल या नगर को भौगोलिक सीमाओं में बांधकर आसानी से समझा जाता रहा है. इसमें किसी विशिष्ट सम्प्रदाय का अलग से नहीं, बल्कि उस भू-भाग में रहने-बसने वाले सम्पूर्ण समाज की तमामतर आन्तरिक स्थितियों और बाह्य प्रभावों का विस्तृत जायज़ा लिया जाएगा, जबकि मुस्लिम परिवेश का अध्ययन करते समय बिलकुल भिन्न दृष्टि अपनानी होगी. व्यापक सन्दर्भों में जहां अखिल विश्व के मुस्लिम समाज के परम्परागत मूल्यों और अत्याधुनिक ढांचे पर नज़र रखने की अनिवार्यता को नकारा नहीं जा सकता, वहां हिन्दी कहानी के सिलसिले में यह दायरा सिमट कर भारत देश तक ही सीमित रह जाता है. इस दशा में भारतीय मुस्लिम समाज की सभ्यता और संस्कृति की समग्र रूप से जाँच-परख आवश्यक होगी. अपने ही समाज के भीतर रहते हुए एक मुसलमान की ज़िन्दगी के विविध आयाम क्या हैं और जब इससे बाहर वह राष्ट्र की मुख्य धारा से जुड़ता है, तब उसका आचरण कैसा होता है या इस प्रक्रिया से गुज़रने पर उसके अनुभवों में किस क़िस्म की वृद्धि होती है, ये वे तथ्य हैं, जिनसे मुस्लिम परिवेश को समझने के साथ-साथ तनाव-शैथिल्य के लिए कुछ ठोस चीजें भी स्वत: ही उभर कर सामने आ जाती हैं.

सामान्यत: एक मुसलमान की जीवन-पद्धति कुछ आधारभूत मान्यताओं के तहत शुरू होती है. एक तरह से उसकी दिनचर्या का चार्ट तय है. इसी के अनिवार्य बन्धनों और अनेक निषेधाज्ञाओं को चुपचाप स्वीकारता हुआ वह अपना दिन जी लेता है. रोज़ा, नमाज़, ज़कात की पाबन्दियां और शरह के अन्य नियम-क़ानून उसे घूमते हुए चाक की कील से अलग होने ही नहीं देते. सुन्नी, शिया और बोहरा जमातों में मुल्ला-मौलवियों और रूढ़िवादी बुज़ुर्गों का शासन निरन्तर चलता रहता है. ये लोग फ़तवों के बल पर अपनी क़ौम को परम्परागत ढंग से एकजुट बनाए रखने में सफल होते आए हैं. अल्लाह, रसूल और कुरआन इस्लाम

के ये तीन ऐसे मुद्दे हैं, जिन पर धर्मभीरु मुसलमान सबकुछ निछावर करने के लिए तत्पर रहता है. कट्टरता और मज़हबियत की यही स्थिति इस समाज को अलग-थलग कर देती है. भारतीय मुस्लिम समाज का एक छोटा हिस्सा जो राष्ट्र की मुख्य धारा से जुड़ा है, उसे छोड़कर शेष आर्थिक और शैक्षिक स्तर पर पिछड़ा हुआ है. भारतीय गणतन्त्र एक धर्मनिरपेक्ष राज्य है. यहाँ सभी को पूजा-उपासना की स्वतन्त्रता है. देश के सबसे बड़े अल्पसंख्यक समुदाय पर भी किसी क़िस्म की बन्दिश नहीं है. हर मुसलमान अपनी तरह से जीवन जी सकता है; लेकिन उसे अपनी समृद्धि और उन्नति के लिए राष्ट्र के बाकी लोगों के साथ कन्धे से कन्धा भिड़ाकर चलना होगा.

भारत भूमि पर रहने वाले मुस्लिम समाज का अपने अन्तरंग परिवेश में ही सिकुड़े रहना एक विकट स्थिति है जिससे आर्थिक विपन्नता की उत्पत्ति होती है. भारत-जैसे विकासशील देश में यह अलगाव भयावह है. मुस्लिम पर्सनल लॉ और शिक्षा की अलग-थलग व्यवस्था की मांग जहां मुख्य धारा से उसे काटती हैं, वहां आर्थिक स्तरों पर उसे शेष समाज से जुड़ना ही पड़ता है. इसके अतिरिक्त सामाजिक और राजनैतिक निर्भरताओं पर भी दृष्टिपात करना होगा. किसी भी सूरत में एक मुसलमान केवल अपने अन्तरजगत की सीमा में रहकर पूर्णता प्राप्त नहीं कर सकता. उसे रोज़गार की तलाश में बाहर निकलना ही पड़ता है. यहीं से निर्भर होने की प्रक्रिया आरम्भ होती है. आर्थिक अनिवार्यताओं का दबाव ही उसे शेष समाज की जरूरत को महसूस कराता है. औसत आर्थिक स्तर का मुसलमान जब महाजन से कर्ज़ लेने या बाज़ार से उधार खरीदने पहुंचता है, तब वह स्वतः ही बाह्य जगत से जुड़ता चला जाता है. यहीं पर राष्ट्रीय स्वरूप निर्मित होता है, जबकि वह हिन्दू, बौद्ध, ईसाई, पारसी, सिख और यहूदी मताव-लम्बियों के साथ परस्पर तालमेल के लिए मजबूर हो जाता है.

कथा-रचना के अन्तर्गत मुस्लिम परिवेश की इस विशिष्ट परिस्थिति को समझना अत्यधिक ज़रूरी है. आम तौर से प्रचलित अर्थों में उन्हीं कहानियों को मुस्लिम परिवेश की मान लिया जाता है, जिनमें मुस्लिम जीवन और संस्कृति का स्वतन्त्र रूप से आन्तरिक चित्र परिलक्षित होता है. प्रायः ऐसी कहानियाँ पारिवारिक सम्बन्धों और उनसे जुड़ी रूढ़ मान्यताओं के दायरे में आबद्ध होकर नितान्त एकान्तिक निजीपन को प्रदर्शित करती हैं. केवल घर-परिवार, रिश्ते-नातों, जन्म-मृत्यु, शादी-तलाक़, बार-त्यौहार के बारे में अपने अनुभवों के घड़े उलीचना ही इस तरह की कहानी के लिए यथार्थ दृष्टि नहीं मानी जाएगी, जब तक कि बाह्य जगत से सम्बन्धों की वास्तविकता को नहीं स्वीकारा जाता. बाज़ार, दूकान, दफ़्तर, जलसा-जलूस वे स्थान हैं, जहां मुसलमान की मौजूदगी रहती है और जहाँ पर आर्थिक, सामाजिक और राजनैतिक स्तर पर वह अन्यों

से सामीप्य का आभास पाता है. यही वह नाज़ुक कोना है, जो भारतीय मुस्लिम परिवेश की सच्ची पहचान कराने में समर्थ है.

हिन्दी कहानी अपने प्रारम्भ से आज तक अनेक पड़ावों से गुज़री है. जुझारु आन्दोलनों और नये प्रयोगों के थपेड़ों ने इसे अत्यधिक समृद्ध बनाया है. पिछले तीन-चार दशकों में इसने विस्तृत कैनवास पर जीवन के विविध आयामों को ढोते हुए चलना सीखा है. हिन्दी कहानीकार ने प्रत्येक वर्ग और समुदाय के चरित्र की बारीकियों को उद्घाटित करने वाली कहानियां लिखीं; परन्तु भारतीय मुस्लिम समाज के अन्तर-बाह्य झरोखों में झांकने की तरफ़ उसका विशेष ध्यान नहीं गया. यदा-कदा जो थोड़ा-बहुत लिखा गया, वह अपर्याप्त है. सम्भवत: बचकर निकलते रहने की यह नियति इस कारण हो कि रचनाकार संकीर्णता के गुंझलक से ऊपर उठा होता है और अपने रचना-संसार में वह किसी क़िस्म की पाबन्दियों को ग़ैर-ज़रूरी समझता है. शायद इसलिए कि वह किसी विशेष वर्ग या समाज का न होकर सम्पूर्ण जन-समुदाय का निष्पक्ष प्रवक्ता होता है; परन्तु भारतीय सहिष्णुता, उदारता और सौजन्यता के परिप्रेक्ष में तर्कों की यह तराश ग़ैर ज़िम्मेदाराना मानी जायेगी. वास्तव में भारत भूमि में रहने वाले मुस्लिम समुदाय के जीवन और उसकी संस्कृति पर लिखा जाना, उतना ही अनिवार्य है, जितना कि श्रमिक या ग्रामीण समाज पर. साम्प्रदायिक एकता और सौहार्द्र को तभी बढ़ावा मिल सकता है. सामान्यत: हम जिस समाज से अपरिचित होते हैं, उसकी प्रत्येक क्रिया या प्रतिक्रिया को सन्देह के चाकू से छील कर फेंक देते है; लेकिन जब उससे सीधा साक्षात्कार हो जाता है, तो भय उत्पन्न करने वाले तत्त्व स्वत: ही समाप्त हो जाते हैं और मन-मस्तिष्क में सहानुभूति के रेशे उग आते हैं. रचनाकार का यही दायित्व है कि वह संवेदनशील लोगों को एक-दूसरे के क़रीब लाए.

एक लम्बे समय से साम्प्रदायिक एकता-बोध की भीगी-भीगी, भावुक और मार्मिक कहानियां लिखी जाती रही हैं. दो सम्प्रदायों के बीच घृणा और टकराव से प्रारम्भ होकर परस्पर मेल-मिलाप के भाव-भीने अन्त वाली ये कहानियां आदमी के दोहरे चरित्र को उजागर करती हैं. 'शान्ति में प्रवेश' को मानने वाले मुसलमान या 'वासुधैव कुटुम्बकम्' की उक्ति पर चलने वाले हिन्दू दिग्भ्रमित होकर हिंसा और पशुवत व्यवहार के जिस रास्ते को मज़हबी जोश के कारण अकस्मात अपना लेते हैं, उसके प्रति वितृष्णा उपजाना ही इन कहानियों का मूल उद्देश्य होता है. वस्तुत: इस क़िस्म की कहानियों ने भी अपनी सीमाएं नहीं बांधी हैं. अधिकांश कहानियों का कथ्य बटवारे के समय के साम्प्रदायिक दंगों से बटोरा गया है, जबकि दुर्भाग्य से दंगे-फ़साद आज भी विद्यमान हैं. आज के साम्प्रदायिक दंगों पर केवल फ़ीचर, रिपोर्ताज और न्यूज़ स्टोरी ही लिखी जा रही हैं. कहानी-जैसी तेज़ असर करने वाली केन्द्रीय विधा में इसका अभाव है.

इधर शिया-सुन्नी दंगों पर तो कहीं कोई कहानी नहीं मिलती, जबकि यह एक ऐसी ज्वलन्त समस्या है, जो प्रायः भड़क उठती है. पिछले कुछ वर्षों से बोहरा समाज के आंतरिक संघर्षों के समाचार भी मिल रहे हैं, जिसमें युवा पीढ़ी रूढ़ियों को तोड़ने के प्रयत्न में संलग्न है. इसे भी आज की कहानी का विषय बनाना बेहद ज़रूरी है.

पुरानी पीढ़ी के कथाकारों की कुछेक ऐतिहासिक व अन्य कहानियां रक्षाबन्धन-द्वारा निर्मित सम्बन्धों के महत्त्व को प्रस्तुत करती हैं. राखी के धागों या मुंह-बोले रिश्तों की इन कहानियों में आदर्श, उपदेश और भावुकता की परम्परागत सीमाएं हैं. हिन्दू-मुस्लिम युवक-युवतियों के प्रेम-प्रसंग और विवाह के कथानक वाली कहानियां भी लिखी गई हैं. इनमें विवाह से पूर्व दोनों पक्षों के बीच तनाव और युग्म के संघर्ष का उदात्त चित्रण ही झलकता है और अन्त भी फ़ार्मूला-बद्ध तरीक़े से होता है कि प्रेम करने वालों की सच्चाई और दृढ़ता के आगे सबको झुकना पड़ता है. वास्तव में आज कहानी की मांग यह है कि हिन्दू-मुस्लिम युवक-युवती के प्रेम व विवाह के स्थूल प्रसंग से आगे बढ़कर उसके दाम्पत्य जीवन के आंतरिक कोनों में झाँका और बाह्य प्रभावों के तीखेपन को परखा जाए. वास्तव में एक मुस्लिम युवती हिन्दू परिवार में या इसके विपरीत हिन्दू युवती मुस्लिम परिवार में विवाहिता की हैसियत से प्रवेश करती है, तब उसकी मानसिकता कैसी होती है, उस वातावरण में रहते हुए वह कैसा अनुभव करती है ? उधर प्राचीन संस्कारों में गले तक डूबी बूढ़ी पीढ़ी उसके प्रति किस तरह का व्यवहार करती है ? क्या ये लोग परस्पर एडजस्ट कर पाते हैं ?

आज बदली हुई परिस्थितियों में बहुत-सारी बातों और चीज़ों पर नए सिरे से सोचना और जायज़ा लेना पड़ेगा; क्योंकि धीरे-धीरे मुस्लिम समुदाय यह समझ पाने की स्थिति में आया है कि अलगाव स्वयं उसके लिए घातक है. अब वह दफ़्तर की नौकरी, स्कूल की मास्टरी, खेत की मजदूरी, बाज़ार की दूकानदारी, व्यापार, कर्ज़, लेन-देन, मेल-मिलाप और सामाजिक-राजनैतिक संस्थाओं में हिस्सेदारी के चलते निरन्तर निकट आता चला जा रहा है. यही वह जगह है, जहां मुस्लिम परिवेश अपनी पूर्णता को प्राप्त करने के प्रयत्न में लगा है. शानी के अनुसार "अपने सारे आधुनिकीकरण के बावजूद हममें बहुतकुछ ऐसा बचा रह जाता है, जो घर, समाज, धर्म और इतिहास हमें विरासत में सौंपकर चुपचाप आगे बढ़ जाते हैं और जिनकी जड़ों की गहराई का कई बार हमें ही पता नहीं होता." वास्तव में शानी ने अपने इस कथन की मूल भावना के तहत ही अपनी कथा-यात्रा को एक नया मोड़ दिया था और भारतीय मुस्लिम समाज के भय, अन्तर्विरोधों, तकलीफ़ों, आंतरिक यातना और विसंगतियों की कहानियां लिखीं. बाद में मेहरुन्निसा परवेज़, ख्वाजा बदीउज़्ज़मां, इब्राहीम शरीफ़, नफ़ीस आफ़रीदी

इस परम्परा से जुड़ते चले गए. इन युवा पीढ़ी के कहानीकारों ने मुस्लिम परिवेश के अन्तरजगत को बाह्य संसार से जोड़ने वाली यथार्थपरक कहानियां लिखीं. इनके अतिरिक्त प्रेमचन्द, यशपाल, जैनेन्द्र, उपेन्द्रनाथ अश्क, चतुरसेन शास्त्री, भीष्म साहनी, मोहन राकेश, महीपसिंह, शैलेश मटियानी, असग़र वजाहत, सूर्य बाला, अफ़रोज़ शाहीन और प्रभु जोशी की मुस्लिम परिवेश पर कुछ सशक्त और महत्त्वपूर्ण कहानियां भी सामने आई हैं.

अन्त में यही कहा जा सकता है कि मुस्लिम जीवन और संस्कृति के विविध आयामों, उसके पुराने और नये मूल्यों और वर्तमान आर्थिक दबावों की जो सूक्ष्म और सशक्त अभिव्यक्ति कतिपय हिन्दी कहानियों में मिलती है, वही राही मासूम रज़ा के '**आधा गाँव**' शानी के '**काला जल**', बदीउज़्ज़मां के '**छाको की वापसी**', पं० आनन्द कुमार के '**बेगम का तकिया**' और नफ़ीस आफ़रीदी के '**खुले हुए दरीचे**'-जैसे उपन्यासों के बड़े कैनवास पर और अधिक परिपक्वता लिये हुए है.

नफ़ीस आफ़रीदी
60, ब्रह्मनान् स्ट्रीट,
हापुड़ (उ०प्र०)

न्याय

मुंशी प्रेमचंद

इस्लामी इतिहास से सम्बन्धित हिन्दी की एक विशिष्ट कहानी, जिसमें हज़रत मुहम्मद के आरंभिक संघर्षों, उनकी हिरजत, उनके दामाद अबुल-आस-द्वारा उनका सहधर्मी बन जाने के ऐतिहासिक तथ्यों पर प्रकाश डाला गया है.

हज़रत मुहम्मद को इलहाम हुए थोड़े ही दिन हुए थे. दस-पांच पड़ोसियों तथा निकट-सम्बन्धियों के सिवा और कोई उनके दीन पर ईमान न लाया था, यहां तक कि उनकी लड़की जैनब और दामाद अबुलआस भी, जिनका विवाह इलहाम से पहले ही हो चुका था, अभी तक दीक्षित न हुए थे. जैनब कई बार अपने मैके गई थी और अपने पूज्य पिता की ज्ञानमय वाणी सुन चुकी थी. वह दिल से इस्लाम पर ईमान ला चुकी थी; लेकिन अबुलआस धार्मिक मनोवृत्ति का आदमी न था. वह कुशल व्यापारी था, मक्के के खजूर, मेवे आदि जिन्सें कर बन्दरगाहों को चालान किया करता था. बहुत ही ईमानदार, लेन-देन का खरा, मेहनती आदमी था, जिसे इहलोक से फ़ुरसत न थी कि परलोक की फ़िक्र करे.

जैनब के सामने कठिन समस्या थी. आत्मा धर्म की ओर थी, हृदय पति की ओर; न धर्म को छोड़ सकती थी, न पति को. उसके घर के सभी आदमी मूर्त्ति-पूजक थे. इस नए सम्प्रदाय से सारे नगर में हलचल मची हुई थी. जैनब सबसे अपनी लगन को छिपाती, यहां तक कि पति से भी न कह सकती थी. वे धार्मिक सहिष्णुता के दिन न थे, बात-बात पर ख़ून की नदी बह जाती थी, ख़ानदान-के-ख़ानदान मिट जाते थे. उन दिनों अरब की वीरता पारस्परिक कलहों में प्रकट होती थी. राजनैतिक संगठन का ज़माना न था, ख़ून का बदला ख़ून, धन-हानि का बदला ख़ून, अपमान का बदला ख़ून—मानव-रक्त ही से सभी झगड़ों का निबटारा होता था, ऐसी अवस्था में अपने धर्मानुराग को प्रकट करना अबुल-आस के शक्तिशाली परिवार और मुहम्मद तथा उनके इने-गिने अनुयायियों में देवासुरों का संग्राम छेड़ना था, उधर प्रेम का बंधन पैरों को जकड़े हुए था. नए धर्म में दीक्षित होना अपने प्राणप्रिय पति से सदा के लिए बिछुड़ जाना था. कुरैश-जाति के लोग ऐसे मिश्रित विवाहों को परिवार के लिए कलंक समझते थे. माया और धर्म की दुविधा में पड़ी हुई जैनब कुढ़ती रहती थी.

धर्म का अनुराग एक दुर्बल वस्तु है; किन्तु जब उसका वेग होता है, तो हृदय के

रोके नहीं रुकता. दोपहर का समय था, धूप इतनी तेज़ थी कि उसकी ओर ताकते आंखों से चिनगारियां निकलती थीं. हज़रत मुहम्मद चिन्ता में डूबे हुए बैठे थे. निराशा चारों ओर अंधकार के रूप में दिखाई देती थी. खुदैजा भी सिर झुकाए पास ही बैठी हुई एक फटा कुरता सी रही थी. धन-सम्पत्ति सब-कुछ इस लगन की भेंट हो चुकी थी. शत्रुओं का दुराग्रह दिनोंदिन बढ़ता जाता था. उनके मतानुयायियों को भांति-भांति की यंत्रणाएं दी जा रही थीं. स्वयं हज़रत को घर से निकलना मुश्किल था. यह ख़ौफ़ होता था कि कहीं लोग उन पर ईंट-पत्थर न फेंकने लगें. ख़बर आती थी, आज 'फलां मुस्लिम' का घर लुट गया, आज फलां को लोगों ने आहत किया. हज़रत ये ख़बरें सुन-सुनकर विकल हो जाते थे और बार-बार ख़ुदा से धैर्य और क्षमा की याचना करते थे.

हज़रत ने फरमाया—मुझे ये लोग अब यहां न रहने देंगे. मैं ख़ुद सब-कुछ झेल सकता हूं; लेकिन अपने दोस्तों की तकलीफ़ें नहीं देखी जातीं.

खुदैजा—हमारे चले जाने से इन बेचारों की और भी कोई शरण न रहेगी. अभी कम-से-कम तुम्हारे पास आकर रो तो लेते हैं. मुसीबत में रोने का सहारा ही बहुत होता है.

हज़रत—तो मैं अकेले थोड़े ही जाना चाहता हूं. मैं सब दोस्तों को साथ लेकर जाने का इरादा रखता हूं. अभी हम यहां बिखरे हुए हैं, कोई किसी की मदद को नहीं पहुंच सकता. हम सब एक ही जगह, एक कुटुम्ब की तरह रहेंगे, तो किसी को हमारे ऊपर हमला करने का साहस न होगा. हम अपनी मिली हुई शक्ति से बालू का ढेर तो हो ही सकते हैं, जिस पर चढ़ने की किसी की हिम्मत न होगी.

सहसा जैनब घर में दाखिल हुई, उसके साथ न कोई आदमी था, न आदम-जाद. मालूम होता था, कहीं से भागी चली आ रही है. ख़ुदैजा ने उसे गले लगाकर पूछा, "क्या हुआ जैनब, ख़ैरियत तो है ?"

जैनब ने अपने अन्तर-संग्राम की कथा कह सुनाई और पिता से दीक्षा की याचना की.

हज़रत मुहम्मद आंखों में आंसू भरकर बोले, "बेटी, मेरे लिए इससे ज़्यादा खुशी की कोई बात नहीं हो सकती; लेकिन जानता हूं, तुम्हारा क्या हाल होगा."

जैनब—या हज़रत ! ख़ुदा की राह में सब-कुछ त्याग देने का निश्चय कर लिया है. दुनिया के लिए अपनी नजात को नहीं खोना चाहती.

हज़रत—जैनब, ख़ुदा की राह में कांटे हैं.

जैनब—अब्बा जान, लगन को कांटों की परवा नहीं होती !

हज़रत—ससुराल से नाता टूट जाएगा.

जैनब—खुदा से तो नाता जुड़ जाएगा.

हज़रत—और अबुलआस ?

जैनब की आंखों में आंसू डबडबा आए, क्षीण स्वर में बोली, "अब्बा जान, उन्होंने इतने दिनों मुझे बांध रखा था, नहीं तो मैं कब की आपकी शरण में आ चुकी होती, मैं जानती हूं, उनसे जुदा होकर मैं ज़िन्दा न रहूंगी, और शायद उनसे भी मेरा वियोग न सहा जाए; पर मुझे विश्वास है कि वह किसी-न-किसी दिन जरूर खुदा पर ईमान लाएंगे और फिर मुझे उनकी सेवा का अवसर मिलेगा."

हज़रत—बेटी, आबुलआस ईमानदार है, दयाशील है, सद्वक्ता है; किन्तु उसका अहंकार शायद अन्त तक उसे ईश्वर से विमुख रखे. वह तकदीर को नहीं मानता, रूह को नहीं मानता, स्वर्ग और नरक को नहीं मानता. कहता है, खुदा की ज़रूरत ही क्या है ? हम उससे क्यों डरें ? विवेक और बुद्धि की हिदायत हमारे लिए काफी है. ऐसा आदमी खुदा पर ईमान नहीं ला सकता. कुफ्र को तोड़ना आसान है; लेकिन वह जब दर्शन की सूरत पकड़ लेता है, तो उस पर किसी का ज़ोर नहीं चलता.

जैनब ने दृढ़ होकर कहा, "या हज़रत, आत्मा का उपकार जिसमें हो, मुझे वही चाहिए, मैं किसी इन्सान को अपने और खुदा के बीच में न आने दूंगी.

हज़रत ने कहा, "खुदा तुझ पर दया करे बेटी ! तेरी बातों ने दिल खुश कर दिया."

यह कहकर उन्होंने जैनब को गले लगा लिया.

दूसरे दिन जैनब को यथाविधि आम मस्जिद में कलमा पढ़ाया गया. कुरैशियों ने जब यह खबर पायी तो जल उठे ! ग़ज़ब खुदा का ! इस्लाम ने तो बड़े-बड़े घरों पर भी हाथ साफ़ करना शुरू किया ! अगर यही हाल रहा, तो धीरे-धीरे उसकी शक्ति इतनी बढ़ जाएगी कि हमारे लिए उसका सामना करना कठिन हो जाएगा. अबुल आस के घर पर एक बड़ी मजलिस हुई.

अबूसिफियान ने, जो इस्लाम के दुश्मनों में सबसे प्रतिष्ठित मनुष्य था, अबुल आस से कहा, "तुम्हें अपनी बीवी को तलाक़ देना पड़ेगा."

अबुल आस ने कहा, "हरगिज़ नहीं."

अबूसिफियान—तो क्या तुम भी मुसलमान हो जाओगे ?

अ० आ०—हरगिज़ नहीं !

अ० सि०—तो उसे मुहम्मद ही के घर रहना पड़ेगा.

अ० आ०—हरगिज़ नहीं ! आप लोग मुझे आज्ञा दीजिए कि उसे अपने घर लाऊं.

अ० सि०—हरगिज़ नहीं !

अ० आ०—क्या यह नहीं हो सकता कि वह मेरे घर में रहकर इच्छानुसार खुदा की बन्दगी करे?

अ० सि०—हरगिज़ नहीं!

अ० आ०—मेरी क़ौम मेरे साथ इतनी सहानुभूति भी न करेगी?

अ० सि०—हरगिज़ नहीं!

अ० आ०—तो फिर आप लोग मुझे समाज से पतित कर दीजिए, मुझे पतित होना मंजूर है, आप लोग और जो सज़ा चाहें दें, वह सब मंजूर है. मगर मैं अपनी बीवी को नहीं छोड़ सकता. मैं किसी की धार्मिक स्वाधीनता का अपहरण नहीं करना चाहता, और वह भी अपनी बीवी की.

अ० सि०—कुरैश में क्या और लड़कियां नहीं हैं?

अ० आ०—जैनब की-सी कोई नहीं है.

अ० सि०—हम ऐसी लड़कियां बता सकते हैं, जो चांद को लज्जित कर दें.

अ० आ०—मैं सौन्दर्य का उपासक नहीं.

अ० सि०—ऐसी लड़कियां दे सकता हूं, जो गृह-प्रबंध में निपुण हों, बातें ऐसी करें कि मुंह से फूल झड़ें, खाना ऐसा पकाएं कि बीमार को भी रुचिकर हो, सीने-पिरोने में इतनी कुशल कि पुराने कपड़े को नया कर दें.

अ० आ०—मैं इन गुणों में से किसी का भी उपासक नहीं. मैं प्रेम, और केवल प्रेम का उपासक हूं. और मुझे विश्वास है कि जैनब का-सा प्रेम मुझे सारी दुनिया में कहीं नहीं मिल सकता.

अ० सि०—प्रेम होता, तो तुम्हें छोड़कर यह बेवफाई करती?

अ० आ०—मैं नहीं चाहता कि मेरे लिए वह अपने आत्म-स्वातंत्र्य का त्याग करे.

अ० सि०—इसका आशय यह है कि तुम समाज में समाज के विरोधी बनकर रहना चाहते हो. आंखों की कसम! समाज तुम्हें अपने ऊपर यह अत्याचार न करने देगा. मैं कहे देता हूं, इसके लिए तुम रोओगे

अबूसिफियान और उसकी टोली के लोग तो धमकियां देकर उधर गए, इधर अबुल आस ने लकड़ी संभाली और हज़रत मुहम्मद के घर पहुंचे. शाम हो गई थी, हज़रत दरवाज़े पर अपने मुरीदों के साथ मग़रिब की नमाज़ पढ़ रहे थे. अबुल आस ने उन्हें सलाम किया और जब तक नमाज़ होती रही, गौर से देखते रहे—जमाअत का एक साथ उठना-बैठना और झुकना. उनके मन में श्रद्धा की तरंगें उठने लगीं. उन्हें मालूम न होता था कि मैं क्या कर रहा हूं; पर अज्ञात भाव से वह जमाअत के साथ बैठते, झुकते और खड़े हो जाते थे. वहां का एक-एक परमाणु इस समय ईश्वरमय हो रहा था. एक क्षण के लिए अबुलआस भी

उसी अंतर-प्रवाह में बह गए.

जब नमाज़ ख़तम हुई और लोग सिधारे, तो अबुलआस ने हज़रत के पास जाकर सलाम किया और कहा, "मैं जैनब को विदा कराने आया हूं."

हज़रत ने विस्मित होकर पूछा, "तुम्हें मालूम नहीं कि वह ख़ुदा और उसके रसूल पर ईमान ला चुकी है ?"

अ० आ०—जी हां, मालूम है.

हज़रत—इस्लाम ऐसे सम्बन्धों का निषेध करता है, यह भी तुम्हें मालूम है ?

अ० आ०—क्या इसका मतलब यह है कि जैनब ने मुझे तलाक़ दे दिया ?

हज़रत—अगर यही मतलब हो, तो ?

अ० आ०—तो कुछ नहीं, जैनब को अपने ख़ुदा और रसूल की बन्दगी मुबारक हो, मैं एक बार उससे मिलकर घर चला जाऊंगा, और फिर कभी आपको अपनी सूरत न दिखाऊंगा; लेकिन उस दशा में अगर कुरैश जाति आपसे लड़ने को तैयार हो जाए, तो उसका इलज़ाम मुझ पर न होगा.

हज़रत—मैं कुरैश से इस वक़्त नहीं लड़ना चाहता.

अ० आ०—तो जैनब को मेरे साथ जाने दीजिए. उस हालत में कुरैश के क्रोध का भाजन मैं होऊंगा. आप और आपके मुरीदों पर कोई आफ़त न होगी.

हज़रत—तुम दबाव में आकर जैनब को ख़ुदा की तरफ से फेरने का यत्न तो न करोगे ?

अ० आ०—मैं किसी के धर्म में बाधा डालना सर्वथा अमानुषीय समझता हूं.

हज़रत—तुम्हें लोग जैनब को तलाक़ देने पर तो मजबूर न करेंगे ?

अ० आ०—मैं जैनब को तलाक़ देने से पहले ज़िन्दगी को तलाक़ दे दूंगा.

हज़रत को अबुल आस की बातों से इतमीनान हो गया. वह आस की इज़्ज़त करते थे. आस को हरम में जैनब से मिलने का मौक़ा दिया.

आस ने पूछा, "जैनब, मैं तुम्हें अपने साथ ले चलने आया हूं; धर्म के बदलने से कहीं मन तो नहीं बदल गया ?"

जैनब रोती हुई उनके पैरों पर गिर पड़ी और बोली—या मेरे आक़ा, धर्म बार-बार मिलता है, हृदय केवल एक बार; मैं आपकी हूं, चाहे जहां रहूं; लेकिन समाज मुझे आपकी सेवा में रहने देगा ?

आस—यदि समाज न रहने देगा, तो मैं समाज से ही निकल जाऊंगा. दुनिया में आराम से जीवन व्यतीत करने के लिए बहुत-से स्थान हैं. रहा मैं, तुम जानती हो, मैं धार्मिक स्वाधीनता का पक्षपाती हूं, मैं तुम्हारे धार्मिक विषयों में कभी हस्तक्षेप न करूंगा.

जैनब चली तो खुदैजा ने रोते हुए उसे यमन के लालों का एक बहुमूल्य हार विदाई में दिया

इस्लाम पर विधर्मियों के अत्याचार दिनोंदिन बढ़ने लगे. अवहेलना की दशा से निकलकर उसने भय के क्षेत्र में प्रवेश किया. शत्रुओं ने उसे समूल नाश करने की आयोजना करनी शुरू की. दूर-दूर के कबीलों से मदद मांगी जाने लगी. इस्लाम में इतनी शक्ति न थी कि शस्त्रबल से विरोधियों को दबा सके. हज़रत मुहम्मद ने मक्का छोड़कर कहीं और चले जाने का निश्चय किया. मक्के में मुस्लिमों के घर सारे शहर में बिखरे हुए थे. एक की मदद को दूसरे मुसलमान न पहुंच सकते थे. हज़रत मुहम्मद किसी ऐसी जगह आबाद होना चाहते थे, जहां सब मिले हुए रहें, और शत्रुओं की संघटित शक्ति का प्रतिकार कर सकें. अन्त में उन्होंने मदीने को पसन्द किया और अपने समस्त अनुयायियों को सूचना दे दी. भक्तजन उनके साथ हुए और एक दिन मुस्लिमों ने मक्के से मदीने को प्रस्थान कर दिया. यही हिजरत थी.

मदीने पहुंचकर मुसलमानों में एक नई शक्ति, नई स्फूर्ति का उदय हुआ. वे निश्शंक होकर अपने धर्म का पालन करने लगे. अब पड़ोसियों से दबने और छिपने की ज़रूरत न थी.

आत्मविश्वास बढ़ा. इधर भी विधर्मियों का स्वागत करने की तैयारियां होने लगीं. दोनों पक्ष सेना इकट्ठी करने लगे. विधर्मियों ने संकल्प किया कि संसार से इस्लाम का नाम ही मिटा देंगे. इस्लाम ने भी उनके दांत खट्टे करने का निश्चय किया.

एक दिन अबुलआस ने आकर पत्नी से कहा—जैनब, हमारे नेताओं ने इस्लाम पर जिहाद करने की घोषणा कर दी है.

जैनब ने घबराकर कहा—अब तो वे लोग यहां से चले गए. फिर इस जिहाद की क्या ज़रूरत ?

अबुलआस—मक्के से चले गए, अरब से तो नहीं चले गए ! उन लोगों की ज़्यादतियां बढ़ती जा रही हैं. जिहाद के सिवा और कोई उपाय नहीं है. जिहाद में मेरा शरीक होना ज़रूरी है.

जैनब—अगर तुम्हारा दिल तुम्हें मजबूर करता है, तो शौक़ से जाओ. मैं भी तुम्हारे साथ चलूंगी.

आस—मेरे साथ ?

जैनब—हां, वहां आहत मुसलमानों की सेवा-शुश्रूषा करूंगी.

आस—शौक़ से चलो.

घोर संग्राम हुआ. दोनों दलवालों ने खूब दिल के अरमान निकाले. भाई भाई से, बाप बेटे से लड़ा. सिद्ध हो गया कि मज़हब का बंधन रक्त और वीर्य के बंधन से सुदृढ़ हैं !

दोनों दलवाले वीर थे. अन्तर यह था कि मुसलमानों में नया धर्मानुराग था, मृत्यु के पश्चात् स्वर्ग की आशा थी. दिलों में वह अटल विश्वास था, जो नवजात सम्प्रदायों का लक्षण है. विधर्मियों में बलिदान का यह भाव लुप्त था.

कई दिन तक लड़ाई होती रही. मुसलमानों की संख्या बहुत कम थी; पर अन्त में उनके धर्मोत्साह ने मैदान मार लिया. विधर्मियों में कितने ही मारे गए, कितने ही घायल हुए और कितने ही क़ैद कर लिए गए. अबुलआस भी इन्हीं क़ैदियों में थे.

जैनब ने ज्यों ही सुना कि अबुलआस पकड़ लिए गए, उसने तुरन्त हज़रत मुहम्मद की सेवा में मुक्ति-धन भेजा. यह वही बहुमूल्य हार था, जो खुदैजा ने उसे दिया था. जैनब अपने पूज्य पिता को उस धर्म-संकट में एक क्षण के लिए भी न डालना चाहती थी, जो मुक्तिधन के अभाव की दशा में उन पर पड़ता, किन्तु अबुलआस को वह, इच्छा होते हुए भी, पक्षपात के भय से न छोड़ सके.

सब क़ैदी हज़रत के सामने पेश किए गए. कितने ही तो ईमान लाए, कितनों के घरों से मुक्तिधन आ चुका था, वे मुक्त कर दिए गए. हज़रत ने अबुलआस को देखा, सबसे अलग सिर झुकाए खड़े हैं. मुख पर लज्जा का भाव झलक रहा है.

हज़रत ने कहा—अबुलआस, खुदा ने इस्लाम की हिमायत की, वरना उसे यह विजय न प्राप्त होती.

अबुलआस—अगर आपके कथनानुसार संसार में एक खुदा है तो वह अपने एक बन्दे को दूसरे का गला काटने में मदद नहीं दे सकता. मुसलमानों की विजय उनके रणोत्साह से हुई.

एक सहाबी ने पूछा—तुम्हारा फिदिया (मुक्तिधन) कहां है ?

हज़रत मुहम्मद ने फरमाया—अबुलआस का हार निहायत बेशकीमत है, इनके बारे में आप क्या फ़ैसला करते हैं ? आपको मालूम है, यह मेरे दामाद हैं ?

अबूबकर—आज तुम्हारे घर में जैनब है, जिस पर ऐसे सैंकड़ों हार कुर्बान किए जा सकते हैं.

अबुलआस—तो आपका मतलब क्या है कि जैनब मेरा फिदिया हो ?

ज़ैद—बेशक, हमारा यही मतलब है.

अबुलआस—उससे तो यही बेहतर था कि आप मुझे क़त्ल कर देते.

अबूबकर—हम रसूल के दामाद को क़त्ल नहीं करेंगे, चाहे वह विधर्मी ही क्यों न हो. तुम्हारी यहां उतनी खातिर होगी जितनी हम कर सकते हैं.

अबुलआस के सामने विषम समस्या थी. इधर यहां की मेहमानी में अपमान

था, उधर जैनब के वियोग की करुण वेदना थी, उन्होंने निश्चय किया कि यह वेदना सहूंगा, किन्तु अपमान न सहूंगा, प्रेम को आत्मा के गौरव पर बलिदान कर दूंगा. बोले—मुझे आपका फ़ैसला मंजूर है, जैनब मेरी फिदिया होगी.

मदीने में रसूल की बेटी की जितनी इज़्ज़त होनी चाहिए, उतनी होती थी. सुख था, ऐश्वर्य था, धर्म था; पर प्रेम न था, वह अबुलआस के वियोग में रोया करती.

तीन वर्ष तीन युगों की भांति बीते, अबुलआस के दर्शन न हुए.

उधर अबुलआस की बिरादरी का दबाव पड़ रहा था कि विवाह कर लो; पर जैनब की मधुर स्मृतियां ही उसके प्रणय-वंचित हृदय को तसकीन देने को काफ़ी थीं. वह उत्तरोत्तर उत्साह के साथ अपने व्यवसाय में तल्लीन हो गया. महीनों घर न आता. धनोपार्जन ही उसके जीवन का मुख्य आधार था. लोगों को आश्चर्य होता था कि अब यह धन के पीछे क्यों प्राण दे रहा है. निराशा और चिन्ता बहुधा शराब के नशे से शान्त होती है; प्रेम उन्माद से. अबुल आस को धनोन्माद हो गया था. धन के आवरण में ढका हुआ यह प्रेम-नैराश्य था; माया के परदे में छिपा हुआ प्रेम-वैराग्य.

एक बार वह मक्के से माल लाद कर ईराक की तरफ चला. काफ़िले में और भी कितने ही सौदागर थे. रक्षकों का एक दल भी साथ था. मुसलमानों के कई काफ़िले विधर्मियों के हाथों लुट चुके थे. उन्हें ज्यों ही इस काफ़िले की खबर मिली, ज़ैद ने कुछ चुने हुए आदमियों के साथ उन पर धावा कर दिया. काफ़िले के रक्षक लड़े और मारे गए. काफ़िले वाले भाग निकले. अतुल धन मुसलमानों के हाथ लगा. अबुल आस फिर क़ैद हो गए.

दूसरे दिन हज़रत मुहम्मद के सामने अबुल आस की पेशी हुई. हज़रत ने एक बार उसकी तरफ करुण दृष्टि डाली और सिर झुका लिया. सहाबियों ने कहा—या हज़रत, अबुल आस के बारे में आप क्या फ़ैसला करते हैं ?

मुहम्मद—इसके बारे में फ़ैसला करना तुम्हारा काम है. यह मेरा दामाद है. सम्भव है, मैं पक्षपात का दोषी हो जाऊं.

यह कहकर वह मकान में चले गए. जैनब रोकर पैरों पर गिर पड़ी और बोली—अब्बाजान, आपने औरों को तो आज़ाद कर दिया, अबुल आस क्या सबसे गया-बीता है ?

हज़रत—नहीं जैनब, न्याय के पद पर बैठने वाले आदमी को पक्षपात और द्वेष से मुक्त होना चाहिए. यद्यपि यह नीति मैंने ही बनाई है, तो मैं भी अब उसका स्वामी नहीं, दास हूं. मुझे अबुल आस से प्रेम है. मैं न्याय को प्रेम-कलंकित नहीं कर सकता.

सहाबी हज़रत की इस नीति-भक्ति पर मुग्ध हो गए. अबुल आस को सब

माल-असबाब के साथ मुक्त कर दिया.

अबुलआस पर हज़रत की न्याय-परायणता का गहरा असर पड़ा. मक्के आकर उन्होंने अपना हिसाब-किताब साफ़ किया, लोगों का माल लौटाया, कर्ज़ अदा किया और घर-बार त्यागकर हज़रत मुहम्मद की सेवा में पहुंच गए. जैनब की मुराद पूरी हुई.

□ □

दे खुदा की राह पर

आचार्य चतुरसेन शास्त्री

बादशाहत गई, नवाबी गई, राजसी ठाठ गए. मुस्लिम राज-वर्ग तथा अन्य सम्बन्धित लोगों की हालत ख़स्ता होती गई. कितने ही राजवंशी दर-दर भटकने और भिखारी तक बनने को विवश हुए—मुस्लिम जीवन की इसी ऐतिहासिक यथार्थता का चित्रण है इस कहानी में.

मैं उसे बहुत दिनों से उसी स्थान पर बैठा देखा करता था. वह जामा-मस्जिद की सीढ़ियों के नीचे, एक कोने में, बैठा रहता था. उसके हाथ में एक पुरानी ऊनी टोपी थी, उसी को वह भिक्षा-पात्र की भांति काम में लाता था. उसकी अवस्था सत्तर को पार कर गई थी, फ़िर भी वह ख़ूब मज़बूत दिखाई पड़ता था. उसका कंठ-स्वर सतेज और गंभीर था. उसके चेहरे पर एकाध चेचक के दाग़ थे. उसके मुंह से निकले हुए शब्द 'दे ख़ुदा की राह पर !' ही सदा सुन पड़ते थे, दूसरे शब्द बोलना वह जानता था या नहीं, कह नहीं सकते. उससे कभी कोई बात नहीं करता था. बातें करने पर वह कभी जवाब भी नहीं देता था. लोग उसे बहुधा पैसे दे देते थे. पैसा टोपी में डालने पर उसने कभी किसी को आशीर्वाद नहीं दिया. परंतु उसके चेहरे के भाव, जो निरंतर अमिट रूप से बने रहते थे, देखकर अनायास ही मनुष्य की उस पर श्रद्धा हो जाती थी. संभव है, वह मन-ही-मन आशीर्वाद देता हो. बहुधा मैंने देखा था, लोग चुपके-से उसके निकट जाते, पैसा उसकी टोपी में फेंकते और धीरे-से खिसक जाते थे. वह तो अपनी अनवरत गति से 'दे ख़ुदा की राह पर !' की आवाज़ थोड़ी-थोड़ी देर बाद लगाता रहता था. घर से दफ़्तर जाने का मेरा रास्ता जामे-मस्जिद होकर ही था. जामे-मस्जिद से मैं ट्राम पकड़ता था. ट्राम की प्रतीक्षा में कभी-कभी मुझे कुछ देर अटकना पड़ता था. वह सीढ़ियों के जिस नुक्कड़ पर बैठता था, वहां मैं ट्राम की प्रतीक्षा में खड़ा रहता था. उस समय ट्राम आने तक मैं उसके एकरस और एकसी भाव-भंगी से परिपूर्ण चेहरे को, आने-जाने तथा पैसा देने वालों को और उनकी पोशाक-भावना को ध्यान से देखता रहता था. मुझे इसका कुछ चाव-सा हो गया था.

मैंने उसे कभी कुछ नहीं दिया. एक पैसा देते हुए मुझे शर्म लगती थी. अधिक देते भी शर्म लगती थी. सभी तो पैसा देते थे, मेरा अधिक देना दंभ में सम्मिलित था. फिर मेरी आमदनी इतनी संक्षिप्त थी कि मैं अधिक दे नहीं सकता था और यह तो रोज़ का धंधा ठहरा.

वर्षा के दिन थे. दिन-भर पानी बरसा था. दफ़्तर जाती बार देखा, वह एक कोने में खड़ा भीग रहा है. उस दिन उसे इस प्रकार निरीह भीगता देखकर मन पर आघात लगा. जी में ऐसा हुआ कि इसके लिए कुछ तो करना ही चाहिए. दफ़्तर से जब मैं लौटा, तब भी वह अपने स्थान पर बैठा था. बदली खुल गई थी. उस दिन मुझे दफ़्तर से लौटते देर हो गई थी. अंधेरा होने लगा. मैं क्षण-भर रुककर उसकी ओर देखने लगा. वह अपने स्थान से उठा. उसने धीरे-से, मानो वह आत्म-निवेदन कर रहा हो, कहा, "या खुदा, आज तो कुछ भी नहीं."

उसने गंभीरता से अपनी दाढ़ी हिलाई, और अपनी लाठी टेकता हुआ चल दिया. मैं भी मंत्र-मुग्ध की भांति उसके पीछे हो लिया. मुझे उसके प्रति कौतूहल हो रहा था, क्योंकि उन सुपरिचित शब्दों के सिवा प्रथम बार ही मैंने उसके मुंह से निकलते ये शब्द सुने थे.

वह पतली और संकरी गलियों को पार करता हुआ धीरे-धीरे, उसी लाठी की आंखों से राह टटोलता हुआ, चला जा रहा था. पीछे-पीछे मैं था. बस्ती का शान-दार भाग छूट गया था. अब वह ग़रीबों के टूटे-फूटे घरों के पास गुज़र रहा था. अंत में एक खण्डहर के समान घर के द्वार पर वह खड़ा हो गया. उसने कुंडी खट-खटाई, और एक किशोर बालिका ने आकर द्वार खोल दिया. यद्यपि मैं कुछ दूर था, फिर भी मैंने उस सुकोमल मूर्त्ति को देख लिया. उसे देखकर आंखें हरी हो गईं. उन आंखों ने भी, मालूम होता है, मुझे देख लिया. यद्यपि उन दूध-समान स्वच्छ आंखों की दृष्टि पड़ते ही मेरी आंखें नीचे को झुक गई थीं, फिर भी जैसे मेरा मूक निवेदन वहां तक पहुंच चुका था.

वृद्ध को इस बात का कोई ज्ञान न था कि मैं उसका पीछा कर रहा हूं. वे दोनों भीतर चले गए. दरवाज़ा बंद हो गया. मैं फिर भी खड़ा कुछ सोचता ही रहा : यह अंधा, बूढ़ा भिखारी कौन है, और इसके साथ यह अनिंद्य सुंदरी बाला कौन है ?

मेरी दृष्टि बंद द्वार पर थी. द्वार खुला, वे ही आंखें एक बार दोलायमान होकर मेरे मुख पर अटक गईं. मैं चमत्कृत होकर देखने लगा. उसने संकेत से मुझे निकट बुलाया, और कहा, "आप बाबा से कुछ कहा चाहते हैं ?"

मैंने बिना सोचे ही जवाब दिया, "हां, मैं उनसे कुछ बात किया चाहता हूं."

"आप आइए."

वह पीछे हट गई. मैं भीतर चला गया. मेरे भीतर आने पर उसने द्वार बंद कर लिया. भीतर से घर काफी बड़ा था. मकानियत तो कुछ न थी, मैदान काफी था. उसमें एक नीम का पेड़ भी था. घर हर तरह साफ़ था. वृद्ध फ़क़ीर एक

चटाई पर चुपचाप बैठा था.

बालिका ने कहा, "बाबा, यह आए हैं."

बूढ़े ने दोनों हाथ फैलाकर कहा, "आइए मेरे मेहरबान, मुझसे रज़िया ने कहा कि आप मेरे पीछे-पीछे आ रहे थे, और दरवाज़े पर खड़े थे. कहिए, मैं आपकी क्या ख़िदमत बजा ला सकता हूं ? बैठिए."

बालिका ने एक चटाई का टुकड़ा लाकर डाल दिया था. मैं उसी पर बैठ गया. मैंने कहा, "मैंने इस तरह आकर आपको जो तकलीफ़ दी, उसके लिए माफ़ी चाहता हूं. दरअसल मेरा कोई काम नहीं है. मगर मैं आपको अर्से से जामे-मस्जिद पर देखता हूं. मैंने आपको कुछ भी नहीं दिया. लेकिन आज उठती बार आपके मुंह से यह सुनकर कि 'आज कुछ भी नहीं', मैं अपने को क़ाबू में न रख सका. एक पैसा आप-जैसे संजीदा बुज़ुर्ग के हाथ पर रखते शर्म आती थी. ज़्यादा की औक़ात नहीं. पर आज तो इरादा ही कर लिया, मगर हिम्मत न हुई कि आपको आवाज़ दूं. यही सोचते-सोचते यहां तक चला आया."

बूढ़े ने संतोष से सारी बातें सुनीं. फिर उसने आकाश की ओर अपने दृष्टि-विहीन नेत्र फैलाकर कहा, "शुक्र है अल्लाह का ! दुनिया में आप-जैसे भी फ़रिश्ता-ख़सलत इंसान हैं. ख़ुदा आपको बरकत दे. आप शायद हिन्दू हैं ?"

"जी हां." मैंने धीरे-से कहा, और एक रुपया निकालकर बूढ़े के हाथ पर रख दिया.

रुपया हाथ से छूकर बूढ़े ने कहा, "ख़ुदा आपको ख़ुश रखे, मगर मैं अपने घर पर भीख नहीं लेता, ख़ुदा के घर के क़दमों पर बैठकर ही मैं भीख लेने की जुर्रत कर सकता हूं, वह भी ख़ुदा की राह पर. यहां तो मेरा फ़र्ज़ है कि मैं आपकी, जहां तक हो, मिहमान-नवाज़ी करूं."

यह कह बूढ़े ने रुपया वापस मेरी तरफ सरका दिया. इसके बाद रज़िया को पुकारकर कहा, "बेटी, इन मेहरबान की कुछ ख़ातिर-तवाज़ा तो ज़रूर करनी चाहिए. यह हिन्दू हैं, और कुछ तो न खायेंगे, इलायची घर में हों, तो ज़रा ला दो बेटी !"

रज़िया दो इलायची ले आई. वह घुटनों के बल मेरे सामने बैठ गई. उसने अपनी सुनहरी हथेली मेरे सामने फैला दी. उस पर दो इलायचियां धरी थीं. उसने मुस्कराकर कहा, "इलायचियां लीजिए. घर में तश्तरी नहीं है."

"घर में तश्तरी नहीं है," ये शब्द उसने कंपित कंठ से कहे. बूढ़े की आंखों में आंसू भर आए. उसने कहा, "तश्तरी नहीं है, तो उसका रंज क्यों, बेटी ?"

उसने फिर आंसू पोंछकर कहा, "मिहरबानेमन, बिटिया की नज़र क़बूल कीजिए, जिससे मेरी और मेरे ख़ानदान की इज़्ज़त बढ़े."

मैंने इलायचियां ले लीं ! मैं इस फेर में पड़ा, क्या सचमुच बूढ़े का कोई

ख़ानदान भी है !

रुपया देने के कारण मैं लज्जित हो रहा था. मैंने कहा, "मिहरबानी करके आप अपने कुछ हालात बताएंगे, और कोई ऐसा काम भी, जिसे करके मैं आपकी कुछ ख़िदमत बजा लाऊं ?"

बूढ़े ने कहा, "पिछले नौ वर्षों से यह मैं आपसे आज बातें कर रहा हूं. रज़िया और मैं इतने दिनों से यहां अकेले रहते हैं, हम लोग न किसी से मिलते, न कोई हमसे मिलता है. आपने आज अचानक आकर इस बूढ़े, अंधे, अपाहिज पर इतनी मिहरबानी की." उसने झुककर मेरे दोनों हाथ चूम लिए.

रज़िया ने आकर कहा, "बाबा ! आज खाने का क्या होगा ?"

बूढ़े ने दो पैसे टेंट से निकालकर कहा, "सिर्फ ये ही हैं ! एक पैसा तुम हस्बमामूल दरगाह पर ख़ैरात दे आओ, और एक पैसे के चने ले आओ. आज उन्हीं पर औक़ात-बसर होगी."

रज़िया चली गई. मैं बूढ़े के दृष्टिहीन, तेजवान् मुंह को देखता रहा. फिर मैंने कहा, "रज़िया क्या आपकी बेटी है ?"

"नहीं, पोती है. इसकी मां इसे जन्म देते ही मर गई थी. इसे मैंने इन्हीं हाथों से पाला है."

"रज़िया के वालिद शायद नहीं हैं ?"

"नहीं." बूढ़े का गला भर्रा गया. फिर उसने ज़रा खांसकर कहा, "उसे मरे आज चौदह साल हो गए." बूढ़े की दृष्टिहीन आंखें मानो कुछ देखने लगीं. उनमें पानी छलछला आया. उसने एक बार आकाश की ओर उन आंखों को उठाया, और फिर ज़मीन पर झुका दिया.

मुझे ऐसा मालूम हुआ कि बूढ़े का जीवन गंभीर भेदों से परिपूर्ण है. परन्तु मुझे उससे कुछ पूछने का साहस नहीं हुआ. मैंने फिर कहा, "क्या मैं आपकी कोई ख़िदमत बजा ला सकता हूं ?"

"मेरी कोई ख़िदमत ही नहीं है, मिहरबान ! मैं ख़ुदा का एक अदना ख़िदमतगार हूं." उसके होंठ कांपकर रह गए, मानो बलपूर्वक कुछ उसके मुख से निकल रहा था, वह उसने ज़बरदस्ती रोक लिया.

रज़िया लौट आई. और उसने भुने हुए चने बूढ़े के सामने, एक साफ़ कपड़े के टुकड़े पर, फैला दिए. बूढ़े ने पानी मंगाकर वज़ू किया, नमाज़ पढ़ी, और फिर मेरे पास आकर कहा, "अगर एक मुट्ठी इसमें से आप क़बूल फ़र्माएं तो मैं समझूं कि अब भी मैं मिहमान-नवाज़ी करने के लायक हूं." उसने चनों का रूमाल आगे बढ़ाया.

मैंने थोड़े चने मुट्ठी में लेकर कहा, "मेरे बुज़ुर्ग, इन्हें मैं नियामत समझता हूं."

रज़िया पास आ बैठी. हम तीनों ने चने खाए. इसके बाद मैं उठ खड़ा हुआ. बूढ़े ने खड़े होकर मुझे विदा किया. मेरा नाम पूछा, और दुआ दी.

मैं रोज़ उसे वहीं भीख मांगते देखता, पर कभी कुछ देने तथा बोलने का साहस न करता. हां, बीच-बीच में मैं उसके घर घंटा-दो घंटा जाकर बैठ आता था. उसका असली परिचय प्राप्त करने की मैंने बहुत चेष्टा की, पर न प्राप्त कर सका. अलबत्ता मुझे यह अवश्य मालूम हो गया कि बूढ़ा कोई बहुत ही बड़े ख़ान-दान का आदमी है. चार साल गुज़र गए. हम लोगों में बहुत घनिष्ठता बढ़ गई थी. बूढ़े का यह नियम था कि वह तमाम भीख में से आधी मज़ार पर ख़ैरात कर देता था. यह मज़ार उसी की धर्मपत्नी का था, जिसे उसने कभी अपने प्राणों से भी ज़्यादा प्यार किया था, और अब पूजा करता था. आधी भीख वह अपने और रज़िया के काम में लाता था.

एकाएक मैंने देखा, वह अब सीढ़ियों पर नहीं है. कई दिन बीत गए. आख़िर मैं एक दिन उसके घर गया. देखा, बूढ़ा मृत्यु-शय्या पर पड़ा है, रज़िया अकेली उसकी सेवा कर रही है. रज़िया अब सतरह साल की अप्रतिम सुंदरी थी. परन्तु उसके सौन्दर्य में चमेली के समान माधुर्य था. वह पवित्रता, गौरव और गंभीरता के केंद्र-स्वरूप थी. उसके गुणों पर मैं मोहित था, और मेरे मन में उसके प्रति आदर था. और मेरी आयु यद्यपि तीस वर्ष के लगभग ही थी, और मेरी पत्नी का जीवन के आरंभ ही में देहान्त हो गया था, फिर भी उसके प्रति प्रेम की भावना से देखने का मैं साहस न कर सका था. वह मुझे 'बड़े भाई' कहकर पुकारती थी.

मुझे देखते ही उसने मुझसे कहा, "बड़े भाई, देखो, बाबा की क्या हालत हो गई है ! कई दिन से तुम्हें याद कर रहे हैं, पर मैं इन्हें छोड़ अकेली इतनी दूर तुम्हारे घर नहीं जा सकती थी."

बूढ़े को होश हुआ, तो रज़िया ने उसके पास जाकर कहा, "बाबा ! बड़े भाई आए हैं."

बूढ़े ने मेरी तरफ मुख किया, मैंने समझ लिया, अब चिराग़ बुझने में विलंब नहीं. मैंने उसका हाथ अपने हाथ में लेकर कहा, "ओफ़ ! आप इतने कमज़ोर हो गए ! मुझे खबर भी नहीं मिली ! आज तो आप मेरे मन की साध मिटा दीजिए, मुझे कुछ ख़िदमत करने का हुक्म दीजिए."

बूढ़े ने कंपित स्वर में कहा, "अच्छा, तुम मेरी ओर से रज़िया का एक काम कर दोगे ?"

"बहुत ख़ुशी से." मैंने उत्सुकता से कहा. बूढ़े ने मंद स्वर से रज़िया को कुछ संकेत किया. वह कोठरी के एक कोने से कपड़े में लिपटा एक पुलिंदा ले आई. बूढ़े ने उसे अपने हाथ में ले, छाती से लगा, फिर मेरी तरफ़ बढ़ाते हुए कहा,

"इन कागज़ों को संभालकर रखना, जान से भी ज़्यादा और जब रज़िया अठारह साल पार कर जाए, तब खोलना, इसमें जैसा लिखा है, वैसा ही करना, ज़बान दो, करोगे ?"

मैंने ज़बान दी. बूढ़े ने फिर कहा, "मेरे बाद रज़िया यहां न रह सकेगी. उसे तुम जहां मुनासिब समझो, रखना, परंतु अपनी हिफ़ाज़त से दूर नहीं. मगर यहां से निकलकर और मेरे बाद वह फ़क़ीरी हालत में न रह सकेगी." बूढ़े ने एक जड़ाऊ कंगन निकालकर दिया, और कहा, "इसे बेचकर मेरी रज़िया के आराम से रहने का बंदोबस्त कर देना."

बूढ़ा कुछ देर चुप रहा. वह अपने हृदय में उबलते हुए तूफ़ान को शांत कर रहा था. कुछ ठहरकर उसने मुझे और रज़िया को पास बुलाकर, दोनों के हाथ पकड़, अपनी छाती पर रखकर कहा, "मेरे मिहरबान, तुम हिन्दू हो और रज़िया मुसलमान, मगर खुदा की नज़र में दोनों इन्सान हैं. मैं उम्मीद करता हूं, तुम रज़िया के लिए कभी बेफिक्र न होगे."

कुछ ठहरकर फिर कहा, "मेरे बच्चो, तुम लोग अपना नफ़ा-नुकसान सोच लेना."

हम दोनों सिर झुकाए बूढ़े की टूटी चारपाई के पास बैठे रहे. कुछ देर बाद बूढ़े ने कहा, "बड़े भाई, अब तुम रज़िया को लेकर चले जाओ. मेरा वक़्त नज़दीक है, मेरी मिट्टी सरकार के आदमी संगवा देंगे." वह जोश में हांफने लगा.

हम लोगों ने उसकी कुछ न सुनी. हम वहीं डटे रहे. तीन दिन बाद उसकी मृत्यु हुई.

रज़िया मेरे घर रहने लगी. मेरी बूढ़ी मौसी देहात में रहती थी. उसे मैंने बुलाकर घर में रख लिया था. सुविधा के खयाल से मैंने रज़िया का नाम कमला रख लिया था. मैंने वह कंगन बेचा नहीं. उसका मूल्य बीस हज़ार से भी अधिक कूता गया था. रज़िया ने कहा, "इस कंगन से दादा बातें किया करते थे. वह दादी का कंगन था." मैंने भी उसे एक पूजनीय वस्तु समझा.

रज़िया का अठारहवां साल खत्म हो गया. मैंने उस दिन रज़िया को नई साड़ी पहनाई. फूलों का हार पहनाया. उसके बाद मैंने वह पुलिंदा खोला. उसमें कुछ काग़ज़ात थे, एक शाही मुहर थी, कुछ फ़र्मान थे, और एक विवरण-पत्र था. उसे पढ़ने पर पता लगा, बूढ़ा सुल्तान टीपू का बेटा ख़िज़र खां था ! उसका बेटा, रज़िया का पिता, युद्ध में मारा गया था. सरकार के साथ कुछ ऐसी संधियां थीं कि रज़िया को अठारह वर्ष की होने पर सरकार से उसे एक इलाक़ा, जा उसके बाप का ज़ब्त कर लिया गया था, मिलता. रज़िया के जन्म और वंश का प्रमाण रज़िया के गले के तावीज़ में था. तावीज़ खोल डाला गया.

समय पर सब कागज़ात हाईकोर्ट में दाखिल कर दिए गए. छः मास बाद रज़िया की जागीर मिल गई. इसकी आमदनी पांच लाख रुपया सालाना थी.

जागीर मिलने पर रज़िया को लेकर मैं इलाके पर चला गया. वहां पर दखल वग़ैरा लेकर, सब व्यवस्था करके जब मैं चलने लगा, तो रज़िया ने आंखों में आंसू भरकर, मेरा हाथ पकड़कर कहा, "अब जाओगे कहां ?"

मैंने कहा, "रज़िया रानी, अब 'बड़े भाई' न कहोगी ?"

"नहीं." रज़िया की आंखों में आंसू और होंठों में हंसी थी. वह लिपट गई.

मैंने कहा, "रज़िया ! 'बड़े भाई' का कुछ लिहाज़ करो. दर्द सिर्फ़ तुम्हारे ही दिल में नहीं, दूसरी जगह भी है, पर जो हो गया, सो हो गया."

रज़िया ने बहुत समझाया, पर मैं न माना. मैंने कहा, "एक बार 'बड़े भाई' कह दो, तो जाऊं."

रज़िया रोते-रोते धरती पर लेट गई. उसने कहा, "बड़े भाई, फिर यहीं रहो, जाते कहां हो ?"

"बहन के घर कैसे रहूं ?"

रज़िया ने आंसू पोंछकर कहा, "तब जाओ—'बड़े भाई' !"

मैं घर चला आया. वही मेरी नौकरी थी. मेरे रोम-रोम में रज़िया थी, और रज़िया के रोम-रोम में 'बड़े भाई'.

आज तीस साल इस घटना को हो गए हैं. रज़िया की आयु पचास वर्ष की हो गई है, मैं तिरसठ को पार कर चुका हूं. हम दोनों ने ब्याह नहीं किया. मैं साल में एक बार रज़िया के घर जाता हूं. उसकी सब आमदनी सार्वजनिक कामों में जाती है. सरकार से उसे बेग़म की उपाधि मिली है.

मेरी नौकरी अभी चल रही है. बूढ़े शहज़ादे का यह चित्र मैं सदैव अपने सामने रखता हूं.

□ □

परदा

यशपाल

टूटते हुए निम्नमध्यवर्गीय मुस्लिम अयोजित परिवार में अभाव और गरीबी का जो मुहर्रमी मातम छाया रहता है, जिसे पर्दे से ढका रखने की सभी कोशिशें बेकार होती हैं, उसे ही बेपर्दा किया गया है इस कहानी में.

चौधरी पीरबख्श के दादा चुंगी के महकमे में दारोगा थे. आमदनी अच्छी थी. एक छोटा, पर पक्का मकान भी उन्होंने बनवा लिया. लड़कों को पूरी तालीम दी. दोनों लड़के एण्ट्रेन्स पास कर रेलवे और डाकखाने में बाबू हो गए. चौधरी साहब की ज़िन्दगी में लड़कों के ब्याह और बाल-बच्चे भी हुए, लेकिन ओहदे में तरक्की न हुई, वही तीस और चालीस रुपये माहवार का दर्जा .

अपने ज़माने की याद कर चौधरी साहब कहते—"वो भी क्या वक्त थे ! लोग मिडिल पास कर डिप्टी-कलक्टरी करते थे और आजकल की तालीम है कि एण्ट्रेन्स तक अंग्रेज़ी पढ़कर लड़के तीस-चालीस से आगे नहीं बढ़ पाते." बेटों को ऊँचे ओहदों पर देखने का अरमान लिए ही उन्होंने आँखें मूंद लीं.

इंशा अल्ला, चौधरी साहब के कुनबे में बरक्कत हुई. चौधरी फ़जलकुरबान रेलवे में काम करते थे. अल्लाह ने उन्हें चार बेटे और तीन बेटियाँ दीं. चौधरी इलाहीबख्श डाकखाने में थे. उन्हें भी अल्लाह ने चार बेटे और दो लड़कियाँ बख्शीं.

चौधरी खानदान अपने मकान को हवेली पुकारता था. नाम बड़ा देने पर भी जगह तंग ही रही. दारोगा साहब के जमाने में जनाना भीतर था और बाहर बैठक में वे मोढ़े पर बैठ नैचा गुड़गुड़ाया करते. जगह की तंगी की वजह से उनके बाद बैठक भी ज़नाने में शामिल हो गई और घर की ड्योढ़ी पर पर्दा लटक गया. बैठक न रहने पर भी घर की इज्ज़त का खयाल था, इसलिए पर्दा बोरी के टाट का नहीं, बढ़िया किस्म का रहता.

ज़ाहिरा दोनों भाइयों के बाल-बच्चे एक ही मकान में रहने पर भी भीतर सब अलग-अलग था. ड्योढ़ी का पर्दा कौन भाई लाए ? इस समस्या का हल इस तरह हुआ कि दारोगा साहब के ज़माने की पलंग की रंगीन दरियाँ एक के बाद एक ड्योढ़ी में लटकाई जाने लगीं.

तीसरी पीढ़ी के ब्याह-शादी होने लगे. आख़िर चौधरी ख़ानदान की औलाद को हवेली छोड़ दूसरी जगहें तलाश करनी पड़ीं. चौधरी इलाहीबख्श के बड़े साहबज़ादे एण्ट्रेन्स पास कर डाकखाने में बीस रुपये की क्लर्की पा गए. दूसरे साहबज़ादे मिडिल पास कर अस्पताल में कम्पाउण्डर बन गए. ज्यों-ज्यों ज़माना

गुज़रता जाता, तालीम और नौकरी दोनों मुश्किल होती जातीं. तीसरे बेटे होनहार थे. उन्होंने वज़ीफ़ा पाया. जैसे-तैसे मिडिल कर स्कूल में मुदर्रिस हो देहात चले गये.

चौथे लड़के पीरबख़्श प्राइमरी से आगे न बढ़ सके. आजकल तालीम मां-बाप पर ख़र्च के बोझ के सिवा और है क्या ? स्कूल की फ़ीस हर महीने और किताबों, कॉपियों और नक्शों के लिए रुपये-ही-रुपये !

चौधरी पीरबख़्श का भी ब्याह हो गया. मौला के करम से बीवी की गोद भी जल्दी ही भरी. पीरबख़्श ने रोज़गार के तौर पर ख़ानदान की इज़्ज़त के ख़याल से एक तेल की मिल में मुन्शीगीरी कर ली. तालीम ज़्यादा नहीं तो क्या, सफ़ेदपोश ख़ानदान की इज़्ज़त का पास तो था. मज़दूरी और दस्तकारी उनके करने की चीज़ें न थीं. चौकी पर बैठते. कलम-दवात का काम था.

बारह रुपया महीना अधिक नहीं होता. चौधरी पीरबख़्श को मकान सितवा की कच्ची बस्ती में लेना पड़ा. मकान का किराया दो रुपया था. आसपास गरीब और कमीन लोगों की बस्ती थी. कच्ची गली के बीचोंबीच, गली के मुहाने पर लगे कमेटी के नल से टपकते पानी की काली धार बहती रहती, जिसके किनारे घास उग आई थी. नाली पर मच्छरों और मक्खियों के बादल उमड़ते रहते. सामने रमजानी धोबी की भट्ठी थी, जिसमें से धुआँ और सज्जी-मिले उबलते कपड़ों की गन्ध उड़ती रहती. दाईं ओर बीकानेरी मोचियों के घर थे. बाईं ओर वर्कशॉप में काम करने वाले कुली रहते.

इस सारी बस्ती में चौधरी पीरबख़्श ही पढ़े-लिखे सफ़ेदपोश थे. सिर्फ़ उनके ही घर की ड्योढ़ी पर पर्दा था. सब लोग उन्हें चौधरीजी, मुन्शीजी कहकर सलाम करते. उनके घर की औरतों को कभी किसी ने गली में नहीं देखा. लड़कियाँ चार-पाँच बरस तक किसी काम-काज से निकलतीं और फिर घर की आबरू के ख़याल से उनका बाहर निकलना मुनासिब न था. पीरबख़्श ख़ुद ही मुस्कराते हुए सुबह-शाम कमेटी के नल से घड़े भर लाते.

चौधरी की तनख़्वाह पन्द्रह बरस में बारह से अठारह हो गई. ख़ुदा की बरक्कत होती है, तो रुपये-पैसे की शक्ल में नहीं, आस-औलाद की शक्ल में होती है. पन्द्रह बरस में पाँच बच्चे हुए. पहले तीन लड़कियाँ और बाद में दो लड़के.

दूसरी लड़की होने को थी तो पीरबख़्श की वाल्दा मदद के लिए आईं. वालिद साहब का इन्तक़ाल हो चुका था. दूसरा कोई भाई वाल्दा की फ़िक्र करने आया नहीं; वे छोटे लड़के के यहाँ ही रहने लगीं.

जहाँ बाल-बच्चे और घर-बार होता है, सौ किस्म की झंझटें होती ही हैं. कभी बच्चे को तकलीफ़ है, तो कभी जच्चा को. ऐसे वक्त में कर्ज़ की ज़रूरत कैसे न हो ? घर-बार हो, तो कर्ज़ भी होगा ही

मिल की नौकरी का क़ायदा पक्का होता है. हर महीने की सात तारीख़ को गिनकर तनख्वाह मिल जाती है. पेशगी से मालिक को चिढ़ है. कभी बहुत ज़रूरत पर ही मेहरबानी करते. ज़रूरत पड़ने पर चौधरी घर की छोटी-मोटी कोई चीज़ गिरवी रखकर उधार ले आते. गिरवी रखने से रुपये के बारह आने ही मिलते. ब्याज मिलाकर सोलह आने हो जाते और फिर चीज़ के घर लौट आने की सम्भावना न रहती.

मुहल्ले में चौधरी पीरबख़्श की इज़्ज़त थी. इज़्ज़त का आधार था, घर के दरवाज़े पर लटका पर्दा. भीतर जो हो, पर्दा सलामत रहता. कभी बच्चों की खींच-खाँच या बेदर्द हवा के झोंकों से उसमें छेद हो जाते, तो पर्दे की आड़ से हाथ सुई-धागा ले उसकी मरम्मत कर देते.

दिनों का खेल ! मकान की ड्योढ़ी के किवाड़ गलते-गलते बिलकुल गल गये. कई दफ़ा कसे जाने से पेच टूट गये और सूराख़ ढीले पड़ गये. मकान-मालिक सुरजू पांडे को उसकी फ़िक्र न थी. चौधरी कभी जाकर कहते-सुनते तो उत्तर मिलता, "कौन बड़ी रकम थमा देते हो ? दो रुपल्ली किराया और वह भी छः-छः महीने का बकाया. जानते हो लकड़ी का क्या भाव है ! न हो मकान छोड़ जाओ." आख़िर किवाड़ गिर गये. रात में चौधरी उन्हें जैसे-तैसे चौखट से टिका देते. रात-भर दहशत रहती कि कहीं कोई चोर न आ जाये.

मुहल्ले में सफ़ेदपोशी और इज़्ज़त होने पर भी चोर के लिए घर में कुछ न था. शायद एक भी साबित कपड़ा या बरतन ले जाने के लिए चोर को न मिलता; पर चोर तो चोर है. छिनने के लिए कुछ न हो, तो भी चोर का डर तो होता ही है. वह चोर जो ठहरा !

चोर से ज़्यादा फ़िक्र थी आबरू की. किवाड़ न रहने पर पर्दा ही आबरू का रखवारा था. वह पर्दा भी तार-तार होते-होते एक रात आँधी में किसी भी हालत में लटकाने लायक न रह गया. दूसरे दिन घर की एकमात्र पुश्तैनी चीज़—दरी दरवाज़े पर लटक गई. मुहल्लेवालों ने देखा और चौधरी को सलाह दी—"अरे चौधरी, इस ज़माने में दरी यों काहे ख़राब करोगे ? बाज़ार से लाकर टाट का टुकड़ा न लटका दो !" पीरबख़्श टाट की क़ीमत भी आते-जाते कई दफ़ा पूछ चुके थे. दो गज़ टाट आठ आने से कम में न मिल सकता था. हंसकर बोले, "होने दो, क्या है ? हमारे यहाँ पक्की हवेली में भी ड्योढ़ी पर दरी का ही पर्दा रहता था."

कपड़े की महँगी के इस ज़माने में घर की पाँचों औरतों के शरीर से कपड़े जीर्ण होकर यों गिर रहे थे, जैसे पेड़ अपनी छाल बदलते हैं; पर चौधरी साहब की आमदनी से दिन में एक दफ़ा किसी तरह पेट भर सकने के लिए आटे के अलावा कपड़े की गुँजाइश कहाँ ? ख़ुद उन्हें नौकरी पर जाना होता. पायजामे

में जब पैबन्द संभालने की ताब न रही, मारकीन का एक कुर्ता-पायजामा ज़रूरी हो गया, पर लाचार थे.

गिरवी रखने के लिए घर में जब कुछ भी न हो, गरीब का एकमात्र सहायक है पंजाबी खान. रहने की जगह-भर देखकर वह रुपया उधार दे सकता है. दस महीने पहले गोद के लड़के बरकत के जन्म के समय पीरबख़्श को रुपए की ज़रूरत आ पड़ी. कहीं और कोई प्रबन्ध न हो सकने के कारण उन्होंने पंजाबी ख़ान बबर अलीखां से चार रुपये उधार ले लिए थे.

बबर अलीखां का रोज़गार सितवा के उस कच्चे मुहल्ले में अच्छा-खासा चलता था. बीकानेरी मोची, वर्कशॉप के मज़दूर और कभी-कभी रमजानी धोबी सभी बबर मियां से कर्ज़ लेते रहते. कई दफ़ा चौधरी पीरबख़्श ने बबरअली को कर्ज़ और सूद की किस्त न मिलने पर अपने हाथ के डंडे से ऋणी का दरवाज़ा पीटते देखा था. उन्हें साहूकार और ऋणी में बीच-बचौवल भी करना पड़ा था. ख़ान को वे शैतान समझते थे, लेकिन लाचार हो जाने पर उसी की शरण लेनी पड़ी. चार आना रुपया महीने पर चार रुपया कर्ज़ लिया. शरीफ़ ख़ानदानी, मुसलमान भाई का ख़याल कर बबरअली ने एक रुपया माहवार की किस्त मान ली. आठ महीने में कर्ज़ अदा होना तय हुआ।

ख़ान की किस्त न दे सकने की हालत में अपने घर के दरवाज़े पर फ़ज़ीहत हो जाने की बात का ख़याल कर चौधरी के रोएँ खड़े हो जाते. सात महीने फ़ाका करके भी वे किसी तरह से किस्त देते चले गए; लेकिन जब सावन में बरसात पिछड़ गई और बाजरा भी रुपए का तीन सेर मिलने लगा, किस्त देना सम्भव न रहा. ख़ान सात तारीख़ की शाम को ही आया. चौधरी पीरबख़्श ने ख़ान की दाढ़ी छू और अल्ला की क़सम खा एक महीने की मुआफ़ी चाही. अगले महीने एक का सवा देने का वायदा किया. ख़ान टल गया.

भादों में हालत और भी परेशानी की हो गई. बच्चों की मां की तबीयत रोज़-रोज़ गिरती जा रही थी. खाया-पिया उसके पेट में न ठहरता. पथ्य के लिए उसको गेहूँ की रोटी देना ज़रूरी हो गया. गेहूँ मुश्किल से रुपए का सिर्फ़ ढाई सेर मिलता. बीमार का जी ठहरा, कभी प्याज के टुकड़े या धनिए की खुशबू के लिए ही मचल जाता. कभी पैसे की सौंफ़, अजवायन काले, नमक की ही ज़रूरत हो, तो पैसे की कोई चीज़ मिलती ही नहीं. बाज़ार में ताँबे का नाम ही नहीं रह गया. नाहक इकन्नी निकल जाती है. चौधरी को दो रुपए महँगाई भत्ते के मिले; पर पेशगी लेते-लेते तनख़्वाह के दिन केवल चार ही रुपए हिसाब में निकले.

बच्चे पिछले हफ़्ते लगभग फ़ाके से थे. चौधरी कभी गली से दो पैसे की चौराई ख़रीद लाते, कभी बाजरा उबाल सब लोग कटोरा-कटोरा-भर पी लेते. बड़ी कठिनता से मिले चार रुपयों में से सवा रुपया ख़ान के हाथ में धर देने की

हिम्मत चौधरी को न हुई.

मिल से घर लौटते समय वे मंडी की ओर टहल गए. दो घंटे बाद जब समझा, ख़ान टल गया होगा तो अनाज की गठरी ले वे घर पहुँचे. ख़ान के भय से दिल डूब रहा था, लेकिन दूसरी ओर चार भूखे बच्चों, उनकी मां, दूध न उतर सकने के कारण सूखकर काँटा हो रहे गोद के बच्चे और चलने-फिरने से लाचार अपनी ज़ईफ मां की भूख से बिलबिलाती सूरतें आँखों के सामने नाच जातीं. धड़कते हुए हृदय से वे कहते जाते—"मौला सब देखता है, ख़ैर करेगा."

सात तारीख़ की शाम को असफल हो ख़ान आठ की सुबह ख़ूब तड़के चौधरी के मिल चले जाने से पहले ही अपना डंडा हाथ में लिए दरवाज़े पर मौजूद हुआ.

रात-भर सोच-सोचकर चौधरी ने ख़ान के लिए बयान तैयार किया. मिल के मालिक लालाजी चार रोज़ के लिए बाहर गये हैं. उनके दस्तख़त के बिना किसी को भी तनख़्वाह नहीं मिल सकी. तनख़्वाह मिलते ही वह सवा रुपया हाज़िर करेगा. माकूल वजह बताने पर भी ख़ान बहुत देर तक गुर्राता रहा—"अम वतन चोड़ के परदेश में पड़ा है, ऐसे रुपिया चोड़ देने के वास्ते अम यहां नहीं आया है, अमारा भी बाल-बच्चा है. चार रोज़ में रुपिया नई देगा, तो अम तुमारा···कर देगा."

पाँचवें दिन रुपया कहाँ से आ जाता ! तनख़्वाह मिले अभी हफ़्ता भी नहीं हुआ. मालिक ने पेशगी देने से साफ़ इन्कार कर दिया. छठे दिन किस्मत से इतवार था. मिल में छुट्टी रहने पर भी चौधरी ख़ान के डर से सुबह ही बाहर निकल गए. जान-पहचान के कई आदमियों के यहाँ गये. इधर-उधर की बातचीत कर वे कहते—"अरे भाई, हो तो बीस आने पैसे तो दो-एक रोज़ के लिए देना. ऐसे ही ज़रूरत आ पड़ी है."

उत्तर मिला—"मियां, पैसे कहां इस ज़माने में ! पैसे का मोल कौड़ी नहीं रह गया. हाथ में आने से पहले ही उधार चुकाने में उठ गया तमाम !"

दोपहर हो गई. ख़ान आया भी होगा, तो इस वक्त तक बैठा नहीं रहेगा—चौधरी ने सोचा और घर की तरफ़ चल दिए. घर पहुँचने पर सुना, ख़ान आया था और घण्टे-भर तक ड्योढ़ी पर लटके दरी के पर्दे को डंडे से ठेल-ठेलकर गाली देता रहा है. पर्दे की आड़ से बड़ी बीबी के बार-बार ख़ुदा की कसम खा यकीन दिलाने पर कि चौधरी बाहर गये हैं, रुपया लेने गए हैं, ख़ान गाली देकर कहता—"नईं, बदजात चोर बीतर में चिपा है ! अम चार घंटे में पिर आता है. रुपिया लेकर जायगा. रुपिया नईं देगा, तो उसका खाल उतारकर बाज़ार में बेच देगा. ···अमारा रुपिया क्या अराम का है ?"

चार घंटे से पहले ही ख़ान की पुकार सुनाई दी—"चौधरी !" पीरबख़्श के शरीर में बिजली-सी दौड़ गई और वे बिलकुल निस्सत्त्व हो गए, हाथ-पैर सुन्न

और गला खुश्क !

गाली दे पर्दे को ठेलकर ख़ान के दुबारा पुकारने पर चौधरी का शरीर निर्जीवप्राय होने पर भी निश्चेष्ट न रह सका. वे उठकर बाहर आ गए. ख़ान आगबबूला हो रहा था—"पैसा नईं देने का वास्ते चिपता है ! ···" एक-से-एक बढ़ती हुई तीन गालियाँ एक-साथ ख़ान के मुँह से पीरबख्श के पुरखों-पीरों के नाम निकल गईं. इस भयंकर आघात से पीरबख्श का ख़ानदानी रक्त भड़क उठने के बजाय और भी निर्जीव हो गया. ख़ान के घुटने छू, अपनी मुसीबत बता वे मुआफ़ी के लिए खुशामद करने लगे.

ख़ान की तेज़ी बढ़ गई. उसके ऊँचे स्वर से पड़ोस के मोची और मज़दूर चौधरी के दरवाज़े के सामने इकट्ठे हो गए. ख़ान क्रोध में डंडा फटकारकर कह रहा था—"पैसा नहीं देना था, लिया क्यों ? तनख्वाह किदर में जाता ? अराभी अमारा पैसा मारेगा. अम तुमारा खाल खींच लेगा. पैसा नईं है, तो घर पर पर्दा लटकाके शरीफ़ज़ादा कैसे बनता ?···तुम अमको बीवी का गैना दो, बर्तन दो, कुछ तो भी दो, अम ऐसे नईं जाएगा."

बिलकुल बेबस और लाचारी में दोनों हाथ उठा खुदा से ख़ान के लिए दुआ मांग पीरबख्श ने कसम खाई, एक पैसा भी घर में नहीं, बर्तन भी नहीं, कपड़ा भी नहीं; ख़ान चाहे तो बेशक उसकी खाल उतारकर बेच ले.

ख़ान और आग हो गया, "अम तुमारा दुआ क्या करेगा ? तुमारा खाल क्या करेगा ? उसका तो जूता भी नईं बनेगा. तुमारा खाल से तो यह टाट अच्छा." ख़ान ने ड्योढ़ी पर लटका दरी का पर्दा झटक लिया. ड्योढ़ी से पर्दा हटने के साथ ही जैसे चौधरी के जीवन की डोर टूट गई. वह डगमगाकर ज़मीन पर गिर पड़े.

इस दृश्य को देख सकने की ताब चौधरी में न थी, परन्तु द्वार पर खड़ी भीड़ ने देखा—घर की लड़कियाँ औरतें और पर्दे के दूसरी ओर घटती घटना के आतंक से आँगन के बीचों-बीच इकट्ठी हो खड़ी काँप रही थीं. सहसा पर्दा हट जाने से औरतें ऐसे सिकुड़ गईं, जैसे उनके शरीर का वस्त्र खींच लिया गया हो. वह पर्दा ही तो घर-भर की औरतों के शरीर का वस्त्र था. उनके शरीर पर बचे चीथड़े उनके एक-तिहाई अंग ढकने में भी असमर्थ थे.

जाहिल भीड़ ने घृणा और शरम में आँखें फेर लीं. उस नग्नता की झलक से ख़ान की कठोरता भी पिघल गई. ग्लानि से थूक, पर्दे को आँगन में वापस फेंक, क्रुद्ध निराशा में उसने 'लाहौल विला···!' कहा और असफल लौट गया.

भय से चीख़कर ओट में हो जाने के लिए भागती हुई औरतों पर दया कर भीड़ छंट गई. चौधरी बेसुध पड़े थे. जब उन्हें होश आया, ड्योढ़ी का पर्दा आँगन में सामने पड़ा था; परन्तु उसे उठाकर फिर लटका देने की सामर्थ्य उनमें शेष न थी. शायद अब इसकी आवश्यकता भी न रही थी. पर्दा जिस भावना का अवलम्ब था, वह मर चुकी थी. □□

अधूरी कहानी

विष्णु प्रभाकर

हिन्दू-मुस्लिम साम्प्रदायिकता भारत-विभाजन का कारण बनी. इस कहानी में इसी संदर्भ में मुस्लिम-मानस का ऐतिहासिक विश्लेषण किया गया है. सामाजिक परहेज़ ने मोहब्बत की जड़ें खोदीं और नफ़रत करना सिखाया.

नारों की आवाज़ धीरे-धीरे धीमी, फिर बहुत धीमी पड़ गई. प्लेटफार्म की भीड़ छटने लगी और सब लोग अपनी-अपनी सीट पर आ बैठे. इसी बीच एक मुस्लिम युवक एक हिन्दू सज्जन से उलझ पड़ा था. युवक कह रहा था, "हम पाकिस्तान नहीं चाहते लेकिन कांग्रेस ने मजबूर कर दिया है. हम अब उसे लेकर छोड़ेंगे."

हिन्दू साहब ने तलखी से जवाब दिया, "पाकिस्तान ! जो पाकिस्तान आप छै सौ बरस की हुक़ूमत में न बना सके, उसे अब गुलाम रह कर बनाना चाहते हैं. एकदम नामुमकिन."

एक भारी बदन के मुसलमान, जो सामने की बर्थ पर बैठे हुए थे, बीच में बोल उठे, "छै सौ नहीं साहब ! हमने नौ सौ बरस हुक़ूमत की है."

"जी हाँ. नौ सौ वर्ष."

"और उन नौ सौ बरस में हिन्दू बराबर हम से नफ़रत करते रहे."

"जी ! क्या कहा आपने ?" हिन्दू साहब बोले, "नफ़रत करते रहे ! जो ज़ुल्म करता है उससे नफ़रत की जाती है, प्यार नहीं."

उन मुसलमान भाई ने बड़े अदब से कहा, "ज़ुल्म क्या है, इस पर सबकी अलग-अलग राय है, पर मेरे दोस्त ! आप लोगों ने हमें सदा दुरदुराया. हमारी छाया से भी आपको परहेज था. माना हम ज़ालिम थे. पर ज़ालिम के पास भी दिल होता है. वह कभी-न-कभी पिघल सकता है. लेकिन परहेज़ सदा मौहब्बत की जड़ खोदता है. वह नफरत करना सिखाता है. आपने हमसे नफरत की और चाहा कि हम आपसे प्यार करें. यह कैसे हो सकता था ? माफ़ करना, मैं आप लोगों की कदर करता हूँ. मैं मेल-जोल का पूरा हामी हूँ, पर आप बुरा न मानें तो एक बात पूछना चाहूँगा."

हिन्दू भाई की तेजी और तलखी अब कुछ घबराहट में बदलती जा रही थी और दूसरे मुसलमान साहब अजीब अदा से मुस्कराने लगे थे. तो भी उन्होंने कहा, "जी ! जरूर पूछिये."

वह मुसलमान भाई निहायत शराफत से बोले, "अछूत हिन्दू हैं, पर आप उन्हें ताकत सौंप दीजिये तब, मैं पूछता हूँ, वह आपसे प्यार करेंगे या नफरत ?"

हिन्दू भाई सिटपिटाये. उन्हें एकाएक जवाब न सूझा. मुसलमान साहब उसी संजीदगी से कहते रहे, "मैं जानता हूँ, आज आप उन्हें अपने बराबर मानते हैं. मेरे ऐसे हिन्दू दोस्त हैं जो इन्सान इन्सान के बीच के भेद को दुनिया का सबसे बड़ा पाप समझते हैं. पर मेरे दोस्त ! भेद की इस लकीर को बराबर गहरी करने में, जाने या अनजाने, जो लोग मदद करते आये हैं उनके पापों का फल तो आपको भुगतना ही पड़ेगा. आप यह न समझिये, मैं आपकी क़ौम और मज़हब पर कोई हमला कर रहा हूँ. मैं आपके धर्म को समझता हूँ. मेरे दिल में उसके लिए जगह है. मैं मुसलमानों की कमियों से भी वाक़िफ हूँ. पर दूसरों में कमी है, यह कहकर कोई अपनी कमी को सही साबित करने की कोशिश करे, तो वह महज़ अपनी ज़िद और बेवकूफी ज़ाहिर करेगा. जो असलियत है उसका सामना करना ही इन्सान की इन्सानियत है. मैं आपको एक छोटी-सी कहानी सुनाता हूँ. मुझे वह मेरी वाल्दा ने सुनाई थी."

इतना कह कर वह पल-भर रुके. डब्बे में तब तक सन्नाटा छा गया था. पता नहीं लगा, गाड़ी कब चल पड़ी और कब 'शड़ाक-शू छड़ाक-छू' की गहरी आवाज़ करती हुई अगले स्टेशन पर जा खड़ी हुई. सूरज डूबने लगा था. एक भाई ने स्विच दबा दिया. बिजली की हलकी रोशनी से डब्बा चमक उठा.

तब उन भारी बदन के मुसलमान भाई ने कहना शुरू किया, "मेरे दोस्तो ! बात आज से तीस बरस पहले की है. हमारे सूबे में एक छोटा-सा कस्बा है. उसमें हिन्दू-मुसलमान सभी रहते हैं. वह सदा आपस में मौहब्बत करते थे. एक-दूसरे के दुख-सुख के साथी थे, लड़ते भी थे पर वह लड़ना प्यार की तड़प को और भी गहरा कर देता था. हिन्दुओं के त्यौहारों पर मुसलमान उन्हें बधाई देते थे. मौसम की पैदावार का लेना-देना चलता था. होली जलती तो जौ की बालें पहुँचाने का जिम्मा मुसलमानों पर था. ईद के दिन हिन्दू अपनी गाय-भैंसों का सारा दूध मुसलमानों में बाँट देते थे. सवेरे ही दूध दुहकर वह अपने-अपने दरवाजों पर खड़े हो जाते और थोड़ा-थोड़ा दूध सब मुसलमानों को देते. उस दिन उनके हारों (अहारों या अँगीठियों) से धुआँ नहीं निकलता था, लेकिन उनके दिल की दुनिया खिल उठती थी. मैं नहीं जानता, यह रिवाज कब और कैसे चला ? इसकी बुनियाद ज़ुल्म पर भी हो सकती है. पर उन दिनों यह मौहब्बत, इन्सानियत और हमदर्दी का सबूत बन गया था. जो हो, उस साल भी ईद आई. मुसलमानों के घर जन्नत बने. उनके बच्चे फरिश्तों की तरह खिल उठे. लेकिन दुनिया आखिर दुनिया है. यहाँ ज़िन्दगी के बगल में मौत सोती है. रंज हमेशा खुशी का दामन पकड़े रहता है. इसीलिए जब सब लोग हँस रहे थे, एक घर में एक बालक दुखी-मन चुपचाप अपनी अम्मा की चारपाई के पास बैठा था. उसकी अम्मा फातिमा बीमार थी. उसकी साँस फूल रही थी. वह बेचैन हाथ-पाँव फेंक रही थी. लेकिन यह बेचैनी

बुखार की इतनी नहीं थी जितनी खाविन्द की याद की. पार साल अहमद का बाप ज़िन्दा था, तो घर में फुलवाड़ी खिली थी. वह अचानक एक दिन ख़ुदा को प्यारा हुआ, घर वीरान हो गया. आज ईद आई है लेकिन···.

एकाएक फातिमा को न-जाने क्या सूझा, वह उठकर बैठ गई. उसने हाँफते-हाँफते कहा, "मेरे बच्चे ! कितना दिन चढ़ गया ? तू दूध लेने नहीं गया."

अहमद ने सिर हिलाकर कहा, "नहीं अम्मी."

फातिमा के दिल पर चोट लगी. उसकी आँखें भर आईं. वह अपने को कोसने लगी, "मैं कैसी कमीनी हूँ ! साल का त्योहार आया है और मेरा बच्चा इस तरह मोहताज बेबस बैठा है. नहीं, नहीं, आज ईद मनेगी, जरूर मनेगी."

और उसने कहा, "जा अहमद ! तू जल्दी जाकर दूध ले आ. मैं तब तक तेरे कपड़े निकालती हूँ. जा जल्दी कर मेरे बच्चे."

बच्चे ने एक बार अपनी अम्मी को देखा और फिर चुपचाप बाल्टी उठाकर बाहर चला गया. लेकिन बहुत देर हो चुकी थी. सब लोग दूध बाँटकर अपने-अपने काम में लग गये थे. रास्ते में उसके साथी हँसते-हँसते लोटे और बाल्टी दूध से भरे चले आ रहे थे. उन्होंने उसे देखा और अचरज से कहा, "अरे ! तुमने बहुत देर कर दी ! तुम अब तक कहाँ सो रहे थे ! अब तो सब दूध बँट चुका है. मियाँ, अब जाकर क्या करोगे ?"

अहमद सुनता और उसका दिल बैठने लगता. लेकिन उनकी बात ठीक थी. वह जिस दरवाज़े पर जाता, वहाँ फर्श पर पड़े दूध के छींटों के अलावा उसे कुछ नहीं मिलता. तब सचमुच उसका दिल भर आया. आँखें नम हो उठीं. लेकिन फिर भी उम्मीद की डोर पकड़े वह आगे बढ़ता चला गया कि अचानक एक दरवाज़े पर किसी ने उसका नाम लेकर पुकारा, "अहमद ! अहमद."

अहमद ने रुक कर देखा—पुकारने वाला उसके स्कूल का साथी दिलीप है. वह उसी की जमात में पढ़ता है. उसकी आवाज़ सुनकर अहमद ठिठका गया. दिलीप दौड़कर आया, बोला, "तू अब तक कहाँ था ? तेरी बाल्टी खाली है !"

अहमद की आवाज़ भर्रा रही थी. उसने कहा, "अम्मी बीमार हैं, मुझे देर हो गई."

"तो ?"

"दूध बिलकुल नहीं है ?"

"ना."

फिर कई पल तक वह दोनों उसी दरवाज़े पर जहाँ आधा घण्टा पहले दूध लेने वालों की आवाज़ गूंज रही थी, चुपचाप खड़े रहे कि अचानक दिलीप को कुछ सूझा. वह अन्दर दौड़ा गया. जाते-जाते उसने कहा, "तू यहीं ठहर, मैं अभी आया."

अन्दर वह सीधा अपनी माँ के पास पहुँचा और धीरे-से बोला, "भाभी ! कुछ दूध और है क्या ?"

उसकी माँ बोली, "हाँ है, तेरे और मुन्ने के लिए है. तू पियेगा ?"

"नहीं."

अचरज से माँ बोली, "तो ?"

दिलीप नहीं बोला.

"अरे बात क्या है ? बता तो."

"अहमद को दूध नहीं मिला."

"कौन अहमद ?"

"वह मेरे साथ पढ़ता है. उसकी माँ बीमार है इसलिए उसे देर हो गई."

कहते-कहते दिलीप ने अपनी माँ को ऐसे देखा जैसे उसने कोई कसूर किया हो. पर माँ का दिल खुशी से भर आया. वह मुस्कराई. उसने दूध का भरा लोटा उठाया और कहा, "चल बता कहाँ है तेरा दोस्त."

दिलीप ने तब खुशी की छलाँग लगाई. माँ-बेटे दरवाज़े पर आये. अहमद उसी तरह खड़ा था. दिलीप ने हँसते-हँसते कहा, "अहमद ! बाल्टी ला. जल्दी कर."

दिलीप के लोटे का दूध अहमद की बाल्टी में क्या आया, उसकी मोहब्बत अहमद के दिल में समा गई. माँ ने पूछा, "तेरी माँ बीमार है ?"

"जी."

"तो सेवैयाँ कौन बनायेगा ?"

"वही बनाएंगी."

"अच्छा, हमें भी खिलाएगा न ?"

अहमद ने सिर हिलाकर कहा, "जरूर."

माँ हँस पड़ी. बोली, "भगवान तेरी माँ को जल्दी अच्छा करेगा. जा घर जा, जल्दी आता तो और भी दूध मिलता."

और फिर दिलीप का हाथ पकड़ कर उसकी माँ अन्दर चली गई. उसका दिल बार-बार यही कह रहा था, "परमात्मा मेरे बच्चे का दिल सदा इसी तरह खुला रखे."

उधर अहमद फूला-फूला घर आया. दरवाज़े में घुसते ही उसने पुकारा, "अम्मी ! मैं दूध ले आया."

फातिमा खिल उठी, "ले आया ! बहुत अच्छा बेटा. कहाँ से लाया ?"

अहमद खुशी से बोला, "अम्मी ! बहुत देर हो गई थी. सब दूध बँट चुका था लेकिन दिलीप ने अपनी माँ से जाकर कहा और फिर वह मुझे इतना दूध दे गई."

फिर एकदम बोला, "अम्मी ! दूध थोड़ा तो नहीं है ?"

"बहुत है, मेरे बेटे ! इतना ही बहुत है."

"हाँ अम्मी ! सब दूध बँट चुका था. यह उसके अपने पीने का दूध था."

"अपने."

"हाँ ! अपने और छोटे भाई के. जरा-सा रख कर सब उसने मुझे दे दिया."

फातिमा का दिल भर आया. गद्‌गद् होकर बोली, "खुदा उसका भला करे. उसने गरीब की मदद की है."

और फिर उन्होंने खुशी-खुशी ईद मनाने की तैयारी की. फातिमा का बुखार हलका हो चला. उसने अहमद को नहलाया और कपड़े बदले. किसी तरह वह उसके लिए कुरता-पाजामा तो नया बना सकी थी पर जूता पुराना ही था. उसे तेल से चुपड़कर चमका दिया और टोपी पर नई बेल टाँक दी. अहमद खुश होकर बाहर साथियों में चला गया. नमाज़ पढ़ने जाना था और उसके बाद मेला भी देखना था. सबकी जेबों में पैसे खनखना रहे थे. सबकी आँखें चमक उठी थीं. सबके मन उछल-उछलकर मिठाई और खिलौनों की दुकानों पर जा पहुँचे थे. अगरचे अहमद के पास बहुत कम पैसे थे पर क्या हुआ, उसका दिल तो कम खुश नहीं था. कम होता क्यों, अम्मी ने उसे बताया था कि उसके अब्बा दिसावर गये हैं, बहुत रुपये लेने. अगली ईद पर लौटेंगे जैसे नियाज के अब्बा लौटे थे. यह क्या कम भरोसा था ! इसी भरोसे को लेकर वह ईदगाह पहुँचा. वहाँ उसने हजारों इन्सानों को एक साथ नमाज़ पढ़ते देखा. उसके बाद उसने मेले की सैर की. चाट, मिठाई, फल, खिलौने सभी तरह की दुकानों की उसने पड़ताल की. उसने साथियों को झूलते देखा पर वह तो सबकुछ अगले साल के लिए छोड़ चुका था. इसीलिए जो कुछ पैसे अम्मी ने उसे दिये थे उन्हें ठिकाने लगाकर वह घर लौट आया. देखा, सेवैयाँ बन चुकी हैं. गरम-गरम, लम्बी-लम्बी सेवैयाँ उसे बड़ी खूबसूरत लगीं. बीच-बीच में गोले की फाँक पड़ी थी. शक्कर की वजह से दूध कुछ पीला हो गया था. उसका दिल बाग-बाग हो उठा. फातिमा ने प्यार से उसे देखा और कहा, "मेरे बच्चे ! जा कटोरा ले आ और ख़ाला के घर सेवैयाँ दे आ. फिर मामू के घर जाना और फिर···"

अहमद बोला, "सबके घर देते हैं ?"

"हाँ बेटा ! वे भी तो हमें भेजेंगे."

"अच्छा अम्मी, मैं अभी दे आता हूँ."

और फातिमा ने दोनों कटोरों में सेवैयाँ भरीं और उन पर रूमाल ढक दिया कि कहीं चील झपट्टा न मार ले. अहमद पहले एक कटोरा उठाकर चला लेकिन जैसे वह दरवाजे से बाहर हुआ उसे एक बात याद आ गई—सेवैयाँ सबसे पहले दिलीप के घर देनी चाहिएं. उसने मुझे दूध दिया था, अपने हिस्से का दूध.

बस, उसने अपना रास्ता पलटा. खाला के घर न जाकर वह दिलीप के घर की ओर चला. सोचने लगा, अम्मी सुनेंगी तो बड़ी खुश होगी. बेचारी बीमार है. इसलिए दिलीप का नाम भूल गई. नहीं तो···. यही सोचता हुआ वह खुशी-खुशी दिलीप के घर पहुँचा. दरवाज़ा बन्द था. कुछ देर वह असमंजस में सकुचाता हुआ खड़ा रहा फिर हिम्मत करके आवाज़ दी, "दिलीप."

कोई नहीं बोला.

फिर पुकारा, "दिलीप."

इस बार किसी ने जवाब दिया, "कौन है ?"

और साथ ही कहने वाला बाहर आ गया. वह दिलीप का बड़ा भाई था. उसने अचरज से अहमद को देखा और पूछा, "क्या चाहते हो ?"

अहमद झिझका, फिर संभल कर बोला, "दिलीप है ?"

"नहीं."

"उसकी माँ ?"

"माँ ? माँ से तुम्हारा क्या मतलब ?"

अहमद ने कहा, "मेरा नाम अहमद है. मैं दिलीप के साथ पढ़ता हूँ. सबेरे उसने मुझे अपने हिस्से का दूध दिया था."

दिलीप का भाई मुसकराया. तब तक दिलीप की माँ और चाची भी वहाँ आ गई थीं. भाई ने कहा, "तो फिर ?"

"जी सेवैंयाँ लाया हूँ. इन्होंने (माँ को बताकर) कहा था कि···." अहमद अपना कहना पूरा करे कि दिलीप के भाई बड़े जोर से हँस पड़े, कहा, "भोले बच्चे ! जाओ अपने घर लौट जाओ."

चाची बोली, "हम क्या तुम्हारी सेवैंयाँ खा सकते हैं ! हमें क्या अपना ईमान बिगाड़ना है."

माँ ने निहायत नरमी से कहा, "बेटे ! मैंने तुमसे मजाक किया था. हम तुम्हारे घर की सेवैंयाँ नहीं खा सकते."

अहमद एकदम सकपका गया. उसके छोटे-से दिल पर चोट लगी. फिर भी उसने हिम्मत बाँध कर कहा, "क्यों नहीं खा सकते ? हमने भी तो आपका दूध लिया था."

अब भाई ने उसे समझाया, "बच्चे ! तुम बहुत अच्छे हो. परमात्मा तुम्हें खुश रखे. लेकिन हम हिन्दू हैं, और हिन्दू लोग तुम्हारे हाथ का छुआ हुआ खाना पाप समझते हैं."

अहमद पाप-पुण्य नहीं समझता था. उसे हिन्दू-मुसलमान के इतने गहरे भेद का अभी तक पता न था. वह सिर्फ दिलीप और उसकी माँ की मौहब्बत की बात सोच रहा था. लेकिन यह बात सुनकर उसका दिमाग चकराने लगा. वह खिसिया

गया, और जैसे ही घर जाने को मुड़ा, उसका हाथ काँपा. सेवैयों से भरा कटोरा जोर की आवाज़ करता हुआ वहीं उसी चौकी पर गिर पड़ा, जिस पर सबेरे-सबेरे दिलीप और दिलीप की माँ ने दूध के रूप में अपनी मौहब्बत अहमद के दिल में उँडेल दी थी. सेवैयाँ चारों तरफ फैल गईं और अहमद की मौहब्बत पैरों से रौंदे जाने के लिए वहीं पड़ी रह गई.···

सहसा यहीं आकर कहानी को रुक जाना पड़ा. गाड़ी स्टेशन पर आ गई थी और मुझे यहीं उतरना था. डिब्बे की संजीदगी को भंग करता हुआ मैं अपना बैग उठाकर नीचे उतर गया. और नीचे आकर उनकी तरफ देखते हुए मैंने कहा, "मैं नहीं जानता, आपकी कहानी कहाँ खतम होगी पर इतना जरूर जान गया हूँ, आप ही अहमद हैं."

अहमद साहब मुस्कराये, उन्होंने कहा, "आपने ठीक पहचाना, मैं ही वह लड़का हूँ."

मैंने पूछा, "लेकिन सच कहना, मौहब्बत की वह लकीर क्या आज बिलकुल ही मिट गई है ?"

वह उसी तरह मुस्करा रहे थे. बोले, "मेरे दोस्त ! इस दुनिया में मिटने वाला कुछ भी नहीं है. मौहब्बत तो हरगिज नहीं है. सिर्फ़ हमारी ग़फ़लत से कभी-कभी उस पर परदा पड़ जाता है."

"तो", मैंने कहा, "विश्वास रखिये, उस परदे को फाड़ देने में हम कोई कसर उठा न रखेंगे."

इतना कहकर मैं चला आया. कहानी शायद आगे बढ़ी होगी. पर मेरे लिए यह अधूरी कहानी ही दिल का दर्द बन बैठी है. रात के सन्नाटे में कभी-कभी मेरे दिल में इतनी टीस उठती है कि क्या बताऊँ···?

□□

युद्ध

शानी

भारतीय-मुसलमानों को विभाजन के बाद एक और समस्या का सामना करना पड़ा है : वह है उनकी राष्ट्रीयता पर संदेह ! यह समस्या भारत-पाक युद्धों के संदर्भ में विशेष उभरकर आई. इस कहानी में मुसलमानों की आतंकित स्थिति का सजीव चित्रण हुआ है.

पाकिस्तान से युद्ध के दिन थे. हवा भारी थी. लोग डरे हुए और सचमुच नीम-संजीदा. आकाश झुककर छोटा हो गया था—रंगहीन मटमैला तथा डरावना. क्षणों की लम्बाई कई गुना बढ़ गयी थी. आतंक, असुरक्षा और बेचैनी से लदा दिन वक्त से पहिले निकलता और शाम से बहुत पहले यकबयक डूब जाता था. फिर शाम होते ही रात गहरी हो जाती थी और लोग अपने घरों में पास-पास बैठकर भी घण्टों चुप लगाए रहते थे.

"सुना ! वसीम रिज़वी से चार्ज ले लिया गया है." दफ्तर पहुँचते ही शंकर दत्त को एक दिन इसी तरह हतप्रभ रह जाना पड़ा था.

"यानी ? क्या वह नौकरी से···"

"नहीं, नौकरी पर तो है. रिज़वी से वह काम छीन लिया गया है, जो वह वर्षों से करता आ रहा था. डाइरेक्टर ने कहा कि हालात को देखते हुए ऐसा बड़ा काम रिज़वी पर छोड़ना ठीक नहीं. सारे देश का मामला है···"

क्या पिद्दी और क्या पिद्दी का शोरबा ! शंकरदत्त को हँसी आ गई थी. एक तो निहायत बेमानी और सड़ा हुआ महकमा और उस पर वह दो कौड़ी का काम जो रिज़वी करता आ रहा था. अगर विभाग के प्रमुख होने के नाते डाइरेक्टर भीचाहता, तो कुछ नहीं कर सकता था, फिर रिज़वी तो एक मामूली कर्मचारी था.

दफ्तर में मुसलमानों की संख्या कुलमिलाकर चार थी और उस पर भी नोटिस लिए जाने वाले तीन थे. युद्ध छिड़ते ही शहर के मुसलमानों में जो आतंक और भय समा गया था, उसका आभास दफ़्तरों में पा लेना सबसे ज़्यादा आसान था. दो-एक दिन हर क्षण यह लगता रहता था कि अब कोई दंगा छिड़ा, अब कोई फसाद हुआ. दरअसल, आम मुसलमान झाड़ियों में दुबके खरगोश की तरह अजीब सकते के आलम में डरा हुआ और चौकस हो गया था. लोग दरवाजे-खिड़कियाँ बन्द करके धीमी आवाज़ से रेडियो पाकिस्तान की न्यूज़ सुनते और जब भी दो या चार आपस में मिलते, खरगोशों के अन्दाज़ में बातें करते.

इसी बीच एक घटना हुई. सकते के दौरान ही एक रात शहर के सम्भ्रांत

मुसलमानों की एक आम सभा हुई और दूसरे दिन शहर के बीचोंबीच की एक इमारत पर हिन्दी का एक बहुत बड़ा बोर्ड लटक रहा था—राष्ट्रीय मुस्लिम संघ.

शहर के नामी-गिरामी आदमी हामिदअली, जो दो बार हज करके लौटे थे, इसके प्रेसीडेंट चुने गये थे. हामिदअली के हस्ताक्षरों से मुसलमानों के नाम राष्ट्रीयता की शपथ दिलाने वाली कई बड़ी-बड़ी अपीलें निकाली गयी थीं और इन अपीलों को प्रेस तथा अखबारों तक पहुँचाने का काम कुरैशी ने ही किया था.

"क्यों दोस्तो, लाहौर और कितना रह गया ?"

युद्ध के बीच के दिनों में लगातार दो दिनों तक जैसे इसी प्रश्न से दफ़्तर खुलने लगा था. टैंकों का नाश हो या आदमियों का, बड़ी अजीब-अजीब और उत्साहवर्द्धक अफवाहें फैली हुई थीं. इनमें सबसे बड़ी अफ़वाह यह थी कि पाकिस्तानी फौज को गाजर-मूली की तरह काटती अपनी फौज लगातार आगे बढ़ती जा रही है और कि लाहौर पर अब बस कब्जा हुआ ही चाहता है.

"क्यों साहब, बहादुरों की किसी फौज़ को दस-बारह मील का फासला तय करने में कितना वक़्त लगता है ?"

उस दिन यह सवाल सबसे पहले कुरैशी ने ही किया था. दफ्तर अभी-अभी खुला था. रिज़वी भी आ चुका था और रोज़ की तरह चुपचाप बैठा वह कोई अखबार पलट रहा था. कुरैशी ने वह सवाल हालाँकि पूरे दफ़्तर से किया था, लेकिन पहले उसने रिजवी की ओर छिछलती और मानीखेज़ नज़रों से देख लिया था.

"दस घण्टे भी लग सकते हैं, दस दिन भी, और दस साल भी···"

"अमा, दस मिनट कहिए, दस मिनट." दफ्तर में अपनी कायरता के लिए प्रसिद्ध एक साहब ने ऐसे जोश में कहा, जैसे वह क्लर्क नहीं, फौज के कप्तान हों.

"यार, लाहौर आ जाय," बगल की मेज से आवाज़ आई, "हम तो वहीं चलकर बसने की सोच रहे हैं. सुना है कि शहर साला बेहद खूबसूरत है."

"हाँ है तो, लेकिन वहाँ करोगे क्या ?"

"क्यों, कुछ भी नहीं किया जा सकता है—अखबार है, प्रेस है. क्यों यार, वहाँ चलकर हिन्दी का प्रेस डाल लूँ, तो कैसा रहे ?"

"मैं तो भई होटल खोलूँगा", एक दूसरे साहब ने पुलकित स्वर में कहा, "पानी बेचो और पैसा सूतो. साली होटल में बड़ी आमदनी है. और कुछ नहीं तो इस गुलामी से तो पिण्ड छूटे···"

"कल मैं तेरह रुपये पन्द्रह आने का एक मनीआर्डर करने जा रहा हूँ," सहसा दफ्तर के बीचोंबीच और रिज़वी के सामने ऊँची आवाज़ में घोषणा हुई, "किसके

नाम, जानते हो ? प्रेसीडेन्ट अयूब के नाम. बेचारा बड़ा गरीब आदमी है. पारटीशन होते ही हमारे तेरह रुपये पन्द्रह आने लेकर भाग गया था. यकीन न हो तो छिंदवाड़ा मिलिटिरी कैन्टीन का पुराना खाता देख लो···"

उसी समय रिजवी, जो अब तक सारी बातों को अनसुनी करता मेज पर गरदन झुकाये बैठा था, सहसा उठ खड़ा हुआ और बिना किसी की ओर देखे झटके-से बाहर निकल गया. एक क्षण को तो सब चुप हो गये थे, लेकिन दूसरे ही क्षण कुरैशी ने सबकी ओर देखकर आँख मारी थी और लोगों ने एक-दूसरे को कोहनियों से ठेला था.

"देख लिया दत्तजी," किसी ने सीधे शंकरदत्त पर हमला किया, "ये अचानक क्या हो गया, क्या मिर्चें लग गयीं ?"

शंकरदत्त हमलावर का मुँह ताकते ही रह गये थे कि कुरैशी ने तपाक से कहा, "अजी, दत्तजी बेचारे क्या कहेंगे. अभी परसों जब मैं राष्ट्रीय मुसलिम संघ की अपील लेकर गया था, तो हज़रत कहने लगे, काहे की अपील, और क्यों ? पट्ठे ने दस्तखत करने से साफ मना कर दिया ! कहने लगा, "मैं क्या बेईमान हूँ, जो ईमानदारी का सबूत पेश करता फिरूँ,···"

"बत्ती बुझाओ···बत्ती बुझाओ···!

दूर से अभी स्वयंसेवकों की आवाज़ आ रही थी—किसी सूनी पहाड़ी से टकराकर लौटी और मुँह चिढ़ाती-सी. बाहर अँधेरा और हैबतनाक खामोशी थी, जैसे समूचे शहर को किसी ने ठण्डे अँधेरे गार में उतार दिया हो. रह-रहकर लड़ाकू हवाई जहाजों की आवाज सहसा आकाश के किसी कोने में जनमती, फिर वह शैतानी ज़बान की तरह लपलपाती हुई मानो प्रत्येक घर की छत-मुडेरों को चाटती कहीं दूर निकल जाती. फिर वही हैबतनाक खामोसी और बेपनाह धड़कता हुआ अँधेरा, जिसमें, देर तक यूँ लगता रहता था, जैसे वह आवाज़ गयी नहीं, अपनी ही छत पर रुकी हुई है.

"अब तो शहरों पर भी बम गिराए जा रहे हैं···सिविलियन्स पर !" शंकरदत्त ने साँस भरकर कहा, जैसे अपने आपसे बातें कर रहे हों. फिर रिजवी की ओर देखने लगे. वह दोनों घुटने उठाये गुड़ी-मुड़ी-सा बैठा था. कमरे में एक मरियल मोमबत्ती की हल्की-हल्की-सी रोशनी थी, जिसे खिड़की-दरवाज़े बंद करके या परदों को खींचकर रोका गया था. रोशनदान तक के शीशे पर कागज चिपकाकर उन्हें अंधा किया गयाथा.

"तुमने आज का अखबार देखा ?" शंकरदत्त को अपनी ही आवाज़ कहीं दूर से आती सुनाई दी," सिविलियन अस्पताल पर बमबारी और बेगुनाह मरीज़ों के बीमार जिस्मों का परखचे-परखचे उड़ जाना···हरे राम, क्या इस क्रूरता के

लिए हमें ईश्वर कभी क्षमा कर सकता है ? मुझे तो लगता है…"

उसी समय मोमबत्ती की लो काँपकर टेढ़ी हो गयी थी. लगा था, कमरे के नीम-उजाले फ़र्श को पलटती हुई अँधेरे की कोई लहर आयी हो. रिज़वी ने घुटने पर से सिर उठाया. उसके होंठ भी खुले, लेकिन वह बोला नहीं. उसने केवल सिर हिला दिया. उठकर शंकरदत्त पास गये और मनाने के-से स्वर में अपने-पन से बोले, "अमा, भूलो भी उसे !"

"किसे ?"-

"वही सब…"

"किसे भूलूं, दत्तजी ?

"क्या वही सब दुहराकर मैं फिर से तुम्हारा मन खराब करूं ?" शंकरदत्त ने अत्यन्त स्नेहपूर्वक रिज़वी के कन्धे पर हाथ रख दिया, "वसीम, मैं बराबर यही कहता रहूँगा कि नाइंसाफ़ियों को लेकर मातम करना आज ऐसा ही है, जैसे आदमी की मौत पर सिर पटकना. क्या तुम समझते हो कि अपनी बच्चों-जैसी ज़िद में लड़कर तुम ऐसी दुनिया से जीत जाओगे, जो युद्ध से कहीं ज़्यादा क्रूर है ?"

"बत्ती बुझाओ…!" दूसरे ब्लॉक में से आवाज़ आयी. आवाज़ इस दफ़ा काफ़ी दूर से आयी थी, लेकिन लगा, जैसे वे फिर इसी क्वार्टर के सामने आ गये हों. शंकरदत्त ने उठकर परदों को एहतियातन और ठीक कर दिया.

ज़रा-सी बात का हंगामा हो गया था.

पिछले कई दिनों से शहर में ब्लैक आउट चल रहा था. शहर कैंटोनमेंट एरिया में नहीं आता था, तो भी ख़तरा बना हुआ था. शाम होते ही सारा शहर उसी ठण्डे और अंधेरे गार में उतर जाता था. चाहे नागरिकता के फ़र्ज़ के नाते हो, या प्राणों के डर से, लोग बेहद चौकस और समझदार हो गये थे. ब्लैक आउट बनाये रखने के लिए हर मोहल्ले में स्वयंसेवकों के जत्थे तैयार थे.

रोज़ की तरह आवाज़ लगाते हुए आज भी स्वयंसेवकों के जत्थे आये थे, लेकिन एक जत्था इस ब्लॉक में पहुँचकर आगे नहीं बढ़ा—ऐन रिज़वी के क्वार्टर के सामने आकर रुक गया था. शायद किसी खिड़की का परदा ज़रा-सा सरक गया था और रोशनी की शहतीर क्वार्टर से कूदकर सामने की सड़क पर पड़ रही थी.

"बत्ती बुझाओ." किसी ने डपटकर आवाज़ लगायी थी. रिजवी घर पर मौजूद था. उसने झाँककर भी देखा था, लेकिन कोई असर लिये बिना वह चुप-चाप बैठा पढ़ता रहा.

"क्यों साब, बहरे हैं ?" दो नौजवानों ने आगे बढ़कर पूरी ताक़त से कुंडी खटखटायी.

"क्या बात है ?" कुछ क्रोध और कुछ क़ैफ़ियत तलब करते अन्दाज़ से

रिज़वी बाहर निकल आया और बात शायद यहीं से बिगड़ गयी थी. "अपना फ़र्ज़ मैं ख़ूब समझता हूँ, बत्ती बुझ गई है." आखिर में रिज़वी ने कहा था.

"अगर बुझी हुई है, तो यह रोशनी कहां से आ रही है ?" किसी ने जलकर प्रहार किया, "क्या मेरी ससुराल से ?"

"वह मोमबत्ती है. मैंने पढ़ने के लिये जलायी है."

"क्या मोमबत्ती में रोशनी नहीं होती ?"

"उससे कोई फ़र्क़ नहीं पड़ता. मैं परदा ठीक किये देता हूं."

"फ़र्क़ पड़ता हो या नहीं, आप बत्ती बुझाइये." कहकर एक उत्साही नवयुवक तीर की तरह दरवाज़े की ओर बढ़ा और जिसे अधबीच में बांह अड़ाकर रिज़वी ने रोक लिया था.

"वह बत्ती नहीं बुझेगी."

"बुझेगी."

"नहीं बुझेगी."

"बुझेगी."

"ज़िद बेकार है," रिज़वी ने कहा था, "पहले सामने वाले क्वार्टर्स की मोमबत्तियाँ बुझवाइये."

"उनकी उन पर छोड़िये. हम आपसे बात कर रहे हैं."

"क्यों छोड़ दूं ? क्या उन पर हीरे-मोती जड़े हैं ?"

एक क्षण को वह नवयुवक हतप्रभ-सा घूरता रहा, फिर सहसा वह शेर की तरह यों गरजा कि सारी कालोनी गूंज उठी, "यह बत्ती ज़रूर बुझेगी."

सन्न, सकता पल-भर का, जिसे तोड़ते हुए अँधेरे में से एक आवाज़ आयी, "मार साले जासूस को."

"जासूस ! जासूस !!"

कई लमहों तक रिज़वी काँपता खड़ा रहा, फिर एकाएक वह अँधेरे में उस ओर लपका, जिधर से आवाज़ आयी थी.

देर हो चुकी थी, जब तक शंकरदत्त वहाँ पहुँचे और उन्होंने बीच-बचाव किया, काफ़ी देर हो चुकी थी.

"भाईजान." कोई दस मिनट बाद जब वे दोनों भीतर आकर संयत हुए तो इस रुंधी आवाज़ से शंकरदत्त चौंके थे. भीतरी दरवाज़े की चौखट से यह बेग़म रिज़वी की आवाज़ थी, गले में फँसी-फँसी और अवरुद्ध.

"भाईजान, हम पर एक अहसान कीजिये. इनसे कहिये कि मुझे और बच्चों को पहले ज़हर देकर सुला दें, फिर चाहे ये दुनिया से जूझते फिरें···हम···हम हमारा ख़ुदा है···"

आगे उनका स्वर यकबयक उमड़ने वाली रुलाई में फँसकर डूब गया था

और शंकरदत्त को लगा था कि सहसा उनके टेंटुए के आसपास काँटे-से उग आये हैं. उन्होंने दरवाज़े की ओर देखा, जहां बेग़म-रिज़वी के दुपट्टे का पल्लू झाँक रहा था, पर कुछ बोल नहीं पाये. रिज़वी के दोनों बच्चे अप्पू और सबा परदे से लगे सहमे हुए और भयभीत खड़े थे. खासकर अप्पू जैसी खामोश, कातर और डरी हुई आँखों से अपने पिता की ओर देख रहा था, उससे शंकरदत्त सहमकर रह गये. यकबयक ख़याल आया था कि वे भी हिन्दू हैं. इतने बरसों में इस घर में पहली बार···फिर जैसे पहली बार यह भी ध्यान आया कि रिज़वी अब भी उसी हुलिया में बैठा हुआ है, फटी हुई कमीज़, नुचे हुए बिखरे बाल, और निचले होंठ पर चोट का लहू-जमा निशान···

"अप्पू बेटे," सहमती हुई आवाज़ में शंकरदत्त ने धीरे-से पुकारा, "बेटे, अपने अंकल के पास आओ."

अप्पू नहीं आया. एक बार उन्ही आँखों से घूरकर वह परदे से और सट गया.

"पापा के लिए दूसरे कपड़े ले आओ, बेटे !" उन्होंने हतप्रभ हुए बिना कहा था.

थोड़ी देर में कपड़े आये. लेकर अप्पू ही आया था, लेकिन कपड़े रखकर बिना किसी से कुछ कहे वह लौट गया था. शंकरदत्त हाथ बढ़ाकर उसे पकड़ना चाहता था, लेकिन वह मछली की तरह हाथ से फिसलता चला गया था. बहुत हलके शंकरदत्त को कहीं चोट भी लगी, लेकिन उन्होंने फीकी हँसी हँसकर धीरे-से कहा था, "अप्पू हमसे नाराज़ है."

पता नहीं रिज़वी ने उनकी बात सुनी थी या नहीं, स्वयं शंकरदत्त उसे देखते हुए भी नहीं देख रहे थे.

क्या अप्पू सचमुच नाराज़ नहीं है ? क्या लोग ठीक कहते हैं कि बच्चों की आँखों में अच्छे या बुरे को सहसा भांप जाने की अद्भुत शक्ति होती है ? लेकिन इतने बरसों में अब वे यकबयक बुरे कैसे हो गये और क्यों ? कहीं ऐसा तो नहीं है कि उन्हें लेकर घर पर इधर कोई बात हुई हो, बच्चे ने चुपचाप उसका असर ले लिया हो ? एक बार यह भी मन में आया था. लेकिन अभी कल तक···?

युद्ध का ग्यारहवाँ दिन चल रहा था. यही ब्लैक आउट और अन्धेरा. लेकिन कल भी वे ऐसे ही लुढ़क आये थे, जैसे ढलान की ओर राह खोजता जल ···कोई अगर सन्तानहीन शंकरदत्त से यह पूछता कि अक्सर शामें इस घर में गुज़ारने के पीछे सचमुच कौन है—रिज़वी या अप्पू, तो क्या वह जवाब दे सकते थे ? और सचमुच कौन है ? रिज़वी की बरसों पुरानी दोस्ती, या अप्पू की दहलीज़ पर से ही गले लिपट जाने वाली वह किलकारी, "अपने अंकल आ गये···अपने अंकल आ गये···,"

कमरे में आग-से फूटने वाले काँपते उजाले की तरह जरा-सी रोशनी और बहुत-सा अन्धेरा था. रह-रहकर तेज हवाई जहाजों का उसी तरह ऐन छत पर ठहर जाना···बाहर शहर-का-शहर कब्र के पत्थर की तरह ठण्डा और खामोश था.

"अपने अंकल." रोज की तरह अप्पू कल भी आ गया था, लेकिन आदत के मुताबिक न तो उसने शंकरदत्त के गले में अपनी छोटी-छोटी बाँहों का गजरा डाला था और न···

"अपने अंकल, आपको पता है, यह लड़ाई कब बन्द होगी ?"

शंकरदत्त बेतरह चौंक गए थे—"क्यों बेटे ?"

"बताइए, कब बन्द होगी ?"

"लेकिन क्यों ?"

"अम्मी पूछ रही हैं. कहती हैं, अंकल से पूछकर आओ."

शंकरदत्त ने भीतरी परदे की ओर देखा, कहीं बेग़म रिज़वी तो खड़ी नहीं हैं ? नहीं थी. लेकिन यह सवाल अकेले अंकल से ही क्यों, पापा से क्यों नहीं ? एक पल को उन्हें लगा था, जैसे वह कठघरे की ओर धकेले जा रहे हों. उसके छोटे-से बदन को समेटते हुए उन्होंने धीरे-से कहा, "पता नहीं बेटे."

अप्पू कुछ और कहता कि दूर कहीं उसी आवाज़ ने जन्म लिया. फिर कुछ ही पलों में वह आवाज़ सारे आकाश और सन्नाटे को रौंदती इतनी निष्ठुर और खतरनाक होकर पास आने लगी कि अप्पू उनसे जोरों से चिपट गया. थोड़ी देर बाद अपनी भयभीत आँखें छत की ओर उठाकर अप्पू ने कहा था, "अंकल, आपको डर नहीं लगता ?"

"लगता है, बेटे."

"आपको भी."

"हाँ, हमें भी."

"यह जहाज़ लड़ाकू था न, अंकल ?"

शंकरदत्त ने सिर हिला दिया.

"यह बम गिराने जा रहा है ?"

"अप्पू, अब अन्दर चलो." बीच में रिज़वी ने टोक दिया था.

"लड़ाई में लड़ता कौन है, अंकल ?"

"सैनिक लड़ते हैं बेटे !"

"सैनिक कैसे होते हैं ?"

"जो फौज में होते हैं, वे सैनिक कहलाते हैं."

"अच्छा, समझ गये. जैसे हमारे पाकिस्तान वाले मम्मा सैनिक हैं. हैं न ?"

"हाँ, बेटे, वे भी लड़ रहे होंगे."

"बन्दूक से ?"

"हाँ, बन्दूकों से, हथगोलों से. टैंकों से."

"इन्हें फौज़ में भेजता कौन है, अंकल ?"

"देश भेजता है, बेटे !"

"देश ? देश कौन है ?"

"बेटे···देश···" शंकरदत्त को एक पल सोचना पड़ा था, "देश वो है जिसमें लोग रहते हैं, जैसे हम-तुम···हमीं देश हैं, बेटे."

"लेकिन अंकल, आप तो कह रहे थे कि आपको लड़ाई से डर लगता है. फिर इन्हें क्यों भेजा ?"

"अप्पू."

रिज़वी ने इस बार डाँटने के स्वर में पुकारा था. अप्पू ने एक लमहे को अपने पापा की ओर देखा था, फिर उनकी ओर मुड़कर बोला, "अच्छा अंकल, एक बात और···सैनिक डरते नहीं हैं ?"

"किससे ?"

"लड़ाई में, गोली-वोली से. उनके लगती नहीं हैं ?"

"लगती है."

"सच्ची-मुच्ची की ?"

"हाँ."

"फिर वे मर जाते हैं ?"

"मर जाते हैं."

"सच्ची-मुच्ची ?"

"हाँ, बेटे. सच्ची-मुच्ची."

अप्पू की छोटी-सी पेशानी में बल पड़ा था और उसके छोटे-छोटे होंठ आश्चर्य और चिन्ता से खुल गये थे. एक पल उन्हें अजीब-सी आँखों से घूरने के बाद उसने सहसा पूछा था, "तो अंकल, उन्हें पुलिस क्यों नहीं पकड़ती ?"

क्या शंकरदत्त उस सवाल का जवाब दे सकते हैं ? अगर रिज़वी ने इस दफ़ा और भी सख्ती से डांटकर अप्पू को खामोश न कर दिया होता, तो वह क्या कहते ?

"बहुत तंग करता है." अप्पू के चले जाने के बाद रिज़वी ने धीरे-से कहा था.

"हाँ, सचमुच तंग करता है." साँस भरकर शंकरदत्त बोले थे, "वसीम, तुम्हें उस दिन की याद है···उस दिन की, जब अप्पू ने तुमसे एक सवाल कर दिया था और जिसका तुम्हारे पास बिल्कुल जवाब नहीं था. वह बात आज भी मुझे तंग करती है···"

रिज़वी ने सवालिया आँखों से उन्हें देखा था, फिर याद करती पलकें अपने-आप झुक गयी थीं.

कोई छुट्टी का दिन था. यही बैठक. यही दोनों. यही देर तक चलने वाली खामोशी. बेग़म रिज़वी अन्दर थी. अप्पू बाहर अपने दोस्तों के साथ खेल रहा था. अचानक जाने क्या हुआ कि खेल छोड़कर वह सीधे पापा के पास आ पहुँचा था और फिर गोली दागने-जैसा उसका वह सवाल था.

"पापा, हम हिन्दू हैं कि मुसलमान ?"

"क्यों ?" बेतरह चौंकते हुए भी रिज़वी ने उसे टालना चाहा था, "बाहर खेलो, बेटे. हमें बात करने दो."

"नहीं, पहले बताइए." अप्पू मचल गया था, "हम हिन्दू हैं कि मुसल-मान ?"

"लेकिन क्यों ?"

"बताइए."

"अच्छा, मुसलमान."

"अल्लामियाँ कहाँ रहते हैं, पापा ? ऊपर आसमान में न ?"

"हाँ."

"और भगवान ?"

"वे भी वहीं.

"वहीं ?" कहते हुए अप्पू की आँखों में एक बहुत गहरा प्रश्न तैर रहा था. वह और आगे सवाल न पूछे, इसलिए डरकर रिज़वी ने कहा, "जाओ, बाहर खेलो···" पर अप्पू कोई अगला सवाल पूछने के लिए उतावला था और वे दोनों अपनी जान बचाने के लिए.···रिज़वी ने निगाह बचाने के लिए दालान की तरफ़ देखा.

दालान में टँगे आईने पर बैठी एक गौरइया हमेशा की तरह अपनी परछाई पर चोंच मार रही थी.

□□

मुर्गी की क़ीमत

भीष्म साहनी

इस कहानी में एक कश्मीरी हतो की मेहनतकश, मजबूर मुफ़लिसी की ज़िन्दगी का बड़ा मार्मिक चित्रण हुआ है. सीज़न-भर हड्डियाँ चटखाने पर भी अहमदू अपनी बीवी की एक फिरन की साध पूरी करना तो दूर, छः आने की एक ज़िन्दा मुर्ग़ी भी घर नहीं ला पाता.

पैसे गिनना अहमदू की आदत बन गयी थी. अपनी सारी सोच हाथ में पैसे रखकर किया करता. उन्हें बार-बार मसल कर ही किसी निश्चय पर पहुँच पाताथा.

आज सुबह खिल्लनमर्ग पर सर्दियों की पहली बर्फ का छींटा दिखाई दे गया. गोया गुलमर्ग में 'सीजन' के आखिरी दिन आन पहुँचे. अहमदू का दिल घर जाने के लिए तड़प उठा. पाँच महीनों से लगातार बोझ उठा रहा था, कोई सड़क या पगडण्डी बाकी न रही होगी जिस पर उसके पसीने की बूंदें न गिरी हों. लेकिन इसके बावजूद वह कुल बारह आने का सरमाया जमा कर पाया था. और इन बारह आनों में छः आने उस बोझ के थे जो अभी-अभी वह टंगमर्ग के लारियों के अड्डे तक उठाकर लाया था.···बारह आने···इन्हीं को वह सड़क के कुछ दूर एक सूखे हुए नाले में खेलती हुई एक सफ़ेद मुर्ग़ी को देखता हुआ, मसल-मसल कर गिन रहा था.

पाँच महीने हुए, घर से रुख़सत होते वक्त' बीबी ने कहा था : पैसे ज़ाया नहीं करना. कम-से-कम इतने जरूर जमा करके ले आना कि मैं नया फिरन सिलवा सकूं. हो सके तो कपड़ा ही ख़रीदकर ले आना. बाहिर सुना है मिल जाता है, सिरीनगर में नहीं मिलता.' यह भी झूठ नहीं कि अहमदू ने किफायत करने में कोई कसर नहीं छोड़ी. फिर भी वह केवल बारह ही आने जमा कर सका.···नहीं, अब यह घर ही जायेगा. अब और हड्डियाँ चटखाने का कोई फायदा नहीं.···

ख़ैर घर जाने का फ़ैसला तो वह कर ही चुका था. अब एक और समस्या उसे पैसे मसलने पर मजबूर कर रही थी. और उसका सम्बन्ध घर से नहीं, उस मुर्ग़ी से था जो सूखी नदी के पाट में, गोल-गोल पत्थरों पर फिसलती हुई, उसका ध्यान अपनी तरफ आकर्षित कर रही थी.

अहमदू सोच रहा था, क्यों न वह उस मुर्ग़ी को खरीद ले ! खाली हाथ घर जाना अच्छा नहीं. और कुछ नहीं तो नन्हा नूरू ही उससे खेल-खेलकर खुश होता रहेगा. कितनी प्यारी है ! कभी-न-कभी अण्डे भी देगी. जरूरत पड़ने पर बेची भी जा सकती है, खाई भी जा सकती है.

लेकिन अगर खरीद ले तो लारी पर नहीं बैठ सकेगा. पच्चीस मील का

सफ़र उसे पैदल करना होगा. इसी में रात हो जायेगी. पाँव छिल जायेंगे. घर लौटने की सारी उमंगें बैठ जायेंगी.

नाले के पार, दूर से एक लड़की भागती हुई चली आई और मुर्ग़ी को उठाने लगी. यह इस मुर्ग़ी की मालकिन थी. अहमदू ने बैठे-बैठे पुकारा, 'मुर्ग़ी बेचोगी ?'

लड़की ने पहले कोई जवाब नहीं दिया. हिरन की तरह पत्थरों को फलांगती हुई करीब चली आई और मुर्ग़ी को चट-से पकड़ लिया. उसे छाती से लगाकर अहमदू के सामने खड़ी हो गई—

"तुम ख़रीदोगे ?"

"हाँ,"

लड़की की उम्र दस-बारह बरस की होगी. फिर भी वह मुर्गियों की ख़रीद-फरोख़्त का ढंग अच्छी तरह जानती थी. गुलमर्ग में अण्डे-मुर्ग़ी बेचना उसके माँ-बाप का पेशा था. बोली—"छः आने होंगे."

"वाह जी ! पाव-भर के चूजे के लिए छः आने!" अहमदू ने कुछ लापरवाही दिखाते हुए जवाब दिया.

"तुम्हें देता ही कौन है !" लड़की ने हँसकर कहा.

अहमदू उठ खड़ा हुआ. लोई कन्धे पर रखी और चलने लगा. लेकिन किसी आकस्मिक आवेश में फिर लोई उतारकर ज़मीन पर रख दी, और छः आने लड़की की हथेली में गिन दिये. लड़की ने अपनी बड़ी-बड़ी आँखों से अहमदू को देखा और कहा—

"घर जा रहे हो ?"

यह सवाल अहमदू को बड़ा अच्छा लगा. मुर्ग़ी को अपने हाथों में लेते हुए उसने ख़ुशी से कहा—

"हाँ."

"कहाँ ?"

"सिरीनगर."

लड़की पैसे छनकाती हुई भाग गई. अहमदू सड़क पर आ गया. अब लारियों के अड्डे की तरफ जाना फज़ूल था. पैदल ही जाना पड़ेगा. और जितनी जल्दी सफ़र शुरू कर दिया जाय, उतना अच्छा.

तीन दिन की लगातार बारिश के बाद आज आसमान साफ हुआ था, और उसकी स्वच्छ नीलिमा के नीचे काश्मीर की वादी का एक-एक रंग निखर आया था. दूर से सिरीनगर शहर के मकान तक नज़र आ रहे थे. इन्हीं में अहमदू का घर भी था, जिसमें उसकी बीस वर्ष की पत्नी, बीसियों प्रकार के रिश्तों, सख़्तियों और रख-रखाव में अपनी जवानी को पीसती हुई, बड़े सब्र से उसकी राह देख रही थी. अहमूद का जी चाहा कि बच्ची को फिर बुलाये और उससे

बातें करे. मगर वह दूर जा चुकी थी. अपनी कुड़कुड़ाती हुई मुर्ग़ी के नर्म बदन पर हाथ फेर-फेरकर अपनी कल्पना ही से बातें करता हुआ वह नंगे पाँव सड़क पर चलने लगा.

ऊँचे-ऊँचे सफेदे के पेड़ों की दो कतारों के दर्मियान श्रीनगर वाली सड़क, पहले कुछ दूर तक बल खाती हुई, और बाद में सीधी चली जाती है. अहमदू उसपर दोपहर तक चलता गया; कन्धे झुके हुए, कुली की विशेष चाल, जैसे कोई अदृश्य बोझ हर वक्त उठाए हुए हो; बायाँ हाथ कन्धे पर पड़ी लोई पर रखे हुए और दायें हाथ में मुर्ग़ी को उठाये हुए जो चकित-सी, बिटक-बिटककर दाएँ-बाएँ देख रही थी. अपने अंगूठे के नीचे अहमदू उसके दिलों की धड़कन महसूस कर रहा था, जिससे उसे जीवन के सुखद क्षणों की याद आ जाती थी.

दोपहर होते-होते अहमदू ने कोई बारह मील तय कर लिये. पहाड़ी की ठण्डी हवा की जगह अब मैदान की गरम हवा चलने लगी थी जो बेद के दरख़्तों की कड़वी बू से लदी हुई थी. अहमदू ने चाहा, किसी गाँव में पहुँचकर चॉ पी ले और कुछ खा ले क्योंकि भूख जोरों से लग रही थी और पाँव थक गए थे. लेकिन दूसरी तरफ जल्दी घर पहुँचने के लिए भी मचल रहा था. वह सोच में पड़ गया. बचे हुए छः आने फटे हुए कोट की जेब से निकालकर वह फिर मसलने लगा. क्या छः आने में बाकी सफ़र लारीमें बैठकर नहीं हो सकता ? आधे के करीब फ़ासला तो वह काट ही चुका है. शायद कोई बिठा ले. सोचते-सोचते वह दो-एक मील और निकल गया. लारियाँ गुजरतीं लेकिन वह हाथ दिखाने की हिम्मत न कर पाता. कौन गालियाँ सुने. आखिर इन पाँच महीनों में कोई कम गालियाँ नहीं सुनी थीं. लेकिन भूख और थकावट ने अहमदू को बाध्य कर दिया कि वह रुक-रुककर बसों को ठहरने का इशारा करे. अक्सर उसके मुँह पर धूल के झाँपड़ मारकर निकल गयीं, जो रुकीं उन्होंने उसे अपमानित किया; क्योंकि अभी तक वह उस सीमा के अन्दर दाखिल नहीं हुआ था जहाँ से श्रीनगर तक छः आने में सफ़र किया जा सकता है. जब वह उस सीमा में दाखिल हुआ तो सूरज अस्ताचल में पहुँच चुका था. एक लारी रुकी. क्लीनर ने छः आने पेशगी ले लिए, और पिछले हिस्से में अहमदू को भी ठोंस दिया. यह उसके लिए बहिश्त में पहुँच जाने के बराबर था. दो झकोले लगते ही वह बैठा-बैठा सो गया.

जब उसकी नींद टूटी तो लारी खड़ी थी और वातावरण धूल से सटा हुआ था. इस धूल में श्रीनगर की सुपरिचित गन्ध थी. अहमदू ने खुशी से आँखें मलते हुए लोई सम्भाली, मुर्ग़ी को अपने पसीने से तर दायें हाथ से बायें हाथ में लिया और उतरने की तैयारी करने लगा. लेकिन दूसरे मुसाफिर क्यों नहीं उतर रहे थे ? अहमदू ने बाहर झाँककर देखा. लारी एक चुँगीघर के सामने खड़ी थी. दरिया के किनारे एक छोटी-सी इमारत, उसके बरामदे में बड़ी-सी पुरानी मेज़,

उसपर बहुत-से खाकी काग़ज और उनपर आँखें जमाये हुए दो दुबले-दुबले बाबू ! उन्हें देखते ही अहमदू का माथा ठनका. यहाँ हर चीज़ पर महसूल देना पड़ता है, तो मुर्ग़ी पर भी देना होगा ! उसकी जेब में कच्ची कौड़ी भी नहीं थी. सहसा उसे ज्ञात हुआ कि वह एक नयी मुश्किल में फँस गया है. उसका घर यहाँ से करीब ही था, किसी डुंगे या नाव में दरिया पार करके वह पाँच मिनट में घर पहुँच सकता था, लेकिन चुंगी वालों से नज़र बचाकर निकल जाना मुश्किल है ! ···या अल्लाह !

उसने देखा कि बाबुओं के सामने पैदल चलकर आये हुए देहातियों की कतार लगी है. किसी के हाथ में सब्जी है, किसी के पास फल या अण्डे. इसके पीछे दो मुर्ग़ियाँ बगल में दबाए एक बुढ़िया भी खड़ी है और दबे-दबे चपरासी की मिन्नत-समाजत कर रही है. अहमदू को उसकी आवाज़ भी कुछ-कुछ सुनायी दी. वह कह रही थी, "मैं इन्हें अपने घर से लायी हूँ. उस सामने वाले डुंगे में जाऊँगी. वह भी मेरा अपना है, हम लोग लकड़ी ढोते हैं. आज ही रात बारामूला रवाना होंगे. खाने-पीने का सामान घर से न ले जायें तो और कहाँ से ले जायें ? मुझे मालूम होता, तुम रोकोगे बेटा, तो मैं इधर से आती ही क्यों ? पहले तो कभी किसी ने नहीं रोका···.'

अहमदू का दिल बैठने लगा···वह बिल्कुल बदहवास हो गया. उसे और तो कुछ न सूझा, उसने मुर्ग़ी को अपनी लोई में छुपा लिया.

मेज़ के पीछे बाबू चुपचाप बैठे थे. एक पीली पगड़ी बाँधे हुए करीब पैंतीस वर्ष का काश्मीरी पंडित था. उसके चेहरे से जाहिर था कि उसका हाज़मा और ईमान दोनों कमज़ोर हैं. उसके सामने मेज़ पर एक सन्दूकचा पड़ा हुआ था जिसमें चुंगी के पैसे जमा किये जाते थे. दूसरा बाबू आँखों पर सस्ता-सा चश्मा लगाये, कान के पीछे क़लम अटकाए हुए, शून्य में देख रहा था. उसके सामने एक खुला हुआ रजिस्टर पड़ा हुआ था, जिसमें चुंगी का हिसाब दर्ज होता था.

अहमदू ने फिर बुढ़िया की तरफ देखा. वह इस अपराजित ढंग से हाथ और सिर हिला-हिलाकर बातें कर रही थी कि जैसे महसूल माफ़ कराके छोड़ेगी. लेकिन उसी क्षण चपरासी ने बुढ़िया को ज़ोर से धक्का दिया. दोनों मुर्ग़ियाँ ज़ोर से कुड़-कुड़ाईं. बुढ़िया अब खामोश हो गई. अपने दुपट्टे के छोर से उसने, गाँठ खोलकर, कुछ पैसे निकाले और मेज़ पर रख दिये. फिर आस्तीन से आँखें पोंछती हुई अपनी राह चली गई.

अहमदू का चेहरा तमतमा गया और शरीर सुन्न हो गया ; अहमदू को ऐसा लगा जैसे संसार की गति एकदम रुक गई है ; जैसे यह लारी हमेशा से वहाँ खड़ी है और खड़ी रहेगी. उसे हरएक चीज़ निरुद्ध, गतिहीन और भयानक नज़र आने लगी. अब उसे इस मुर्ग़ी से कोई आकर्षण नहीं था. उसके बदन की नर्मी उसे अब

किसी के बदन की नर्मी की याद नहीं दिलाती थी. उसका बिटक-बिटककर देखना, नन्हे नूरू की तरह, उसे बिल्कुल ही भूल चुका था. और आखिर जब उसने खाकी वर्दी वाले चपरासी को अपनी तरफ़ आते देखा तो उसे फिर इच्छा हुई कि लपककर गाड़ी से उतर जाये और दरिया की राह ले. लेकिन पाँव में जैसे सिक्का जम गया था, वह अपनी जगह से हिल न सका.

चपरासी अपनी छड़ी घुमाता हुआ आया. वर्दी के नीचे से उसकी मैली और फटी हुई कमीज़ जगह-जगह से झाँक रही थी. जूते भी फटे हुए थे जिस कारण वह रुक-रुककर कदम उठाता था. लेकिन अहमदू की नज़रों में वह एक साधारण इन्सान नहीं बल्कि एक विशालकाय दैत्य था. अहमदू के हाथ काँप रहे थे, और इन्हें वह लोई के अन्दर डालकर बार-बार अपनी तसल्ली करता था कि कहीं मुर्ग़ी के कुड़कुड़ाने की संभावना तो नहीं !

चपरासी ने लापरवाही से अपनी छड़ी सीटों के नीचे पड़े हुए सामान पर आज़मायी. वह ग़रीब तबके के मुसाफिरों की आदत से वाक़िफ़ था. पूछने पर वह कभी नहीं बताते कि उनके पास कोई महसूल की चीज़ है. डाँट-डपट सुन लेंगे, मार-पीट तक सह लेंगे, मगर धोखा करने से बाज़ न आयेंगे. इनसे झिक-झिक तो महज़ रौब दिखाने के लिए करनी पड़ती है, हासिल कुछ भी नहीं होता. और फिर अभी-अभी एक जगह से अच्छी आमदनी हो गयी थी, आज ज्यादह झक मारने की ज़रूरत नहीं. उसने लारी का दरवाज़ा बन्द किया और वापस चला गया. कुछ क्षण बाद लारी चल दी.

अहमदू अवाक् रह गया ! इस तरह साफ बच जाने की उसे आशा न थी. जिस क्षण चपरासी ने दरवाज़ा बन्द किया था उसी क्षण मुर्ग़ी एक बार कुड़कुड़ाई थी. और अहमदू ने समझा था कि अपने सर्वनाश की घड़ी आ पहुँची ! उसके मन में अब सन्तोष का सैलाब-सा उमड़ आया.

लारी चलने लगी. लारी में गति आते ही वातावरण फिर जीवित हो उठा ! जब तक लारी खड़ी थी, मुसाफिर इस तरह चुप थे जैसे उनके अपने शरीर ठण्डे पड़ गये हों, अब वह बोलने लगे. बाहर सड़क पर भी रौनक थी. दुकानों की बत्तियाँ जल रही थीं. और कहीं-कहीं औरतों के गाने की आवाज़ भी सुनाई दे जाती थी.

अहमदू ने लोई का पल्ला ढीला किया और बायाँ हाथ खींचकर बाहर निकाला. मुर्ग़ी उसकी हथेली में चुपचाप जैसे सोई थी. आँखें बन्द, सिर हाथ के अंगूठे पर टेढ़ा होकर गिरा हुआ ! बाहर की ताज़ा हवा में आने पर भी उसके नन्हे गुदगुदे शरीर में कोई हरकत पैदा न हुई. बर्फ़ के से सफेद पंख ढीले हो रहे थे. उसे देखकर भी अहमदू को यह ज्ञात नहीं हुआ कि वह कुड़कुड़ाहट दम तोड़ते समय मुर्ग़ी की आखिरी फरियाद थी. वह अपने हाथों से उसे क़त्ल कर चुका था.

एकाएक अहमदू की आँखों से टप-टप आँसू गिरने लगे और वह सिसकियाँ भरने लगा. देखते-देखते उसकी सिसकियाँ तेज़ होती गयीं और वह बिलख-बिलख कर रोने लगा.

मुसाफ़िरों की समझ में नहीं आया कि इस जाहिल काश्मीरी हतो को क्या हो गया है! वह क्यों रो रहा है और बड़बड़ाकर क्या कह रहा है! न ही उन्हें जानने की उत्सुकता थी. क्लीनर ने रस्सी खींचकर गाड़ी रुकवा ली, और अहमदू को धक्के देकर नीचे उतार दिया.

सड़क के इस हिस्से पर घुप अँधेरा था. लारी के चले जाने पर अहमदू स्तब्ध खड़ा रहा, फिर धीरे-धीरे एक पुल की ओर जाने लगा, जो सड़क के किनारे एक नाले पर बना हुआ था. थोड़ी देर तक वहाँ खड़ा रहने के बाद उसने वह परों की सफेद गोल-सी गेंद पुल के नीचे फेंक दी, और फिर घर की ओर जाने लगा. अब न उसके पास पैसे थे और न आगे के लिए कोई निश्चय करना बाकी था.

□□

क़यामत आ गयी है

मेहरुन्निसा परज़वे

दर-पर्दा-ज़िन्दगी की घुटन, ब्याह-शादी के पुराने रिवाजों ने मुस्लिम परिवारों में कुंआरी लड़कियों का जीवन बिडम्बनापूर्ण बना दिया है. इस कहानी में कुंआरी लड़कियों के पेट भरने (पाँव भारी होने) की इसी क़यामत के आगमन की चेतावनी है.

सिविल लाइन. डामर रोड के किनारे बने बंगलों में मुझे आपा का मकान ढूंढ़ने में कोई परेशानी नहीं हुई, क्योंकि शादी की ताम-झाम दूर से ही देखी जा सकती थी.

रिक्शा टूटे लकड़ी के गेट के सामने रुका. गेंद खेलते बच्चे दौड़कर रिक्शे के करीब आ गये. बरामदे की सीढ़ियाँ उतर कर नीचे आती आपा दिखीं, बैंगनी फूलों वाली साड़ी में वह अच्छी लग रही थीं, वैसे शरीर से काफी भारी हो गयी थीं.

"आओ नज्मा, बस मुझे तुम्हारा सुबह से इन्तज़ार था," आपा ने मुझसे लिपटते हुए कहा. फिर बच्चों की ओर मुड़ीं, चलो बच्चो, आँटी का सामान कमरे में पहुँचाओ.

बच्चे रिक्शे पर टूट पड़े और देखते-ही-देखते एक-एक सामान यह जा, वह जा !

"बेटी की शादी मुबारक हो और नया दामाद भी, वैसे अब तुम वाक़ई सास जैसी लगने लगी हो आपा!" मैंने आपा से मजाक करते हुए कहा. वैसे आपा मुझसे दुगनी उम्र की थीं पर दोनों शुरू से दोस्त की तरह से ही रहे थे.

"और तू ? तू तो बता, वही छोटी-सी नूरी लग रही है, जिसकी शलवार हमेशा ऊँची हो जाया करती थी और नंगे टखने लिए आवारा घूमती रहती थी," आपा ने मेरा हाथ ज़ोर से दबा दिया, हम दोनों अन्दर की ओर बढ़े.

घर बाहर के आये रिश्तेदारों से भरा था, इतने ढेर-सारे अजनबी चेहरे देख घबराहट हो रही थी.

"रन्नो की शादी न होती तो तुझसे मुलाकात भी न हो पाती न..."

अभी आपा ने वाक्य पूरा भी नहीं किया था, कि हल्दी लगा शरीर, पीले हल्दी के दाग़ों से भरे कपड़ों में सामने आ गया. मैं चकरा-सी गयी, लगा, आपा एक बार फिर जवान होकर आ गयी हैं.

"रन्नो है," आपा ने मुझे हैरान देखकर कहा, "और यह नज्मा आँटी है

बेटा." दूसरा वाला वाक्य रन्नो के लिए था.

मैंने उठकर हल्दी की सोंधी महक में बसी उस लड़की को जल्दी से अपने से लिपटा लिया.

"आपा लगता है, एक साथ दो जन्म लिखाकर लायी हो, क्यों ?"

कमरे में कुछ लड़कियाँ निहारी सजा रही थीं. दरी पर उबली सेवईयों से भरे बड़े-बड़े शीन रखे थे. उन्हें पान के पत्ते से बराबर करके लड़कियाँ तरह-तरह के रंगीन फूल बना रही थीं, शेर लिख रही थीं.

मैं भी एक ओर बैठ गयी और ध्यान से उनकी नक्काशी देखती रही.

"आप पान की गिलौरी में चाँदी के वर्क लगा दीजिये," एक लड़की ने, जो खुद दूल्हे के सूट में इत्र लगा रही थी, मुझे बेकार बैठे देख काम सोंपा.

तभी आपा कमरे में आयी.

"नज्मा, तुझे भी निहारी में जाना है, औरतें कारों में जायेंगी, बैंड वाले आ गये हैं."

"आपा, निहारी में मैं क्या करूँगी, लड़कियों को जाने दो न."

"क्यों ?" आपा ने मुझे डपट कर घूरा, "नखरे क्यों दिखा रही है, कुछ नहीं तो दामाद देख लेना मेरा."

"देख लेंगे," मैंने आपा पर लदकर सुस्ती तोड़ते हुए कहा, "भई, इतनी बेचैनी से तो हमने अपने बहनोई को भी नहीं देखा था."

"बड़ी नटखट है." आपा झेंप गयीं.

"अरे हाँ आपा", मैंने तुरन्त सीधे बैठते हुए कहा, "तुमने वह अपने हाथ का बढ़िया पान अभी तक नहीं खिलाया, जिसके लिए एहसान भाई दिवाने थे. तुम रोज़ दुपट्टे में छुपा कर पान ले जाती थीं न ?"

आपा मुझे तुरन्त घसीटकर दूसरे कमरे में ले गयीं और तख्त पर बैठादिया.

"आपा, सच कहो, एहसान भाई की याद है या नहीं, कभी फिर मिले थे ?" मैंने जानबूझकर आपा को सुई चुभोयी थी, यह देखने के लिए कि गुब्बारे में कितनी हवा है.

"सब याद है, नूरी, पर अब वह कच्ची उम्र भी तो नहीं रही. अब तो गृहस्थी के झंझट निपटाते-निपटाते ही वक्त गुज़र जाता है. पुरानी बातों के लिए किसे फ़ुर्सत है ?" आपा ने ठण्डी साँस ली, "रन्नो की शादी के बाद तो अब और भी काम मुझे करने होंगे. सास बन रही हूँ. कल नानी बन जाऊँगी. बस. औरत इन्हीं रिश्तों की भँवर में तो खो जाती है, गुम हो जाती है."

"फिर कभी एहसान भाई मिले थे आपा ?" मैंने आपा की कहीं वीराने में खोती आँखों में झाँकते हुए पूछा.

"नहीं नूरी, बस एक बार उनकी खाला का लड़का रफ़ीक, तुझे याद है, फटी हाफपैंट पहने जो लड़का तेरे साथ खेलता था न, वही, अब मेडिकल रिप्रेजेंटेटिव हो गया है. एक बार यहाँ आया था", आपा बोलते-बोलते थोड़ा रुकीं जैसे साँस भर रही हों, "उसे मैंने तुरन्त पहचान लिया, वही चेहरा था, काफी देर बैठा. नूरी सच, बड़ा अजीब-सा लगा, पुरानी दफ़न की हुई पीड़ा जैसे फिर जाग रही थी, खुशबू दे रही थी. कितनी अजीब बेसब्री और उतावलेपन से भरे वह दिन थे ! अब सब सपना लगता है."

"रन्नो की शादी तुम अपनी पसंद से कर रही हो आपा ?" मैंने आपा को जैसे हाथ पकड़ कर किसी अँधेरे से खींचना चाहा.

"नहीं, दोनों कालेज में पढ़ते थे. मोहब्बत हो गयी. अब पहले का वह ज़माना तो रहा नहीं जब मोहब्बत को सात कोठरी के अन्दर छिपाकर रखा जाता था, घर वाले जिससे भी बाँध दें, उसी के पीछे हो लिए. मोहब्बत उसी काल कोठरी में बन्द हुई तो बन्द ही रह गयी पर मुँह खोलने की हिम्मत नहीं थी", आपा ने बाँहों को मोड़कर उस पर अपना सर रख दिया, "काश, हम भी इसी ज़माने में पैदा हुए होते नज़्मा, तो कितना अच्छा होता !"

अचानक मुझे लगा, कुछ खरोंच गया है, उखड़ गया है और सहसा पुरानी आपा, अम्मा, एहसान भाई सब याद आने लगे.

चाँद का दोना लुढ़क गया था और उसमें से चाँदनी ढरक-ढरक कर नीचे बह रही थी. घुटनों को समेटे राबिया आपा दरवाज़ों के पास की दीवार से लगी बैठी थीं, उनकी बहकी-बहकी आँखें देख कोई भी आँख का अन्धा कह सकता था कि वह उस कमरे में, उस घर में अभी हाज़िर नहीं हैं, कहीं और खोई हैं.

अप्रैल माह की शुरुआत. कभी एकदम गर्मी शुरू हो जाती, कभी आँधी-तूफान और पानी बरस जाता था.

अम्मा खाट पर एक पैर ऊपर कर बैठी थीं जिससे उनकी साड़ी ऊपर उठ जाने से टखने नंगे हो गये थे. मौलाना साहब बेंत की पुरानी गोल कुर्सी पर बैठे थे.

"मौलाना साहब, हलवा मीठा हुआ या नहीं ? एक पाव शक्कर मँगवाई थी, फिर भी पता नहीं, मीठा हुआ या नहीं ?"

"हाँ भाभी, सब क़यामत के आसार, हैं, शक्कर मीठी नहीं रहेगी, लोग नाच-गानों में मस्त रहेंगे, पक्के मकान होंगे, कुँआरी लड़कियाँ पेट भरेंगी, नमक महँगा होगा, सब क़यामत के आसार हैं, बस क़यामत आयी ही समझो."

क़यामत के डर से अम्मा काँप-सी गयीं, आँखें आसमान पर उठ गयीं और हाथ कान की तरफ़.

"इस साल पानी नहीं बरसा, वरना बस्तर में तो बारहों महीना पानी बरसता है, इस साल मस्जिद का कुँआ पहली बार सूखा है." मौलाना साहब ने हलवा खत्म कर पानी पीते हुए कहा.

आसमान पर तेजी से जाती चिड़ियाँ चिल्लायीं. मेरे साथ अम्मा भी ऊपर देखने लगीं, अम्मा सतर्क हो गयीं—"ओह! पानी की चिड़ियाँ हैं. आज पानी ज़रूर आयेगा, बिस्तर अन्दर लगाना, नूरी."

"ऐ आपा, आओ न, कैसे बैठी हो?" मैंने बहुत बेमन से खाट पर चढ़कर खत्तई का सूत उतारते हुए उन्हें पुकारा पर जैसे उन्होंने मेरी बात ही नहीं सुनी, वैसी ही बैठी रहीं. देखते-देखते चटक चाँदनी गुम हो गयी और आसमान काले बादलों से घिर आया. हवा तेज़···तेज़ होकर बह रही थी, तभी हवा का तेज़ झोंका आया और आस-पास के कचरे को समेटता-बिखेरता चला गया. मैं खटाई का सूप लिए डोल गयी. आँख में धूल चली गयी थी.

बाहर खेलते बच्चे दौड़ते हुए घरों में घुस आये. अचानक और तेज़ी से मक्के के दाने के बराबर पानी की बूंदें झमाझम बरसने लगीं. जिसके हाथ जो सामान आया, उसे ही उठाकर अन्दर भागा.

पानी बरसने से भट्टी-से तपते कमरे ठण्डे हो गये थे. ज़मीन पर बिछे बिस्तर पर सब ऐसे सो रहे थे जैसे कई-कई दिनों के जागे हों. लालटेन में तेल खत्म हो गया था शायद, लौ एक-दो बार तेज़ होकर बुझ गयी.

कच्ची नींद में लगा, कोई मेरे शरीर पर अपना हाथ धीरे-धीरे फेर रहा है. मैं हड़बड़ा कर जागी, तभी वह हाथ मेरे गालों से टकराया. चूड़ियाँ बजीं. जैसे कोई अँधेरे में मेरी आँखों को टटोल रहा हो.

"नूरी, सो गयी?" आपा फुसफुसायीं.

"हाँ, पर अब नहीं, तुम्हें नींद नहीं आयी?"

"सुन! कल मेरे साथ खाला के पास चलेगी?"

मैं हैरान, भौंचक्की-सी उनके चेहरे को अँधेरे में ढूंढ़ने लगी, "यह खाला कैसे याद आ गयी?"

"बस काम है!"

"पहले बताओ, वरना नहीं जाऊँगी," मैंने धमकी दी.

आपा ने ठण्डी साँस खींची, उनके मुँह से वही बासी कच्चे दूध की महक आयी. उनके मुँह से वैसी गंध आती थी जैसे कि छोटे बच्चों के मुँह से आती है, जो मुझे बहुत अच्छी लगती थी.

आपा ने मेरे हाथ को अपनी छाती पर रखकर भींच लिया और बोलीं, "नूरी, मैं बीमार हूँ."

पहले तो मुझे उनकी बात झूठी लगी. अच्छी-भली दिखती आपा को भला

क्या हुआ होगा, पर जैसे मैं वह बात भूल गयी. मुझे उनके गदराये, नाशपाती-सी कठोर छोटी-छोटी छातियों पर रखे हाथ अजीब-सा सुख दे रहे थे. आपा अधूरी बात को खोलकर बताने को व्याकुल हो रही थीं. मुझे अपनी भूल का एहसास हुआ.

"तुम्हें बुखार आया है आपा ?"

"नहीं रे, तू तो एकदम बेवकूफों-सी बात करती है, भला इस उम्र में बुखार का क्या काम ? मुझे इधर दो-तीन माह चढ़ गये हैं."

लगा, आसमान में ज़ोर से बिजली कड़की है, मैं कांप कर आपा से सट गयी, "क्या कहती हो आपा ? अभी पिछले इतवार को तो तुम्हारी मंगनी हुई है और इतनी जल्दी···"

"चुप सो जा, मंगनी से और इससे क्या सम्बन्ध ? तू हमेशा से हिसाब में कच्ची रही है."

आपा ने मेरे हाथ को अपने सीने से दबाये हुए ही करवट बदल ली और मैं दीवानों-सी अन्धेरे में आपा की आकृति को घूरती रही.

सुबह मुर्ग़ियों की टीन का, जाली वाला, एक पैर टूटा दड़बा अम्मा ने खोला. दरवाज़ा खुलते ही अम्मा सहम कर पीछे हट गयीं, दड़बे में मुर्ग़ी के ग्यारह बच्चों में दस मरे पड़े थे.

दड़बा मुर्ग़ियों की बीट और उनके शरीर की सड़ांध-गन्ध से भरा था, दसों बच्चे ऐंठ कर लम्बे हुए थे. उनमें से बचा एक अकेला चूजा कर्कश आवाज़ में 'चीं···चीं' करता अपने अकेले रह जाने की दुहाई देता, दसों चूजों की लाश पर बार-बार चढ़-उतर रहा था. बड़ा ही विचित्र दृश्य था !

अम्मा ने हाथ बढ़ाकर उस अकेले चूजे को पिंजरे से निकाला और आँगन में छोड़ दिया. वह आँगन में अपनी गर्दन लम्बी करके अपनी खोई हुई माँ को और भाई-बहनों को पुकार रहा था.

"इस मनहूस बीमारी ने पूरा दड़बा साफ कर दिया." अम्मा ने बरामदे की टूटी केन की गोल कुर्सी पर बैठते, हताश शब्दों में कहा.

फ्रेम में कसे कपड़े पर फूल काढ़ना छोड़कर मैंने अम्मा को देखा, उनके चेहरे पर गहरी निराशा छा गयी थी.

घर पर दस मुर्ग़ियाँ और चार बत्तखें थीं. मुर्ग़ियाँ बाहर मोहल्ले में चरने जाती थीं और बत्तखें सारा दिन कुयें के पास कीचड़ खाती, कुएँ की ठण्डक के इर्द-गिर्द चक्कर लगाती थीं. कुएँ के पास लकड़ियों की मोटी-मोटी बल्लियाँ एक ज़माने से पड़ी हैं. वह क्यों आयी थीं और क्यों पड़ी हैं, अब घर के सब लोग भूल गये हैं. इन्हीं बल्लियों के पास आकर पहले दिन एक मुर्ग़ी ने ऊंघना शुरू किया

और सफेद बीट करने लगी. अम्मा सतर्क हो गयीं. उस दिन मुर्ग़ी के पकते हुए गोश्त की खुशबू सारे घर में भरी थी. इस सोंधी महक से सब बीमारी वाली बात को भूल गये थे. पर इसके दो रोज बाद से तो सिलसिला-सा लग गया. और धीरे-धीरे पूरा दड़बा चौपट हो गया.

आज इतनी बात हो गयी थी, निश्चय ही अम्मा आज घर पर ठहरने वाली नहीं थीं, इसी दिन को आपा ने खाला के घर जाने का चुना.

खाला का पति हैजे की बीमारी में मर चुका था, बच्चे कोई थे नहीं. बस उन्होंने मुर्ग़ियाँ पाल लीं और वह इसकी विशेषज्ञ बन गयी थीं.

गली के मोड़ पर कच्ची मिट्टी की ऊँची दीवार वाले अहाते के पीछे लोहे की जालीवाला पुराना-सा दरवाज़ा टूटकर एक ओर को झुक गया था जिसे खाला ने रस्सियों से बाँध दिया था.

आँगन में टूटे खपरैलों की पटार पड़ी थी. मई महीने के तपते, आलस से भरे दिन थे. खाला की मुर्ग़ियों की फौज़ गोबर की लिपी-पुती ज़मीन पर बीट करके छाया में बैठी सुस्ता रही थी. हम दोनों जैसे ही छपरी में गए, सुस्ताती मुर्गियाँ पंख खोल भरभराती हुई आँगन की ओर भागीं. पंखों की ठण्डी हवा छू गयी. मुर्ग़ियों की बीट तथा शरीर की गंध से सारा घर महक रहा था.

"क्या है, कौन है रे ?" खाला अन्दर कमरे में चटाई पर लेटी थीं, वहीं से चिल्लायीं.

"खाला, हम लोग हैं."

खाला आवाज़ पहचान जल्दी-से उठकर आयीं, "कैसे इतनी तेज़ धूप में तुम दोनों निकली हो ?"

"कुछ नहीं खाला, ऐसे ही चलते-चलते आ गए हैं," आपा बोलीं.

"अच्छा, अच्छा, कैसी क़यामत की धूप पड़ रही है, खुदा ही खैर करे ! लू लग जाये तो आदमी पट-से दम तोड़ दे." खाला ने एक बार फिर हम दोनों को घूरा, उन्हें अभी भी विश्वास नहीं हो रहा था कि हम दोनों यूँ ही चलते-चलते आ गयी हैं.

"खाला, हमारे यहाँ की तो सारी मुर्ग़ियाँ मर गयीं," आपा ने सहज होते हुए कहा.

"बैठो, इन मुर्ग़ियों को खदेड़ दूँ. सारी छपरी गन्दी कर रही हैं." दरवाज़े के पीछे रखी पतली बाँस की छड़ी उठाकर खाला बाहर हो गयीं.

कमरे में इतना अँधेरा भरा था कि दिन में भी शाम का धोखा हो रहा था. कमरे की दीवार पर पुरानी दो तस्वीरें लगी थीं. दीवार से लगी लकड़ी की छोटी-सी मचान पर पुरानी दो-तीन संदूकें रखी थीं. संदूकों पर बड़े-बड़े गुलाब के फूल छपे थे. और एक संदूक जो काफी पुरानी लग रही थी, उसके ऊपर छोटे-

छोटे पीतल के उभरे गोले बने थे जो अब काले पड़ चुके थे.

खाला लौटीं. उन्होंने शायद मुँह धो लिया था. हम दोनों चटाई पर बैठी थीं. आते ही पान की पिटारी खींचते हुए खाला बोलीं, "तुम लोग पान खाओगी ?"

"नहीं खाला, मुझे अच्छा नहीं लगता और यह नूरी छोटी है. अम्मा देखेंगी तो मारेंगी इसे," आपा ने अगूठे का नाखून खरोचते हुए कहा, "खाला···एक काम था"

"क्या काम है, बोलो ?" खाला एकदम चौकन्नी हो गयी थीं.

"मेरी तबियत ठीक नहीं है खाला," आपा शर्म से लाल होती बोलीं,"चलो, अन्दर चलो खाला, वहीं बताऊँगी."

दोनों उठकर अन्दर चली गयीं, इस तरफ खुलने वाला दरवाज़ा बन्द हो गया. बन्द दरवाज़े के पीछे से आपा की सिसकियाँ और रोते हुए बोलते अस्पष्ट-से शब्द सुनायी दे रहे थे.

थोड़ी देर में खाला बाहर आयीं और मुझे निगरानी का काम सौंपकर लौट गयीं. दरवाज़ा फिर बन्द हो गया. मैं दीवार से टिकी आँगन में चरती मुर्ग़ियों को निहारती रही. खाला को मुर्ग़ियों की कितनी जानकारी थी ! वह बताती रहती थीं···हरे पैर और काले पैर वाली मुर्ग़ी ज़्यादा अण्डे देती हैं. काली, छोटी जात की मुर्ग़ी अण्डे कम और छोटे देती है, पर जल्दी ही फिर अण्डे देने लगती है. कुड़क ज़्यादा नहीं बैठतीं. रात को अण्डे देना अच्छा नहीं होता, ऐसी मुर्ग़ी को काट लेना चाहिए···आदि.

बन्द दरवाज़े के पास से खाला की आवाज़ आ रही थी, वह आपा को कुछ हिदायत दे रही थीं. आपा घुटी-घुटी-सी आवाज़ में चीख रही थीं, शायद उन्होंने मुँह में दुपट्टा ठूँस लिया था.

बैठे-बैठे मैं बोर हो गई थी. मुर्ग़ियों की हरकतों का निरीक्षण करते-करते थक गई थी. कहाँ बारह बजे आये थे और अब कहाँ तीन बज रहे थे. अम्मा आयी होंगी और बक रही होंगी, मुरदार लड़कियाँ जहाँ जाती हैं, वहीं शहीद हो जाती हैं !

दरवाज़ा खुला और खाला के साथ आपा बाहर आयीं. उनका चेहरा पीड़ा से काला था, टाँगें काँप रही थीं, दुपट्टे को वह दोनों हाथों से भींच रही थीं, मरोड़ रही थीं. थोड़ी ही देर में महीनों की बीमार लगने लगी थीं. उनके कानों के सोने के आयरिंग नदारद थे. मैं आपा से पूछना चाहती थी, पर पूछ नहीं पायी, जरूर खाला ने रख लिये होंगे.

"चल नूरी, घर चलें." आपा ने मेरे कन्धों का सहारा लिया.

लाख प्रयास के बाद भी आपा के पैर सीधे नहीं पड़ रहे थे, अभी भी वह

कांप रही थीं, उनकी आंखें धीरे-धीरे मुंदने लगी थीं पर वह बराबर चल रही थीं. चेहरे के भाव को छुपाने के लिए वह बीच-बीच में मुस्कराने की चेष्टा कर रही थीं.

"अम्मा से क्या कहोगी आपा ?"

"वही तो सोच रही हूँ, कहूँगी, मुमानी के घर सीढ़ी से गिर पड़ी, वहीं बुंदे खो गए."

बावर्चीखाने के चौखट पर अम्मा बैठी चाय पी रही थी. कल्लो चूल्हे के पास बैठी थी, आज की चाय उसी ने बनायी थी शायद.

"लो आ गयीं सैर-सपाटे से नवाबज़ादियाँ ! क्यों कहाँ गयी थीं दोनों ?" अम्मा प्लेट की बची सारी चाय को एकसाथ सुड़पते हुए दहाड़ीं, "और इसे क्या हुआ ?"

"अम्मा, सीढ़ियों से गिर गयी यह."

"तू चुप कर, है तो बीत्ते-भर की और जवाब देती है. क्यों दीदे नहीं थे, इतनी बड़ी हुई, सीढ़ी नहीं दीखती अब ?" अम्मा ने चिल्लाते हुए कहा और फिर कल्लो की तरफ मुड़ती हुई बोलीं, "दे आधा कप चाय."

मौका देख हम दोनों वहाँ से खिसके. कमरे में आ कर खाट पर लेट कर हाँफते हुए आपा बोलीं, "जा, तू चाय पी ले और मेरे लिए एक कप ले आना, तब तक मैं जल्दी-से कपड़े बदल लेती हूँ."

रसोई की खिड़की से लगा पीछे एक मैदान था जहाँ नारियल के बूच, टूटी प्लेटें, टूटे डब्बे, फटी-गन्दी, खून में सनी चिंदियाँ पड़ी रहती थीं. इन्हीं सबको देख अम्मा का खून खौल जाता था, "आग लगे ऐसी जवानी को जो हमारे दीदों के सामने ही अपना उतरा हुआ अंग फेंकती हैं."

इसी मैदान से लगा एहसान भाई का घर था, जिनके मकान की छत हमारे मकान की छत से सटी-सटी थी. मैं अकसर उनके घर खेलने चली जाया करती थी और वह मुझे अपनी दोनों बाँहों में दबोच कर ऊपर हवा में उछाल देते थे. मैं अकसर उनसे इकन्नी-दुअन्नी वसूल लेती थी.

एक दिन जब मैं मजेदार कहानी पढ़ने में लगी थी तभी आपा आँधी की तरह आयीं और मुझे कुरते में बटन टाँकने का हुक्म दे कर चली गयीं. मैंने रोक कर पूछा तो कहने लगीं, "अल्लाह मियाँ को देखने जा रही हूँ."

मेरी समझ में नहीं आया कि अल्लाह मियाँ ने ख़ास तौर से सिर्फ अपनी शक्ल आपा को दिखाने की मंजूरी कब से दे दी. आपा रोज़ कोई-न-कोई काम मुझे सौंप कर खुद ऊपर छत पर चली जाती थीं.

मुझे अल्लाह मियाँ को देखने का शौक हुआ और मैंने एक दिन आपा का पीछा किया तो वह ऊपर छत पर बड़े-से खाली ड्रमों के पीछे बैठी एहसान भाई

से बातें कर रही थीं. मुझे देख दोनों घबरा गये और उस दिन से मुझे बन्धी-बंधाई दुअन्नी की रिश्वत मिलने लगी.

ऊपर छत पर घर का फालतू सामान भरा था. टूटी चारपाइयाँ, ख़ाली शीशियाँ, खाली खोके, ज़ंग खाये खाली ड्रम, कनस्तर, फालतू पड़े बिजली के तार, टूटी झाड़ू. जब से मकान पक्का हुआ था, घर का सारा फालतू सामान ला कर यहीं डाल दिया गया था. यहाँ कोई नहीं आता था. औरों के घर में छत सोने के काम आती थी और हमारे घर में फालतू सामान रखने के काम आती थी.

ज़ंग खाया एक खाली ड्रम आपा और एहसान भाई का लेटर-बक्स था. दोनों अपनी-अपनी चिट्ठियाँ चुपचाप इसमें डाल जाया करते थे जो बाद में उठा ली जाती थीं. आपा उर्दू में ख़त लिखतीं और एहसान भाई हिन्दी में, दो अलग-अलग भाषाएँ दोनों की बातों को दोनों तक आसानी से पहुँचा देती थीं. लिपि अलग-अलग थी पर भाव एक थे.

इन्हीं दिनों हमारे, अम्मा के छोटे भाई, जमशेद मामू छुट्टियाँ बिताने आये. शिकार के शौकीन, पक्के शिकारी. उड़ती चिड़िया को देख बता देते थे कि यह फलाँ चिड़िया है. निशाना अचूक ! आते ही उन्होंने सीधा निशाना आपा को बनाया. हर काम के लिए बस आपा की पुकार. और आपा हैं कि कान में रुई ठूंस बैठी रहतीं.

"कान बहरे हो गये हैं क्या ? जा सुनकर आ," अम्मा चिल्लातीं, तो कोसती, गालियाँ बकती आपा उनके कमरे में पहुँच जातीं.

जमशेद मामू पक्के शिकारी थे. भला हांके के बाहर हिरनी कूद सकती थी ? और आपा जमशेद मामू की हवस की शिकार हो गयीं. बड़ी-बड़ी शोख़ आँखें एकदम नीचे झुक गयीं.

इधर अम्मा आपा की बातचीत तय करने में लगी थीं. मेरी छोटी-सी बुद्धि में इतनी ढेर-सारी गडमड बातें एक साथ नहीं बैठ पा रही थीं. प्यार किसी से, हवस की शिकार हुई दूसरे की और अब शादी तीसरे से तय हो रही थी.

पीले तुरई के फूल का रंग, सूखे पपड़ी जमे होंठ, धंसी हुई आँखें लिये आपा दुल्हन बनी थीं. घर के सामने मण्डप लगा था, आम की डाली की छाँव थी. हर तरफ शोर-ही-शोर था.

शादी में खाला भी आयी थीं. आपा का चेहरा ऊपर करके देखा और बोलीं, "लड़की तो एकदम निचुड़ गयी."

"हाँ, शादी हो रही है, दुख में लड़कियाँ हो ही जाती हैं." अम्मा पास खड़ी थीं, इत्मीनान से बोलीं.

"अरे नहीं, मैं क्या पहचानती नहीं ? मैंने इससे कहा भी था, मुझसे मिलते रहना, दवा लेते रहना पर इसने तो एक दिन के बाद शक्ल ही नहीं दिखायी,

कच्चा आम गिरना अच्छा नहीं होता, औरत हिल जाती है, फिर यह तो…" खाला अपनी झोंक में जाने क्या-क्या बकती जा रही थीं.

आपा घबरा कर गश खा गयीं और अम्मा भयभीत-सी आपा को घूरती दीवार से टिक गयीं और खाली हुए बोरे-सी धीरे-धीरे ढहती गयीं.

"सब क़यामत के आसार हैं." अम्मा ने हताश शब्दों में कहा. सारा गुस्सा, सारी उत्तेजना इन शब्दों पर लाद दी गयी थी.

बाहर मण्डप में दहेज सजा हुआ था. नीले चूड़ीदार पैंजामे वाली लड़की कागज़-पेन लिए लिस्ट बना रही थी. घर की दो-तीन नौकरानियाँ दहेज के पास खड़ी पहरा दे रही थीं.

रेशम, जरी, मखमल की चमक-दमक लिये दुल्हन के जोड़े सजे थे. शानदार चमकता नया फर्नीचर, नये पलंग पर खूबसूरत मखमल का बिस्तर, और रंगीन गोटे टंकी मसहरी, महीन चुन्नटों से भरी दुलाई, झल-झल चमकते नये डिनर-सेट, टी-सेट. और कई-कई सौ उत्सुक, ईर्ष्यालु आँखें थीं.

जल्वे की रस्म अभी-अभी हुई थी. दूल्हा-दूल्हन को नये बिस्तर पर बैठा कर आईने में मुँह दिखाया गया था. चादर कसमसा गयी थी. सेहरे के ताजा फूल कहीं-कहीं टपक गये थे. आपा अपनी बनारसी साड़ी पहने अंदर से बाहर हो रही थीं.

मैं आपा को ग़ौर से देखने लगी. कितना समय बदल गया ! पुरानी आपा और इस आपा में कितना अन्तर आ गया है, पुरानी बातें तो अब इन्हें याद भी नहीं होंगी. प्रेम ? वह उम्र की चंचलता-भर थी. बस !

अन्दर कमरे में दूल्हा-दूल्हन को सेवइयाँ खिलाई जा रही थी. नयी-नयी मेंहदी की खुशबू से बसे हाथों से रन्नो को दूल्हे को सेवइयाँ खिलाना था.

चुस्त पिंडलियों पर कसे रंग-बिरंगे पैंजामे, महीन चुन्नटों और जरी की गोट से सजे गरारे-सरारे, प्याजी, नीली, गुलाबी शिफोन और टेरालीन की ओढ़नियाँ, जिन पर मुकेश और सलमे-सितारों की गंगा-जमुना बिखरी थीं, तरह-तरह के ज़ेवर, कुँआरी मुसकराहटें और ठहाके घर की दीवारों तक को कंपा रहे थे.

मैं दिन-भर सिर्फ काम की देख-रेख में ही अपने को थकी हुई महसूस कर रही थी, पुरानी बातें याद करते आँखें थकी-सी लग रही थीं. इच्छा हो रही थी, अपने बिस्तर पर जा कर लेट जाऊँ और खूब-खूब सोचूं, बस !

बाहर मर्दाने में डिनर चल रहा था. बिरयानी, कोरमा, मुर्ग़-मुसल्लम, सींक-कबाब, कलिया, दही का रायता, पराठे, शाही कड़ेटु और न-जाने क्या-क्या. एक-से-एक खाने की खुशबू यहाँ तक आ रही थी.

रन्नो को पुरानी किस्म की औरतों ने काफी रुला दिया था. एक कटोरी में संदल रखा था तथा एक बड़ी थाली में रुपये रखे थे, जिन्हें रन्नो की सास उठा कर गिन रही थीं. जो भी औरत संदल लगाने आती, रन्नो के गले में हाथ डाल रोने लगती. मेरी इच्छा हो रही थी, एक-एक को डाँट कर भगा दूँ, पर साहस नहीं हुआ. दूल्हे मियाँ मुँह पर रुमाल रखे काफी देर व्याकुल-से लग रहे थे, शायद वह भी रन्नो की हालत से परेशान थे. काफी देर के बाद माहौल का घुटा-घुटा-पन खत्म हुआ, बाहर दूल्हा-दूल्हन को ले जाने सजी-सजाई कार आ खड़ी हुई. बैंड ने बिदाई धुन छेड़ दी थी.

"आँटी, मुझे बाथरूम ले चलो," रन्नो ने धीरे-से फुसफुसाया.

मैंने खड़े होकर धीरे-से उसे सहारा देकर खड़ा किया, उसके लाल गोटे और मुकेश से सजे महजर को चारों ओर से समेट कर उसके हाथों में पकड़ा दिया, और उसके गरारे को उठा कर मेंहदी-रचे पाँव में लाल मखमल की जरीदार मोती टंकी जूतियाँ पहना दीं.

बाथरूम के पास आकर रन्नो ने जल्दी-से महजर को निकाल दिया और नीचे बैठ उल्टी करने लगी. मैंने अवाक् होकर जल्दी-से दरवाज़ा लगा दिया. थोड़ी देर बाद वह उठी और निढाल-सी मेरे कन्धों पर जा गिरी. मैंने हड़बड़ा कर उसके भारी पड़ते शरीर को सम्भाला.

अचेत रन्नो को मैंने लाकर पलंग पर लिटा दिया और फैन खोल दिया. दुल्हन के लाल खूबसूरत जोड़े में वह अचेत पड़ी थीं.

"क्या हुआ, इतनी देर लगा दी ?" आपा इसी तरफ लपक कर आती बोलीं.

"आपा, इसे चक्कर आ गया, उल्टी भी हुई, थोड़ा सम्भल जाने दो."

आपा के चेहरे पर कई रंग आये और गये, फिर वह मुसकराते हुए मेरे करीब आयीं, "नूरी, इसे दिन चढ़े हैं, दोनों को मालूम है, अब वह हमारा जमाना तो रहा नहीं, जब हमें छुपा कर जहर पीना पड़ता था, यह नया जमाना है."

मैं आश्चर्य से आपा को देख रही थी, जाने क्यों मुझे अम्मा का आपा की शादी वाला गश खाता चेहरा याद आ रहा था और उनके पीड़ा से भरे छटपटाते-से शब्द. लगा कानों में जैसे वह कह रही हैं, क़यामत आ गयी है···एकदम पीछे है ! पीछे है !

मैं हड़बड़ा-सी गयी और एकदम पलट कर पीछे देखने लगी.

□□

काला बाप गोरा बाप

महीपसिंह

विवाह और तलाक़ के मसले के साथ-साथ इस कहानी में बदले हुए आधुनिक मुस्लिम जीवन की वह झलक है, जो पर्दे और बुर्के को त्यागकर फ़िल्मी दुनिया की स्वच्छन्दता और रंगीनी में रचबस गई है.

जमीला ने ख़त की चार पंक्तियाँ पढ़ीं और उसके मुँह से अनायास निकल पड़ा, 'ताज्जुब है !' फिर उपेक्षा और बेपरवाही-भरी मुस्कराहट चेहरे पर बिखर गई और वह पत्र पढ़ती गई. पढ़ चुकने के बाद कुछ देर वह बैठी कुछ सोचती रही फिर क़लम-दवात उठाकर उसका जवाब लिखने बैठ गई—

समझ में नहीं आता कि तुम्हारे लिए क्या लिखकर ख़त का आग़ाज़ करूँ. तुमने 'मेरी जमीला' लिखा है. एक ज़माना था जब तुम 'मेरी जमीला' लिखते थे और मैं जवाब में 'मेरे सिरताज' लिखा करती थी. पर आज 'मेरी जमीला' लिखने का हक़ न तुम्हारे पास है, न 'मेरे सिरताज' लिखने का हक़ मेरे पास.

ख़ैर, मैं बिना किसी लक़ब के यह ख़त तुम्हें लिख रही हूँ.

सचमुच तुम्हारा ख़त पाकर मैं हैरान रह गई. वह दस साल के बाद तुम्हें मेरी और अपने बच्चों की याद कैसे आ गई ? लगता है, सकीना बीवी से भी तुम्हारा दिल भर गया है. पर तुम्हें काहे की फ़िक्र है ! अब तीसरी बीवी ले आओ. आख़िर मर्द हो न ! बिना तीन-चार बीवियाँ रखे तुम्हारी मर्दानगी का सुबूत कैसे मिलेगा ?

तुमने लिखा है कि तुम एक बार मुझसे मिलना चाहते हो ! अपनी लड़कियों को देखना चाहते हो. वैसे मुझे इसमें कोई ऐतराज़ नहीं, पर मैं समझती हूँ कि हमसे मिलकर तुम्हें ख़ुशी नहीं होगी. जिस हालत में तुम दस साल पहले हमें दिल्ली में बेसहारा छोड़कर सकीना के साथ ऐश की ज़िन्दगी गुज़ारने ग्वालियर चले गए थे, आज हमारी हालत उसके बरअक्स है. तुम्हारी शीरीं अब सोलह साल की ख़ूबसूरत लड़की है. वह फ़िल्मों में काम करती है, नाचती है, गाती है और पर्दा नाम को भी नहीं करती. मुझे यक़ीन है कि तुम उसका यह रूप देखकर घबरा जाओगे. और फिर उससे मिलने के लिए घर पर जाने कितने मर्द रोज़ आते हैं. तरह-तरह के प्रोड्यूसर अपनी फिल्मों में उसे लेने के पहले तरह-तरह से उसका इम्तहान लेते हैं और अख़बारनवीस हर पोज़ की उसकी तस्वीर उतारते हैं. क्योंकि एक फ़िल्म स्टार की पब्लिसिटी के लिए यह सब बहुत ज़रूरी है. क्या तुम यह सब बर्दाश्त कर पाओगे ?

और हाँ, शीरीं का फ़िल्मी नाम है कामिनी बोस. वह तो तुम जानते ही होंगे कि यहाँ फ़िल्मों में हिन्दू नाम रखने का रिवाज़ है. और अब तो नाम के साथ हिन्दू जात लगायी भी जाती है.

और शहनाज़, जिसे तुम दुधमुँही छोड़ गए थे, अब ग्यारह साल की हो गई है. स्कूल में पढ़ती भी है और सरजू महाराज से डान्स सीखती है. बात करने में बड़ों-बड़ों के कान काटती है. दो-चार पिक्चरों में छोटे-मोटे रोल भी कर चुकी है. लोग कहते हैं कि एक दिन वह बहुत चमकता हुआ सितारा बनेगी.

और रही मेरी बात, तो मुझे देखकर तो तुम पहचान भी नहीं पाओगे. 'तुम्हारी जमीला' पराये मर्द की छाया भी नहीं देखती थी, बुर्के के बग़ैर घर से बाहर पाँव भी नहीं निकालती थी और उसके मुँह में ज़बान है, यह तो तुम भी नहीं जानते थे. लेकिन आज वह ऐसा बनाव-सिंगार करती है कि उसकी ढलती हुई उमर भी धोखा खा जाती है. शीरीं के साथ स्टूडियो जाती है. परदा उसके लिए गुज़रे हुए ज़माने की बात बन चुकी है. तुम शायद जानते नहीं कि फ़िल्म लाइन में बड़े-बड़े घाघ हैं. पर तुम्हारी बेज़ुबान जमीला अब बड़े-बड़े प्रोड्यूसरों के भी कान-पूँछ काट लेती है.

और आख़िर में तुम्हें बात बताती हूँ अनवर की मासूम जमीला को जब तुम दुनिया की ठोकरें खाने के लिए छोड़ गए, तब यही अनवर उसका सहारा बना. वह गोरा ख़ूबसूरत जवान था, पर ज़िन्दगी से नाउम्मीद ! कई साल से वह बम्बई की फ़िल्म लाइन में अपनी क़िस्मत आज़मा रहा था. लेकिन कामयाबी उससे कोसों दूर रही. उन दिनों वह किसी काम से दिल्ली आया. मेरी उससे मुलाकात हो गई. उसे मेरे हालात मालूम हुए और उसने मुझसे शादी की पेशकश की. उस वक़्त मुझे ताज्जुब हुआ था कि ऐसा ख़ूबसूरत नौजवान भला मुझ-जैसी बेसहारा, दो बेटियों वाली औरत को सहारा देने को क्यों तैयार है ? मगर आहिस्ता-आहिस्ता मैं सब समझ गई. हिन्दुस्तान में लोग लड़कियों को मुसीबत समझते हैं. खासतौर से बेबाप की लड़कियाँ तो फूटी आँखों नहीं सुहातीं. लेकिन अनवर की तजुर्बेकार निगाहें जानती थीं कि फ़िल्म लाइन में यही लड़कियाँ सोने के अण्डे देने वाली मुर्ग़ियों में बदली जा सकती हैं. मुझे अपनाने की शायद उसकी यही वजह हो. और वह अपने मक़सद में कामयाब भी हुआ है. आज वह शीरीं और शहनाज़-जैसी लड़कियों का बाप है, जो आज सैंकड़ों कमाती हैं, कल हज़ारों कमाएँगीं. खुदा ने चाहा तो उनका पाँव लाखों में भी पड़ेगा.

लेकिन इतना मैं ज़रूर कहूँगी कि अनवर ने चाहे जिस खुदगर्जी की वजह से मुझसे शादी की हो, वह कभी निरा खुदगर्ज नहीं रहा. शीरीं और शहनाज़ को वह अपनी बेटियों की तरह ही प्यार करता है और दोनों लड़कियाँ उसे ही अपना बाप समझती हैं और अभी कुल छह महीने पहले ही मैं उसके एक बेटे की माँ बनी हूँ.

इतनी सब बातें सुनकर भी क्या तुम यहाँ आना चाहोगे? अगर आना चाहो तो मुझे कोई ऐतराज़ नहीं है. लेकिन एक बात तुम्हें ज़रूर बता दूं. तुम्हारी लड़कियों पर मैं यह नहीं ज़ाहिर होने दूंगी कि तुम उनके बाप हो.

और क्या लिखूं ?

किसी ज़माने की तुम्हारी
जमीला

ख़त लिखकर जमीला बेफिक्र हो गई. ऐसा ख़त पाकर भी यूनुस उसे या उसकी लड़कियों को मिलने आ सकता है, इस बात की उसे ज़रा भी उम्मीद नहीं थी. परन्तु उसके आश्चर्य का ठिकाना न रहा जब उसने एक हफ्ते के बाद देखा, दस साल पहले के यूनुस की हलकी-हलकी पहचान बताने वाला काला, बीमार और बूढ़ा-सा आदमी उसके दरवाज़े पर खड़ा है. उस समय जमीला घर में अकेली ही थी. अनवर शीरीं को लेकर शूटिंग पर गया था और शहनाज़ स्कूल गई हुई थी.

नहा-धोकर यूनुस बैठक में आ बैठा. उसकी निगाहों ने एक-एक करके कमरे की हर चीज़ को नापा. सोफासेट, रेशमी पर्दे, रेडियो, फूलदान, और तरह-तरह की चीज़ें थीं वहाँ, जिन्हें उसने बड़े लोगों की दुनिया का अंग मानकर कभी अपनी कल्पना में प्रविष्ट नहीं होने दिया था.

फिर वह उठकर दीवारों पर लगे चित्रों को देखने लगा. एक बड़ी ख़ूबसूरत-सी लगने वाली लड़की की कई तस्वीरें वहाँ लगी हुई थीं. एक तस्वीर में उसके बालों को काली घटा के रूप में बिखराया गया था और उसमें से उस लड़की का चेहरा सचमुच चाँद-सा दिखायी दे रहा था. दूसरी तस्वीर में वह एक कसी हुई पैंट और आधी आस्तीन की कमीज़ पहने हँसती हुई किसी अँग्रेज़ी डान्स का पोज़ बना रही थी. तस्वीर में उसका अंग-अंग उभरा हुआ नज़र आ रहा था. तीसरी तस्वीर में वह ज़मीन पर कुहनियाँ टिकाकर बैठी थी. बाल छितरे हुए थे और भीगी हुई आँखों से आँसू ढुलककर गालों पर आ टिके थे.

"पहचानते हो, यह किसकी तस्वीरें हैं ?" पीछे से जमीला ने मेज़ पर चाय रखते हुए पूछा. यूनुस ने उसकी ओर देखा और चुप रहा. शायद उसने अपनी चुप्पी से यह बताया कि ये तस्वीरें किसकी हैं, यह जानकर उसे अधिक आश्चर्य नहीं होगा.

'पहचान सकते हो अपनी शीरीं को ?' जमीला ने फिर पूछा और यूनुस फिर चुप रहा, जैसे उसने कहा, यह उसकी कल्पना के परे की चीज़ नहीं है. उसने एक निगाह से फिर तस्वीरों को देखा और बैठकर चाय पीने लगा.

शाम को शहनाज़ स्कूल से आयी तो यूनुस सोफे पर टाँग फैलाये बीड़ी पी रहा था. वह उसे घूरती हुई माँ के कमरे में चली गई और बोली, "अम्मी कौन है

यह बूढ़ा ? बीड़ी की राख से फर्श खराब कर रहा है."

जमीला ने शहनाज को एक नज़र देखा, फिर बोली, "अपने मेहमान हैं, बेटा. हाँ, देखो, ऐश-ट्रे कहीं इधर-उधर रखी होगी. उठाकर उनके पास रख आओ."

शहनाज़ ने ट्रे यूनुस के सामने रख दी और बिना कुछ भी बोले घूरती हुई वापस चली आयी. यूनुस ललचायी आँखों से उसे देखता रहा.

फिर शीरीं आयी और अनवर भी. यूनुस ने देखा, यह वही लड़की है जिसकी इतनी-सारी तस्वीरें कमरे में लगी हुई हैं. फिर उसकी आँखों में पाँच-छह साल की वह शीरीं दौड़ने लगी, जो गन्दी-सी फ्रॉक पहने अब्बा कहकर उसके पैरों में लिपट जाया करती थी. क्या यह वही शीरीं है—उसकी बेटी शीरीं ? वह उसके कुछ गज़ के फ़ासले पर थी, परन्तु यूनुस को लग रहा था, यह फ़ासला कुछ गज़ों का नहीं है. यह तो केवल फासला है. ऐसा फ़ासला जिसे नापने के लिए गज़मील कुछ बने ही नहीं हैं.

जमीला ने सबसे कह दिया, वह उसका दूर का रिश्तेदार है और ग्वालियर से आया है.

रात को खाना खाते समय खूब हँसी-ठट्ठा हुआ. स्टूडियो की बातें, शूटिंग की बातें, प्रोड्यूसर की बातें. इतनी बातें कि सारा वातावरण बातों के जल से भर गया, जिसमें अनवर और जमीला, शीरीं और शहनाज़ छोटी-छोटी डोंगियों की तरह उतराने लगे, हिलोरें लेने लगे और यूनुस उस जल में भारी पत्थर की तरह डूब गया. किसी को पता नहीं लगा कि इन थिरकती हुई किश्तियों के नीचे कोई पत्थर भी है.

रात को जमीला ने उसके सोने का प्रबन्ध बैठक में कर दिया. यूनुस चारपाई पर लेटा शीरीं की तस्वीरें देखता रहा. वह सोचता रहा, कितनी खूबसूरत है शीरीं ! कितनी प्यारी लगती है शहनाज़ ! लेकिन यह उसकी बेटियाँ नहीं हैं. उसकी एक बेटी थी, गन्दे फ्रॉक वाली साँवली-सी जिसके बाल हमेशा मिट्टी से भरे रहते थे और जो उसे देखते ही अब्बा कहकर लिपट जाती थी. उसकी शहनाज़ एक टूटे-से पालने में पड़ी रहती थी. इन फूलों की तरह खिली हुई लड़कियों का वह बाप नहीं हो सकता. इनका बाप तो अनवर ही है—वह गोरा, तन्दुरुस्त और रईस मालूम होने वाला अनवर !

शीरीं और शहनाज़ ने उससे एक बात भी नहीं की. यूनुस ने कई बार उनसे बोलना चाहा, कुछ बात करनी चाही, पर वे चिकनी मछलियों की तरह हाथ से फिसलती रहीं, और यूनुस उन्हें हाथ से छूटे हुए गैस के गुब्बारे की तरह देखता रहा.

दस साल पहले उसके छोटे-से घर में यही जमीला, यही शीरीं और शहनाज़

थीं. पर घर की एक-एक चीज़, एक-एक बात, एक-एक साँस तक उसके साथ बँधी हुई थी. आज इस घर में वह है, जमीला है, शीरीं और शहनाज़ हैं, पर बन्धनों का एक धागा भी उसके चारों ओर नहीं है.

"अम्मी, वह बूढ़ा फिर फर्श खराब कर रहा है" शहनाज़ जमीला से बोली, "ऐशट्रे पास रखी है फिर भी उसकी बीड़ी की राख फर्श पर गिर रही है."

जमीला को शहनाज़ की बात चुभी, "बेटी, मेहमान के लिए ऐसा नहीं कहते! कोई बात नहीं, फर्श साफ़ हो जाएगा."

शीरीं स्टूडियो जाने के लिए तैयार हो चुकी थी. बैठक में आकर अलमारी से उसने चूड़ियों का एक डिब्बा निकाला और अपनी साड़ी को मैच करने वाली चूड़ियाँ छाँटने लगी. यूनुस बैठा उसे एकटक देखता रहा. उसकी इच्छा हुई, वह शीरीं को बेटी कहकर बुलाए. उसको अपने पास बैठा ले, उससे कुछ बातचीत करे. लेकिन उसे लगा, यह काम बहुत मुश्किल है. उतना ही मुश्किल, जितना किसी अदना सिपाही का किसी शाहज़ादी को बुलाना. वह बैठा साहस संजोता रहा. इतने में शीरीं चूड़ियाँ पहनकर मुड़ी. यूनुस उसे एकटक देख रहा था. शीरीं की नज़र उसकी नज़र से मिली. यूनुस की आँखों में वात्सल्य की तरलता उमड़ आई. शायद इस तरलता का कुछ आभास शीरीं को भी हुआ और वह मुसकरा दी. शीरीं की मुसकराहट यूनुस की नस-नस में बिजली बनकर दौड़ गई. यह अप्रत्याशित सौगात पाकर उसका हृदय तेज़ी से धड़कने लगा. उस झुर्रियों-भरे चेहरे पर आनन्द की रेखा बिखर गई. उसके मुँह से निकल पड़ा, "यह सुबह-सुबह कहाँ जाने को तैयार हो गई बेटी ?" और फिर एक घबराहट उसके चेहरे पर फैल गई. उसे लगा, उसने बहुत बड़ी बात कह दी है.

शीरीं उसी तरह मुसकराती हुई बोली, "शूटिंग पर जा रही हूं." और वह कमरे से बाहर निकल गई. यूनुस को लगा, गहरी प्यास में ठण्डे पानी की कुछ बूंदें उसके मुँह में गिर गई हैं. वह उठा और कमरे में इधर-उधर टहलने लगा. फिर वह शीरीं की एक तस्वीर के सामने रुककर उसे देखने लगा. वहाँ से हटकर वह दूसरी तस्वीर के सामने जा खड़ा हुआ. फिर वह कितनी देर तीसरी को देखता रहा. तीसरी तस्वीर देख चुका तो फिर पहली के सामने आ खड़ा हुआ, फिर दूसरी फिर तीसरी. उसने तस्वीरों के कितने ही चक्कर लगा डाले. उसे लगा, ठण्डे पानी की बूंदों का स्वाद उसके मुँह में बढ़ गया है.

फिर वह अलमारी के पास जा खड़ा हुआ. अलमारी के ऊपर कुछ किताबें रखी हुई थीं. वह उन्हें उठाकर देखने लगा. किताबों पर शहनाज़ का नाम लिखा हुआ था. वह सोफे पर बैठकर उनके पृष्ठ उलटने लगा.

"मेरी किताबें क्यों उठाई ?" यूनुस ने चौंककर देखा. सामने गुस्से से लाल-

पीली शहनाज़ खड़ी थी.

"अम्मी, देखो न, यह बुड्ढा मेरी किताबें खराब कर रहा है." शहनाज़ रुआंसी होकर माँ के कमरे की ओर देखती हुई चिल्लाई.

"अरी क्या है ?" कहती हुई ज़मीला उस कमरे में आ गई. यूनुस हक्का-बक्का-सा देख रहा था. शहनाज़ रोनी आवाज़ में उसी तरह बोले जा रही थी, "देखो न यह बुड्ढा···"

"चुप बदतमीज़ !" जमीला फट-सी पड़ी, 'अपने बाप को ऐसा कहते शर्म नहीं आती ?"

'बाप' शब्द जैसे सारे कमरे में कड़कती हुई बिजली की तरह कौंध गया. जमीला की जैसे सुध-बुध ही मारी गई. यह उसके मुँह से क्या निकल गया ? यूनुस को लगा, कहीं से उड़ता हुआ एक शब्द आया, उसके कानों से टकराया और उसे अनिश्चय के सागर में डुबोकर कहीं चला गया. और शहनाज़ हक्की-बक्की-सी टुकर-टुकर देख रही थी, कभी जमीला को, कभी यूनुस को. फिर उसने एक नज़र भरकर यूनुस को देखा और जमीला से बोली, "यह मेरा बाप है ?"

जमीला संयत हो चुकी थी. उसकी आँखों में नमी-सी व्याप गई थी. बोली, "हां बेटी, ये तेरे बाप हैं."

शहनाज़ ने एक बार फिर यूनुस की ओर देखा और फिर मचल-सी उठी, "नहीं···नहीं, मैं यह बाप नहीं लूँगी···मैं नहीं लूँगी···हां !"

जमीला ने डांटा, "पागल हुई है ?"

शहनाज़ और मचली, 'मैं यह बाप नहीं लूंगी···हाँ···शीरीं को गोरा बाप देती है···अनीस को गोरा बाप देती है और मुझे काला बाप देती हैं. मैं यह काला बाप नहीं लूँगी···नहीं लूंगी."

वह इस तरह फफक-फफककर रोने लगी जैसे उसे, उसके भाई-बहन की तुलना में एक बड़ा घटिया खिलौना दिया जा रहा है, उसके साथ बहुत बड़ा अन्याय किया जा रहा है. उसने यूनुस के हाथों से अपनी किताबें छीन लीं और रोती हुई कमरे से निकल गई.

कमरे की हवा का बोझ बढ़कर जमीला और यूनुस पर हावी हो गया. वे सुन्न-से हो गए फिर जमीला चुपचाप एक कुर्सी पर बैठ गई. पर दोनों में कोई कुछ नहीं बोला.

और वे कितनी देर इसी तरह बैठे रहे.

"ग्वालियर जाने के लिए गाड़ी कितने बजे मिलती है ?"—यूनुस ने पूछा.

"पंजाब मेल तो करीब तीन बजे जाती है और पठानकोट शायद रात को

दस बजे चलती है."—जमीला का संक्षिप्त-सा उत्तर था.

फिर दोनों की नज़रें एक साथ कमरे में लगी घड़ी की ओर उठ गईं. सवा दस बजे थे. घड़ी से हटकर दोनों नज़रों ने एक-दूसरे को देखा.

यूनुस की नज़र ने कहा, "मुझे पंजाब मेल मिल सकती है."

जमीला की नज़र ने कहा, "तुम्हें पंजाब मेल मिल सकती है."

□□

मैमूद

शैलेश मटियानी

बेटे की तरह पाले बकरे को जद्दन अपने सामने कटते-पकते कैसे देख सकती थी ! उसका गोश्त जद्दन के लिए हराम हो जाता है. दूसरी ओर निम्नमध्यवर्गीय मुस्लिम परिवार की मजबूरी है.

महमूद फिर ज़ोर बाँधने लगा, तो जद्दन ने दायाँ कान ऐंठते हुए, उसका मुंह अपनी ओर घुमा लिया. ठीक थुथने पर थप्पड़ मारती हुई बोली, "बहुत मुल्ला-दोपियाजा की-सी दाढ़ी क्या हिलाता है, स्साले ! दूंगी एक कनटाप तो सब शेखी निकल जाएगी. न पिद्दी, न पिद्दी के शोरबे, साले बहुत साँड बने घूमते हैं. ऐ सुलेमान की अम्मा, अब मेरा मूँ क्या देखती है, रोटी-वोटी कुछ ला. तेरा काम तो बन ही गया ना ? देख लेना, कैसे शानदार पठिए देती है ! इसके तो सारे पठिए रंग पर भी इसी के जाते हैं."

अपनी बात पूरी करते-करते, जद्दन ने कान ऐंठना छोड़कर, उसकी गरदन पर हाथ फेरना शुरू कर दिया. अब महमूद भी धीरे-से पलटा और सिर ऊँचा करके जद्दन का कान मुँह में भर लिया, तो वह चिल्ला पड़ी, "अरी ओ सुलेमान की अम्मा, देख तो साले इस शैतान की करतूत जरा अपनी आँखों से ! चुग़द कान ऐंठने का बदला ले रहा है. ऐ मैमूद साले, दाँत न लगाना, नहीं तो तेरी खैर नहीं. अच्छा, ले आई तू रोटियाँ ? अरी ये तो राशन के गेहूँ की नहीं, देसी की दिखती हैं. देखा तूने, हरामी कैसे मेरा कान मूँ में भरे था ? अब तुझे यकीन आएगा, रहीमन ! ये साला तो बिल्कुल इन्सानों की तरह जज़्बाती है."

"जानवर तो गूँगा होता है, शराफ़त की अम्मा ! अलबत्ता इन्सान उसमें अपने जज़्बातों का अक्स जरूर ढूंढ़ता है. तुम तो इस नामुराद बकरे का इतना ख़याल रखती हो, माँ अपनी औलाद का क्या रखती होगी."—रहीमन ने दोनों रोटियाँ जद्दन के हाथ में पकड़ा दी थीं और बकरा अब रोटी के टुकड़े चबाने में व्यस्त हो गया था. एक टुकड़ा वह जब पूरी तरह निगल लेता, तो सिर से जद्दन को अपने सींगों से मलने लगता था. "सब्र नाम की चीज़ तो खुदा ने तुझे किसी भी बात में बख्शी ही नहीं." कहते हुए जद्दन ने फिर अपना रुख रहीमन की ओर कर लिया, "इन्सान जब बूढ़ा हो जाता है, तब कोई ऐसा उसे चाहिए जो उसके 'आ' कहने से आए और 'जा' कहने से जाए. दुनिया वालों की दुनिया जाने, सुले-मान की अम्मा ! मेरा तो एक यह नामुराद ही है, जिस साले को इस खुल्दाबाद की नबी वाली गली से आवाज़ लगाऊँ कि—'मैमूद ! मैमूद ! मैमूद !' तो चुग़द

नखासकोने के कूड़ेखाने पर पहुँचा हुआ पीछे पलटता है और 'बैं-बैं' करता वो दौड़ के आता है मेरी तरफ कि तू जान, सगी औलाद क्या आएगी. बस, साला जब कुनबापरस्ती पे निकलता है, तो मेरी क्या खुदा की भी नहीं सुनेगा.···फिर भी आवाज़ लगा दूं तो एक बार पलट के जरूर 'बैं' कर लेगा, भले ही बाद में अपनी अम्माओं की तरफ दूनी रफ्तार से दौड़ पड़े···.'

अपनी बात पूरी करके जद्दन हँस पड़ी, तो उसके छिदरे और कत्थई रंग के भद्दे दाँतों में एक चमक-सी दिखाई दे गई. जर्जर, टल्ले लगे और बदरंग बुरके में से बुढ़ापे का मारा हुआ चेहरा उघाड़े रहती है जद्दन, तो चुड़ैलों की-सी सूरत निकल आती है.

"जब इसे कसाइयों के निवाले का किस्सा बखानने लगती हो तुम, शराफ़त की अम्मा, मीरगंज वालियों की-सी चमक आ जाती है तुममें !" अपनी काफी दूर निकल चुकी बकरी को एक नज़र टोह लेने के बाद, रहीमन ने मज़ाक किया और खुद भी हँस पड़ी.

"तुम खुद अब कौन-सी जवान रह गई हो, रहीमन ? आखिर तजुर्बेकार औरत हो ! तुम जानो, एक ये बेजुबान जानवर और दूसरे मासूम बच्चे—बस, ये दो हैं, जो इन्सान की उम्र, उसके जिस्म और उसकी खूबसूरती-बदसूरती पे नहीं जाते, बल्कि सिर्फ नेकी-बदी और नफरत-मुहब्बत को पहचानते हैं. हमारे शराफ़त की बन्नो तो तुम्हारी हज़ार बार की देखी हुई है, खूबसूरती और नूर में उसके मुकाबले की हाजी लालमुहम्मद बीड़ी वालों या शेरवानियों के हियाँ भी मुश्किल से मिलेगी, रहीमन !

मगर तू ये जान कि मेरा मैंमूद उसकी शक्ल देखते ही मुंह फेर के पिछाड़ी घुमा देता है. वो बदगुमान कैती है, नाकाबिले-बर्दाश्त बू मारता है और ये कि 'अम्मा, हमारे बच्चों को छोड़ देंगी, लेकिन ये बकरा नहीं छूटेगा.' ···मैं कैती हूँ, तेरी कमसिनी और खूबसूरती पे लानत है. लाख पौडर-इत्र छिड़के तू, मेरा मैंमूद तेरे कहे पे थूक के नहीं देगा.···जानवर और बच्चे तो इन्सान की चमड़ी नहीं, नियत देखते हैं, नियत ! मजाल है कि नवाबजादी के हाथों से एक गस्सा मेरे मैंमूद के मुँह की तरफ चला जाये ! तुझ पे खुदा रहम करेगा, रहीमन ! देखना, पहले तो तीन, नहीं दो पठिए तो कहीं गए ही ना ! ···खुदा कसम, ये रोटियाँ तूने इस नामुराद के नहीं, मेरे पेट में डाल दी हैं.···मुहल्ले वाले तो, बस सरकारी मवेशी समझकर चले आते हैं. ये नहीं होता कमनियतों से कि दो रोटियाँ या मुट्ठी-भर दाना भी साथ लेती आएँ. अरे भई, मैंमूद जो धूप में खेल के वापस आने वाले मासूम बच्चों की तरे मुरझा जाता है, ये तो सिर्फ़ जद्दन को ही दिखाई देता है या ऊपर वाले खुदा को. तू जान, पिछले बरस की बक़रीद के आस-पास पैदा हुआ था. अब याददाश्त कमजोर पड़ चुकी, लेकिन शायद, ये ही जुम्मे

या जुमेरात के रोज़ पैदा हुआ होगा साल ऊपर साढ़े तीन महीने का हो लिया."

जद्दन महमूद की पीठ पर हाथ फेरते हुए, खटोले से उठ खड़ी हुई थी कहते हुए, "अच्छा, सुलेमान की अम्मा, चलूँगी. शराफत के अब्बा की दुपेर की नमाज़ का वक्त हो रहा है. सुना है, आज शहनाज के अब्बा लोग आने वाले हैं रायबरेली से···" तभी रहीमन ने कहा, "तुम सवा-डेढ़ साल का बताती हो, मगर इसके रान-पुट्ठे देख के कोई तीन से नीचे का नहीं कूतेगा ! बीस-पच्चीस सेर से कम गोश्त नहीं निकलेगा इस बकरे में. लगता है, तुमने रोटी दाने के सिवा घास से परवरिश की ही नहीं !"

हालांकि रहीमन ने सारी बातें महमूद की प्रशंसा में कही थीं, लेकिन जद्दन का पूरा चेहरा त्यौरियों की तरह चढ़ गया, "अरी ओ रहीमन, आग लगे तेरे मुँह में. मतलब निकल गया तेरा, तो मेरे मैमूद का गोश्त तौलने बैठ गई ? तेरा खाविन्द तो बढ़ई है री, ये कसाइयों की घरवालियों की-सी बातें कहाँ से सीखी हो ? या खुदा, हया और रहम नाम की चीज इन्सानों में रही ही ना ! गोश्त-खोरों की नजर और कसाई की छुरी में कोई फर्क थोड़े ना होता है ! अरी रहीमन, कहे देती हूँ—आगे से ऐसी बेहूदी बातें ना करना और आइन्दे से अपनी बकरी कहीं दूसरी जगे ले जाना. कोई सुसरा पूरे खुल्दाबाद में मेरा एक मैमूद ही थोड़े ठीका लिये बैठा है···."

"अरी जद्दन, अब बड़े घरानों की बेगमों के-से तेवर ना दिखाओ ! बकरा न हो गया सुसरा, हातिमताई हो गया तुमारे वास्ते !" रहीमन ने भी झिड़क दिया और व्यंग्य-भरी आवाज में बोली, "वो जो एक मुहावरा है, तुमने भी तो सुना होगा···बकरे की अम्मा आखिर कब तक दुआएं करेगी ? और जद्दन, सुनाने वाले को सुनना भी सीखना ही चाहिए. हमसे पूछो तो हकीकत ये है कि तुम्हारे तो औलाद नहीं. सौतेलों को न तुमने कलेजे के करीब आने दिया, और ना उन नामुरादों से तुम्हारे सीने में दूध उतारा गया. बस, ये ही वजह है कि तुम इस दाढ़ी-जार बकरे को 'मेरा मैमूद, मेरा मैमूद!' पुकार के अपनी जलन बुझाती हो···"

जद्दन आगे बढ़ती हुई ऐसे रुक गई, जैसे बिच्छू ने काट लिया हो ! उसका चेहरा गुस्से में तमतमाने के बाद, लाचारगी से स्याह पड़ गया, "रहीमन, जो जी तूने मेरा दुखाया है, खुदा तुझे समझेगा. और रै गया 'बकरे की अम्मा' वाला मुहावरा, तो इन्सान की अम्मा की ही दुआ कहाँ बहुत लम्बे तक असर करती है? करती होती, तो तेरा बड़ा बेटा सुलेमान आज जवान हो चुका होता और तू सिर्फ नामकी 'सुलेमान की अम्मा' ना रह जाती ! एक लमहा चुप कर, रहीमन ! खुदा मुझे माफ करे, मैं तेरे ऊपर बीते का मजाक उड़ाना नहीं चाहती थी—सिर्फ इतना कैना चाहती हूँ, दर्द इन्सान को अपने जज़्बातों का होता है. जिससे जज़्बाती रिश्ता न हो, उसका काहे का स्यापा ?··· सुलेमान की अम्मा, इतना मैं भी

जानती हूँ कि बकरे ने आखिर कटना ही कटना है. कसाइयों से कौन-सा बकरा बचा आज तलक ?···मगर मेरी इतनी इल्तजा जरूर है उस···परवरदिगार से —मेरी नजरों के सामने ना कटे. ···शराफत के अब्बा से कै भी चुकी हूँ, इस नामुराद को जब बेचने लगो, तो पहले तो शहर का—कम-से-कम मोहल्ले का फासला जरूर रखना. ···और वो तेरी बात मैं जरूर माने लेती हूँ कि खुदा के यहाँ बकरे की अम्मा की दुआ बहरे के कानों में अजान है. ये भी ठीक है, सौतेलों ने मुझे सगी अम्मा की-सी इज्जत नहीं बख्शी, ये कैना सरासर झूठ बोल के दोजख में जाना होगा···मगर मुहब्बत जो मुझे इस जानवर ने दी, अम्मा-अब्बा ने दी होगी, तो दी होगी."

रहीमन से कोई उत्तर बन नहीं पाया. वह सिर्फ यह देखती रह गई कि जद्दन ने बुर्के के पल्लू से अपनी आँखें पोंछीं और बकरे की पीठ थपथापाती हुई, अपने घर की तरफ बढ़ गई.

जद्दन जब तक घर पहुँची, अशरफ नमाज पर बैठ चुके थे.

पाखाने की बगल की संकरी कोठरी में बकरे को बन्द करते हुए, जद्दन बोली, "शराफत के अब्बा दुपेर की नमाज पर बैठ चुके ! अब तू कहाँ मारा-मारा फिरेगा ! शाम के वक्त निकालूँगी. इस साल तो अभी से लू चलने लगी."

खाने पर बैठे, तो अशरफ बोले, "शराफत की अम्मा, रायबरेली वालों का संदेशा आया था, तुम्हें मालूम ही होगा. हम लोग तो तंगदस्ती में चल रहे हैं, मगर मेहमानों के सामने तो अपना रोना रोया नहीं जाता. इज्जत देखनी पड़ती है. शराफ़त और ज़हीर से बात हुई थी. लड़के ठीक ही कह रहे थे कि अब्बा बाजार में दस रुपये किलो का भाव है. पाँच-छः जने शहनाज़ की पीहर से रहेंगे और भले-बुरे में दस-पाँच अपनी आपसदारी के लोगों को बुलाना जरूरी-सा होता है. दूसरों की दावत खाते हैं, तो अपनी शर्म रखनी ही पड़ेगी. शराफत तो यही कहता था कि अम्मा से पूछ के देख लें. तुम्हारे बकरे कटवा लेते, तो घर की चीज घर में काम आ जाती. बाजार में तो चालीस-पचास से कम की ठुकेगी नहीं. रोगनजोश उबाल देने से तो काम चलेगा नहीं. कबाब और कोफ्ते बड़ी बहुत अच्छे बनाती हैं. पिछले बरस जब हम लोग रायबरेली गए थे, शहनाज के अब्बा ने दो तो बकरे ही कटवा दिये थे और मुर्ग़ियों की गिनती कौन करे. चार-पाँच दिन कुल जमा रहे होंगे, गोश्त खा-खाकर अफारा हो गया. गरीब हम लोग उनके मुकाबले में जरूर हैं, लेकिन जरूरी नहीं कि अपनी कमनियती का सबूत भी दें."

अशरफ भूमिका बाँधते जा रहे थे और जद्दन का चेहरा खिंचता जा रहा था. घर के सभी जानते थे कि अम्मा से बकरे को निकालना इतना आसान नहीं

होगा. अशरफ जब बातें कर रहे थे, शहनाज़ चुपके-चुपके अपने बच्चे को पुलाव खिला रही थी और सहम रही थी कि कहीं अम्मा आसमान की तरह न फट पड़े. मुँह उसका दूसरी ओर था लेकिन कान जद्दन की ओर लगे हुए थे. ज्यों ही जद्दन ने धीमी लेकिन कड़वी आवाज में कहा कि 'शराफत की लैला तो मेरे मैमूद की जान को आ गयी है···.'शहनाज दबे स्वर में बोली, "अम्मा, ये तोहमत हमें ना दीजिए. ये बैठे हैं सामने, पूछ लीजिए, हम तो लगातार मने करते रहे हैं कि अम्मा बहुत जज़्बाती हैं, उनको कोई न छेड़े.···खुराफातें ये करेंगे और अम्मा का गुस्सा अपने बेटों की जगह, हम बेकसूरों पर गिरेगा."

शहनाज़ के कहने में कुछ ऐसी विनम्रता और सम्मान की भावना थी कि जद्दन का रुख बदल गया, 'शराफत के अब्बा, बकरे को मैंने कोई छाती पे बाँध के थोड़े ले जाना है ? रहीमन ठीक ही तो कैती थी कि जद्दन आपा, बकरे की माँ कहाँ तक खैर मना सकती है ?···मेरी ख्वाहिश तो सिर्फ इतनी है कि इस साले नामुराद जानवर के उठने-बैठने, हगने-मूतने की बातें भी मेरी याददाश्त का हिस्सा बन गई हैं. छोटा मेमना था, तब तुम लोगों ने ही खुद देखा और हजार बार टोका है कि अम्मा बकरे को औलाद की तरह साथ सुलाती हैं. क्या करती, सर्दी इतनी पड़ती थी और बिना माँ का ये बच्चा था !···खैर मेरी तो इतनी-सी सलाह है कि मेहमान आएँ, तो उनकी इज्जत हमारी इज़्ज़त है. जहीर से कहिए, कहीं उधर कटरे-कंडैलगंज की तरफ के कसाइयों के हाथ बेच आए और इसके पैसों से चाहे फिर गोश्त ले आए, या दूसरा बकरा खरीद लाए. इसका तो गोश्त भी बू मारेगा. और, खुदा जानता है, मैंने तो अपना जी अब खुद ही कसाइयों-सा बना लिया है कि इस हरामजादे को तो कटना ही है, मैं ही उल्लू की पट्ठी थी, जो इसको खुराक देकर गोश्तखोरों के लिए मोटा करती रही."

हालाँकि सारी बातें जद्दन ने काफी ठण्डे स्वर में और उदासीनता बरतते हुए कही थीं, लेकिन सभी जानते थे कि क्रुद्धता उसके जिस्म में इस समय खून की तरह दौड़ रही होगी.

अपनी हताशा और उदासीनता को कमरे में पतझर के पत्तों की तरह गिराती हुई-सी जद्दन उठ खड़ी हुई, तो शहनाज बोली, 'बकरे का गोश्त बू देगा, यह कहने के पीछे अम्मा का खास मकसद है. आप इन लोगों से कह दीजियेगा कि अम्मा से जिद न करें."

अशरफ मियाँ ने एक लम्बी साँस ली और बोले, "इसको देखता हूँ, तो बीते हुए दिन याद आने लगते हैं. शराफत और जहीर जब छोटे थे, तभी बड़ी चली गई थी. इसने हम लोगों को कभी इस बात का अहसास ही नहीं होने दिया कि बूढ़े की बीवी मर गई है, या बच्चों की अम्मा ! तुम लोग तो अब देख रही हो, अब न इसमें आब रही, न ताब ! बकरा कट ही जाए, तो अच्छा है. मार पागलों

की तरह धूप में मारी-मारी फिरती हैं. वह सुसरा कभी एक ठिकाने तो रहता नहीं. कटे, तो थोड़े दिन हाय-तौबा कर लेगी और क्या ! रोज-रोज की फज़ीहत तो दूर होगी. देखना,मेहमानों के सामने अम्मा यों टल्ले लगा बुरका पहने न चली आयें ! वक्त की मार भी क्या मार है ! देखती हो, अधखाया करके उठ गई. जब तुम लोगों की उम्र की थीं, तब बासमती की किस्में देखी जाती थीं कि ज़र्दा-पुलाव के लिए बारीक वाली बासमती हो. अब ये राशन के चावलों को पीला करना तो हल्दी की बेइज़्ज़ती करना है."

इसी वक्त बड़ा बेटा जहीर आ गया, तो उसको सारी स्थिति बताई गई. वह लापरवाही के साथ बोला, "आप लोग बेकार में बात बढ़ाए जाते हैं. अम्मा को मैं समझा लूंगा. अब ये कोई उनकी बकरे के पीछे दौड़ने की उम्र है ? सड़क पर भागती दीखती हैं, तो शर्मशार होके रह जाते हैं हम लोग. भूखी-प्यासी और फटेहाल दौड़ी चली जाएँगी, 'मैमूद !' चिल्लाती. हमें तो कोई बहाना नहीं मिलता था. मेहमानों के लिए काट देंगे, तो थोड़ी खरी-खोटी सुना के, आखिर चुप लगा जाएँगी. मेरी मानिए, तो सलीम कसाई को बुलवा लें ताकि मेहमानों के आने से पहले वह खाल उतार कर, कीमा कूट के रख दे. रानें पुलाव में डलवा दीजिए और इस वक्त के गोट में सीना-चाप-गर्दन की बोटियाँ ठीक रहेंगी. जो खातिर घर की चीज से हो सकती है, बाजार से दो-ढाई सौ में भी नहीं होंगी. जुबैद की अम्मा भी यही कहती थीं कि सोला रुपये वो देंगी, तीस-बत्तीस रुपये शायद, ये शहनाज भी देने वाली थीं कि 'अम्मा अपने बेटों को तो बख्श देंगी, हमें नहीं.' अब इन बेवकूफों को कौन समझाए कि दो किलो घासलेट और तेल-मसाला करते-करते सौ रुपये निकल जाएँगे. राशन का चावल तो मेहमानों के लिए पुलाव में इस्तेमाल होगा नहीं और ढंग की बासमती साढ़े चार-पाँच से कमती की सेर नहीं. इन्सान को अपना वक्त और सहूलियत देख के चलना चाहिए जज़्बातों पर चलने के दिन लद गये."

"कहते ठीक हो बेटे ! मेरी भी राय यही है. जरा तुम अम्मा से मिलकर, ऊँच-नीच समझा दो. जिद्दी जरूर है लेकिन नासमझ नहीं." कहते हुए अशरफ मियाँ उठ खड़े हुए, तो उनके घुटनों के चटखने की आवाज़ साफ-साफ सुनाई दे गई. जहीर की घरवाली यह कहते हुए उठ खड़ी हुई कि 'तुम लोग शुरू करो, मैं जरा अब्बा हुज़ूर के हाथ धुलवा दूं."

खाना खा चुकने पर जहीर सीधे भीतर के कमरे में गया कि अम्मा सोई होंगी, लेकिन शहनाज ने बताया, "यों कहकर निकल गई हैं कि जरा रिजवी साहब के घर तक जाएंगी. उनके घर पिछले हफ्ते गमी हो गई थी. कहकर गई हैं कि शायद, शाम हो जाए, देर से ही लौटेंगी. मेरा ख्याल है, अम्मा ने समझ लिया है

कि अब बकरा बचता नहीं. गमी में शरीक होना तो एक बहाना है. घर से दूर रहना चाहती होंगी."

शहनाज धीमे-से हँसना चाहती थी लेकिन सिर्फ उदास होकर रह गई.

जहीर ने बाहर निकल कर अपने ग्यारह-बारह साल के बड़े लड़के से कहा, "जुबैद, जरा सलीम को बुलाकर लाइओ. मेहमानों के आने तक में सफाई हो जाये, तो ही ठीक है. जुबैद की अम्मा, भई तुम लोग जरा बाहर वाला कमरा मेहमानों के लिए ठीक-ठाक कर देना. शहनाज के अब्बा लोगों को किसी तरह की कमी की शिकायत न हो. बेचारे हर फसल पर चले आते हैं और हर बात का लिहाज रखते हैं. खुद तुम्हारे साथ अपनी सगी बेटी से ज्यादा मुहब्बत का बर्ताव करते हैं. तुम दोनों जने प्याज और मसाले वगैरा पीस कर तैयार कर लेना. बाकी बाजार का सामान शराफत लेता आयेगा. सलीम आ जाए, तो उससे कह देना, गंद जरा-सी भी न छूटे आँगन में. पोंछा लगवा लेना. खून के धब्बे वगैरा देखेंगी, तो अम्मा और बिगड़ेंगी. तुम लोगों से कुछ कहने लगें, तो कह देना, जुबैद के अब्बा ने जबर्दस्ती कटवा दिया, मैं उन्हें समझा दूंगा."

शाम की जगह घड़ी-भर रात बीत चुकने के अहसास के बाद ही, जद्दन वापस लौटी और गली में से होते हुए, घर के पीछे वाले संकरे आँगन में निकल गई. खटोला गिराकर उस पर लेट गई और आस-पास के नीम-अँधेरे में अपने-आपको छिपा लेने की कोशिश में, आँखें बन्द कर लीं.

मेहमान आ चुके थे और उनके तथा आपस के लोगों की बातचीत यहाँ पिछवाड़े भी सुनाई दे रही थी. छोटे बच्चों को बाहर लेकर आई, तो शहनाज ने देखा, और करीब आकर, पाँव दबाती हुई बोली, "अब्बा आ गये हैं. आते ही आपकी बाबत पूछ रहे थे कि अम्मा ने पुछवाया है, कैसी हैं. कभी रायबरेली की तरफ की इल्तजा करवा रही हैं. मैंने भी अब्बा से कहा है कि अब की बार मैं अम्मा के साथ ही आऊँगी. अम्मा, तुम खाना कहाँ खाओगी ? मेहमानों का दस्तरखान तो वहीं बाहर बैठके में बिछेगा. जल्दी खा-पी लेने की बात कर रहे थे सभी लोग. कोई मजहबी किस्म की फिल्म शहर में कहीं लगी हुई है···!"

"मेरे लिए दो रोटियाँ यहीं भिजवा देना. और याद रखो, गोश्त-वोश्त या कबाब-पुलाव कुछ ना भिजवाना. मेरा न जी ठीक है, न पेट. जुबैद को जरा भेज देना, मैं उससे कुछ मँगवा लूंगी. तुम सब लोग आराम से खाओ-पिओ. मेरी फिक्र ना करना. अब तो कोई सर्दी न रही. मैं यहीं सो जाऊँगी. अपने अब्बा हुजूर से मेरा सलाम कैना और कैना कि सुबह दुआ-सलाम होगी, अभी अम्मा का जी ठीक नहीं."

शहनाज ने अनुभव किया कि जद्दन की आवाज़ मरते वक्त की-सी हो आई

है. निहायत हल्की और बेजान. वह चाहती थी कि कुछ बातें करके, उसकी उदासीनता को कम करने की कोशिश करे, लेकिन इस डर से चुप रह गई कि कहीं अन्दर इकट्ठा किया हुआ दुःख गुस्से की शक्ल में बाहर फूट आया तो पूरे घर का वातावरण बदल जाएगा. आज के वक्त को यों ही टल जाने देना अच्छा है.

वापस लौटकर उसने बताया, तो जहीर और अशरफ मियाँ, दोनों ने मुँह बिरा लिया.

"हम लोगों ने तो हरचन्द यही कोशिश की है कि कहीं से उस नामुराद बकरे की कोई चीज अम्मा को दीखे ही नहीं. वो तो इतनी संजीदा हो गई हैं, जैसे बकरे का हलाल किया हुआ सर आँगन में टँगा हुआ हो. कह रही थीं, गोश्त-पुलाव वगैरा कुछ मत भेजना." शहनाज ने कहा, तो अशरफ मियाँ उठ खड़े हुए. बोले, "जब उसे खिलाना हो, हमें बुला लेना. क्यों, भई जुबैद, तुम कहाँ तशरीफ ले जा रहे हो ? जरा बैठक में मेहमानों के करीब रहो."

"चाचा जी ने पिछवाड़े भेजा था, बड़ी अम्मा के पास. उन्होंने चार आने हमें दिए हैं कि जाओ शम्भू पण्डत की दूकान से आलू की सब्जी ले आओ."

"अबे, इधर ला चवन्नी. जा मेहमानों को पानी-वानी पूछना. अम्मा को हम देख लेंगे. शहनाज बेटे, ऐसा करो—एक थाली में पुलाव और बड़े कटोरे में गोश्त लगाकर हमें दे दो. हम ले जाकर समझा देंगे. वाकई, बहुत बेवकूफ किस्म की औरत है. जहीर, तुम बाहर बैठके में दस्तरखान बिछवाने में लगो. शराफत के अलावा और एक-दो लड़कों को साथ ले लो."

पुलाव की थाली और गोश्त का कटोरा शहनाज ने ही पहुँचा दिया. खटोले की बगल में रख कर, पानी लाने के बहाने तुरन्त लौट आई. अशरफ मियाँ ने करीब जा माथा छूआ और बोले, "क्यों भई, ऐसे क्यों लेटी हो ? तबीयत तो ठीक है ना ? अरी सुनो, सारे किए-कराए पर मिट्टी न डालो. तुम रुँवासा रहोगी तो सारी मेहमानबाजी फीकी पड़ जाएगी. सारा घर कबाब-गोश्त उड़ाये और तुम उस शम्भू पण्डत के यहाँ के पानी वाले आलू मँगवाओ, ये तो हम लोगों को जूती मारने के बरोबर है.···ऐसी भी क्या बात हो गई, जो तुमने खटिया पकड़ ली ? गोश्त से तुम्हें कभी परहेज रहा नहीं. बिना शोरबे के रोटी गले के नीचे तुम्हारे उतरती नहीं. अब इस हद तक जज़्बाती बनने से तो कोई फायदा नहीं. आखिर जिन बकरों का गोश्त तुम आज तक खाती आई हो, उनके कोई चार सींग तो थे नहीं···लो, शहनाज़ खाना दे गई है. गोश्त वाकई बहुत लज्जतदार बना है. जहीर तो दूसरा बकरा भी ढूँढ़ने गया था मगर लौटकर यही कहने लगा कि 'अब्बा, अपना बेचने जाओ तो सौ के पचास देंगे व दूसरों का खरीदने जाओ, तो पचास के सौ माँगेंगे, तुम तो घर की इस वक्त जो अन्दरूनी हालत है, जानती ही हो.···"

जद्दन ऐसे उठी, जैसे कब्रिस्तान में गड़ा हुआ मुर्दा खड़ा हो रहा हो. तीखी

आँखों से अशरफ मियाँ की ओर उसने देखा और आवाज़ मेहमानों तक न पहुँचे, इस तरह दबा कर बोली, "जहीर के अब्बा, नसीहतें देने आये हो ? मेरी तकलीफ तुम लोग समझोगे ? रिजवी के यहाँ घण्टों पड़ी रही हूँ, तो कैसे यही मेरे तसव्वुर में आता रहा कि अब तुम लोग मेरे मैमूद के सिर को धड़ से कैसे जुदा कर रहे होगे—कैसे उसकी खाल खींच रहे होगे—कैसे उसका गोश्त पका रहे होगे—जार-जार रोती रही हूँ और रिजवी की बीवी यूँ समझ के मुझे समझाए जा रही है कि मैं उसके बदनसीब भाई की बेवक्त की मौत पे रो रही हूँ. आज ससुरा सवेरे-सवेरे से बार-बार कान मुँह में भरे जाता था और मैं थूथना पकड़ कर, धक्का दे देती थी. मैं क्या जानूँ कि बदनसीब चुपके-से कान में यही कैना चाहता है कि अम्मा आज हम चले जाएँगे.··· तुम लोग समझोगे मेरी तकलीफ कि कैसे मेरे लबों पर 'मैमूद' की सदा आएगी और खत्म हो जाएगी ?"

जद्दन काफी देर तक फूट-फूटकर रोती रही और अशरफ मियाँ हक्का-बक्का बैठे रहे. उनकी समझ में नहीं आ रहा था कि स्थिति अब सम्भले कैसे ! आखिर उन्होंने यही तय किया कि चुपचाप खाना उठा ले जाना ही ठीक रहेगा.

वो थाली-कटोरा उठाते कि जद्दन ज़हरबुझी आवाज़ में बोल उठी, "तुम बेदर्दी से ये भी ना हुआ कि मैं अव्वल दर्ज़े की गोश्तखोर औरत जब कै रही हूँ कि 'बेटे शहनाज, हमें गोश्त-वोश्त ना देना.' तो इसकी कोई तो वजह होगी ? और जहीर के अब्बा, इंसान दाढ़ी बढ़ा लेने से ही पीर नहीं हो जाता. तुम ये मुझे क्या नसीहत दोगे कि सभी बकरों के दो सींग होते है ? इतना तो नादीदा भी जानता है. दुनिया में तो सारे इंसान भी खुदा ने दो सींग वाले बकरों की तरह दो हाथ, दो पाँव वाले बनाए हैं ! लेकिन औरत तो तभी रांड होती है, जब उसका अपना खसम मरता है ! अम्मा तो तभी अपनी छाती कूटती है, जब उससे उसका अपना बच्चा जुदा होता है !··· ये मैं भी जानती हूँ कि मेरे मैमूद में कोई सुर्खाब के पर नहीं लगे थे, मगर इतना मैं जानती हूँ कि मेरी तकलीफ जितनी वह बदनसीब समझता था, न तुम समझोगे, न तुम्हारे बेटे···! समझते होते, तो क्या किसी हकीम ने बताया था कि मेहमानों को इसी बकरे का गोश्त खिलाना और तुम भी भकोसना, नहीं तो नजला-जुकाम हो जाएगा ? जहीर के अब्बा, उसूलों का तुम पे टोरा नहीं, मगर इस वक्त अब हमें बहुत जलील न करो. शहनाज से कहो, उठा ले जाये, नहीं तो फेंक दूँगी उधर ! जुबैद से कह देना, अब पण्डत के हियाँ से सब्जी लाने की भी कोई जरूरत ना रही. मेरा पेट तो तुम लोगों की नसीहतों से ही भर चुका."

अशरफ मियाँ नीचे झुके और थाली-कटोरा उठाते हुए, वापस आ गये, "लो बेटे, रखो ! जिद्दी औरत को समझाना तो खुदा के बस का भी नहीं. उसे उसके हाल पर छोड़, मेहमानों की फिक्र करो."

□□

मलबे का मालिक

मोहन राकेश

देश-विभाजन की बर्बादी—क़त्लेआम, लूटमार, अपहरण आगज़नी की कहानी साढ़े सात साल बाद जब पाकिस्तान से आकर ग़नी बाँसा बाज़ार अमृतसर के अपने मकान की टोह लेता है तो उसे मलबे के सिवा कुछ नहीं मिलता.

साढ़े सात साल के बाद वे लोग लाहौर से अमृतसर आये थे. हाकी का मैच देखने का तो बहाना ही था, उन्हें ज्यादा चाव उन घरों और बाज़ारों को फिर से देखने का था जो साढ़े सात साल पहले उनके लिये पराये हो गए थे. हर सड़क पर मुसलमानों की कोई-न-कोई टोली घूमती नजर आ जाती थी. उनकी आँखें इस आग्रह के साथ वहाँ की हर चीज को देख रही थीं, जैसे वह शहर साधारण शहर न होकर एक अच्छा-खासा आकर्षण-केन्द्र हो.

तंग बाजारों में से गुजरते हुए वे एक-दूसरे को पुरानी चीजों की याद दिला रहे थे—देख—फतहदीना, मिसरी बाज़ार में अब मिसरी की दुकानें पहले से अब कितनी कम रह गई हैं ! उस नुक्कड़ पर सुक्खी भटियारिन की भट्ठी थी, जहाँ अब वह पान वाला बैठा है.—यह नमक-मण्डी देख लो, खान साहब ! यहाँ की एक-एक लालाइन वह नमकीन होती है कि बस—!

बहुत दिनों के बाद बाजारों में तुर्रेदार पगड़ियाँ और लाल तुरकी टोपियाँ नजर आ रही थीं. लाहौर से आए मुसलमानों में काफी संख्या ऐसे लोगों की थी जिन्हें विभाजन के समय मजबूर होकर अमृतसर से जाना पड़ा था. साढ़े सात साल में आये अनिवार्य परिवर्तनों को देखकर कहीं उनकी आँखों में हैरानी भर जाती और कहीं अफसोस घिर आता—वल्लाह ! कटरा जयमल सिंह इतना चौड़ा कैसे हो गया ? क्या इस तरफ के सब-के-सब मकान जल गए थे ?—यहाँ हकीम आसिफअली की दुकान थी न ? यहाँ एक मोची ने कब्जा कर रखा है !

और कहीं-कहीं ऐसे भी वाक्य सुनायी दे जाते—वली, यह मस्जिद ज्यों-की-त्यों खड़ी है ? इन लोगों ने इसका गुरुद्वारा नहीं बना दिया ?

जिस रास्ते से भी पाकिस्तानियों की टोली गुजरती, शहर के लोग उत्सुकता-पूर्वक उस तरफ देखते रहते. कुछ लोग अब भी मुसलमानों को आते देखकर आशंकित-से रास्ते से हट जाते, जबकि दूसरे आगे बढ़कर उनसे बगलगीर होने लगते. ज्यादातर वे आगन्तुकों से ऐसे-ऐसे सवाल पूछते, कि आजकल लाहौर का क्या हाल है ? अनारकली में अब पहले जितनी रौनक होती है या नहीं ? सुना है, शाहआलमी गेट का बाज़ार पूरा नया बना है ? कृष्णनगर में तो

कोई खास तबदीली नहीं आयी ? वहां का रिश्वतपुरा क्या वाकई रिश्वत के पैसे से बना है ? कहते हैं, पाकिस्तान में अब बुर्का बिल्कुल उड़ गया है, यह ठीक है न? सवालों में इतनी आत्मीयता झलकती थी कि लगता था, लाहौर एक शहर नहीं, हजारों लोगों का सगा सम्बन्धी है, जिसके हाल जानने के लिये वे उत्सुक हैं. लाहौर से आये लोग उस दिन शहर-भर के मेहमान थे जिनसे मिलकर और बातें करके लोगों को बहुत खुशी हो रही थी.

बाजार बाँसा अमृतसर का एक उजड़ा-सा बाजार है, जहाँ विभाजन से पहले ज्यादातर निचले तबके के मुसलमान रहते थे. वहाँ ज्यादातर बाँसों और शहतीरों की ही दुकानें थीं जो सब-की-सब एक ही आग में जल गयी थीं. बाजार बाँसा की वह आग अमृतसर की सबसे भयानक आग थी जिससे कुछ देर के लिए तो सारे शहर के जल जाने का अन्देशा पैदा हो गया था. बाजार बाँसा के आस-पास के कई मुहल्लों को तो उस आग ने अपनी लपेट में ले ही लिया था. खैर, किसी तरह वह आग काबू में आ गयी थी, पर उसमें मुसलमानों के एक-एक घर के साथ हिन्दुओं के भी चार-चार छः-छः घर जलकर राख हो गये थे. अब साढ़े सात साल में उनमें से कई इमारतें फिर खड़ी हो गयी थीं. मगर जगह-जगह मलबे के ढेर अब भी मौजूद थे ! नयी इमारतों के बीच-बीच वे मलबे के ढेर एक अजीब वातावरण प्रस्तुत करते थे.

बाजार बाँसा में उस दिन भी चहल-पहल नहीं थी क्योंकि बाजार के रहने वाले ज्यादातर लोग तो अपने मकानों के साथ ही शहीद हो गए थे. और जो बचकर चले गये थे, उनमें से शायद किसी में भी लौटकर आने की हिम्मत नहीं रही थी. सिर्फ एक दुबला-पतला बुड्ढा मुसलमान ही उस दिन उस वीरान बाजार में आया और वहाँ की नयी और जली हुई इमारतों को देखकर जैसे भूतभुलैयाँ में पड़ गया. बाँयी तरफ जाने वाली गली के पास पहुँचकर उसके पैर अन्दर मुड़ने को हुए, मगर फिर वह हिचकिचाकर वहाँ बाहर ही खड़ा रह गया. जैसे उसे विश्वास नहीं हुआ कि वह वही गली है जिसमें वह जाना चाहता है. गली में एक तरफ कुछ बच्चे कीड़ी-काड़ा खेल रहे थे और कुछ फासले पर दो स्त्रियाँ ऊँची आवाज में चीखती हुई एक-दूसरी को गालियाँ दे रही थीं.

"सबकुछ बदल गया, मगर बोलियाँ नहीं बदलीं." बुड्ढे मुसलमान ने धीमे स्वर में अपने से कहा और छड़ी का सहारा लिए खड़ा रहा. उसके घुटने पाजामे से बाहर को निकल रहे थे. घुटनों से थोड़ा ऊपर शेरवानी में तीन-चार पैबन्द लगे थे. गली से एक बच्चा रोता हुआ बाहर आ रहा था. उसने उसे पुचकारा, "इधर आ, बेटे. आ, तुझे चिज्जी देंगे, आ." और अपनी जेब में हाथ डालकर उसे देने के लिए कोई चीज ढूँढने लगा. बच्चा एकक्षण के लिए चुप कर गया, लेकिन फिर उसी तरह होंठ बिसूर कर रोने लगा. एक सोलह-सत्रह साल कीलड़की गली के

अन्दर से दौड़ती हुई आयी और बच्चे को बाँह से पकड़ कर गली में ले चली. बच्चा रोने के साथ-साथ अब अपनी बाँह छुड़ाने के लिए मचलने लगा. लड़की ने उसे अपनी बाँहों में उठाकर साथ सटा लिया और उसका मुँह चूमती हुई बोली, "चुप कर, खसम-खाने. रोयेगा तो वह मुसलमान पकड़ कर ले जाएगा. कह रही हूँ, चुप कर."

बुड्ढे मुसलमान ने बच्चे को देने के लिए जो पैसा निकाला था, वह उसने वापस जेब में रख लिया ! सिर से टोपी उतारकर वहाँ थोड़ा खुजलाया और टोपी अपनी बगल में दबा ली. उसका गला खुश्क हो रहा था और घुटने थोड़ा काँप रहे थे. उसने गली के बाहर की एक बन्द दुकान के तख्ते का सहारा ले लिया और टोपी फिर से सिर पर लगा ली. गली के सामने जहाँ पहले ऊँचेऊँचे शहतीर रखे रहते थे, वहाँ अब एक तिमंजिला मकान खड़ा था. सामने बिजली के तार पर दो मोटी-मोटी चीलें बिल्कुल जड़-सी बैठी थीं बिजली के खंम्भे के पास थोड़ी धूप थी. वह कई पल धूप में उड़ते जर्रों को देखता रहा ! फिर उसके मुँह से निकला, "या मालिक !"

एक नवयुवक चाबियों का गुच्छा घुमाता गली की तरफ आया. बुड्ढे को वहाँ खड़े देखकर उसने पूछा, "मियाँजी, यहाँ किस लिए खड़े हैं ?"

बुड्ढे मुसलमान की छाती और बाहों में हल्की-सी कंपकंपी महसूस हुई. उसने होंठों पर जबान फेरी और नवयुवक को ध्यान से देखते हुए कहा, "बेटे तेरा नाम मनोरी है न ?"

नवयुवक ने चाबियों के गुच्छे को हिलाना बन्द करके अपनी मुट्ठी में ले लिया और कुछ आश्चर्य के साथ पूछा, "आपको मेरा नाम कैसे मालूम है ?"

"साढ़े सात साल पहले तू इतना-सा था !" कहकर बुड्ढे ने मुसकराने की कोशिश की.

"आप आज पाकिस्तान से आये हैं ?"

"हाँ ! पहले हम इसी गली में रहते थे" बुड्ढे ने कहा, "मेरा लड़का चिराग़-दीन तुम लोगों का दर्जी था. तकसीम से छः महीने पहले हम लोगों ने यहाँ अपना नया मकान बनवाया था."

"ओ, गनी मियाँ !" मनोरी ने पहचानकर कहा.

"हाँ बेटे, मैं तुम लोगों का ग़नी मियाँ हूँ. चिराग़ और उसके बीवी-बच्चे तो अब मुझे मिल ही नहीं सकते, मगर मैंने सोचा कि एक बार मकान की ही सूरत देख लूं." बुड्ढे ने टोपी उतार कर सिर पर हाथ फेरा, और अपने आँसुओं को बहने से रोक लिया.

"तुम तो शायद काफी पहले यहाँ से चले गए थे," मनोरी के स्वर में संवेदना भर आयी.

"हाँ, बेटे, यह मेरी बदबख़्ती थी कि मैं अकेला पहले निकलकर चला गया था. यहाँ रहता, तो उनके साथ मैं भी"—कहते हुए उसे एहसास हो आया कि यह बात उसे नहीं कहनी चाहिये. उसने बात को मुँह में रोक लिया, पर आँखों में आये आँसुओं को नीचे बह जाने दिया.

"छोड़ो गनी मियाँ, अब उन बातों को सोचने में क्या रक्खा है ?" मनोरी ने गनी की बाँह अपने हाथ में ले ली. "चलो तुम्हें तुम्हारा घर दिखा दूं."

गली में खबर इस तरह फैली थी कि गली के बाहर एक मुसलमान खड़ा है जो रामदासी के लड़के को उठाने जा रहा था.—उसकी बहन वक्त पर उसे पकड़ लायी, नहीं तो वह मुसलमान उसे ले गया होता. यह खबर मिलते ही जो स्त्रियाँ गली में पीढ़े बिछाकर बैठी थीं, वे पीढ़े उठाकर घरों के अन्दर चली गयीं. गली में खेलते बच्चों को भी उन्होंने पुकार-पुकार कर घरों के अन्दर बुला लिया. मनोरी गनी को लेकर गली में दाखिल हुआ, तो गली में सिर्फ एक फेरी वाला रह गया था, या रक्खा पहलवान जो कुएँ पर उगे पीपल के नीचे बिखरकर सोया था. हाँ, घरों की खिड़कियों में से और किवाड़ों के पीछे से कई चेहरे गली में झाँक रहे थे. मनोरी के साथ गनी को आते देखकर उनमें हल्की चेहमेगोइयाँ शुरू हो गयीं. दाढ़ी के सब बाल सफेद हो जाने के बावजूद चिराग़दीन के बाप अब्दुलगनी को पहचानने में लोगों को दिक्कत नहीं हुई.

"वह था तुम्हारा मकान," मनोरी ने दूर से एक मलबे की तरफ इशारा किया. गनी पल भर ठिठक कर फटी-फटी आँखों से उस तरफ देखता रहा. चिराग़ और उसके बीवी-बच्चों की मौत को वह काफी पहले स्वीकार कर चुका था. मगर अपने नये मकान को इस शक्ल में देखकर उसे जो झुरझुरी हुई, उसके लिये वह तैयार नहीं था. उसकी जबान पहले से और खुश्क हो गयी और घुटने भी ज्यादा काँपने लगे.

"यह मलबा ?" उसने अविश्वास के साथ पूछ लिया.

मनोरी ने उसके चेहरे के बदले हुए रंग को देखा. उसकी बाँह को थोड़ा और सहारा देकर जड़-से स्वर में उत्तर दिया, "तुम्हारा मकान उन्हीं दिनों जल गया था."

गनी छड़ी के सहारे चलता हुआ किसी तरह मलबे के पास पहुँच गया. मलबे में अब मिट्टी-ही-मिट्टी थी जिसमें से जहाँ-तहाँ टूटी और जली हुई ईंटें बाहर झाँक रही थीं. लोहे और लकड़ी का सामान उसमें से कब का निकाला जा चुका था. केवल एक जले हुए दरवाज़े का चौखट न-जाने कैसे बचा रह गया था. पीछे की तरफ दो जली हुई अलमारियाँ थीं जिनकी कालिख़ पर अब सफेदी की हल्की तह उभर आयी थी. उस मलबे को पास से देखकर गनी ने कहा, "यह बाकी रह गया है, यह ?" और उसके घुटने जैसे जवाब दे गये और वह वहीं

जले हुए चौखट को पकड़ कर बैठ गया. क्षण-भर बाद उसका सिर भी चौखट से जा सटा और उसके मुँह से बिलखने की-सी आवाज निकली, "हाय ओए चिराग़दीना !"

जले हुये किवाड़ का वह चौखट मलबे में से सिर निकाले साढ़े सात साल खड़ा तो रहा था, पर उसकी लकड़ी बुरी तरह भुरमुरा गयी थी कि गनी के सिर के छूने से उसके कई रेशे झड़कर आसपास बिखर गये. कुछ रेशे गनी की टोपी और बालों पर आ रहे थे. उन रेशों के साथ एक केंचुआ भी नीचे गिरा जो गनी के पैर से छः-आठ इन्च दूर नाली के साथ-साथ बनी ईंटों की पटरी पर इधर-उधर सरसराने लगा. वह छिपने के लिये सूराख ढूँढता हुआ जरा-सा सिर उठाता, पर कोई जगह न पाकर दो-एक बार सिर पटकने के बाद दूसरी तरफ मुड़ जाता.

खिड़कियों से झाँकने वाले चेहरों की संख्या अब पहले से कहीं ज्यादा हो गयी थी. उनमें चेहमेगोइयाँ चल रही थीं कि आज कुछ-न-कुछ जरूर होगा···चिराग-दीन का बाप गनी आ गया है, इसलिए साढ़े सात साल पहले की वह सारी घटना आज अपने-आप खुल जायेगी. लोगों को लग रहा था जैसे वह मलबा ही गनी को सारी कहानी सुना देगा—कि शाम के वक्त चिराग़ ऊपर के कमरे में खाना खा रहा था जब रक्खे पहलवान ने उसे नीचे बुलाया—कहा कि वह एक मिनट आकर उसकी बात सुन ले. पहलवान उन दिनों गली का बादशाह था. वहाँ के हिन्दुओं पर ही उसका काफी दबदबा था—चिराग़ तो खैर मुसलमान था. चिराग़ हाथ का कौर बीच में ही छोड़कर नीचे उतर आया. उसकी बीवी जुबैदा और दोनों लड़कियाँ, किश्वर और सुल्ताना, खिड़कियों से नीचे झाँकने लगीं. चिराग़ ने ड्योढ़ी से बाहर कदम रखा ही था कि पहलवान ने उसे कमीज के कालर से पकड़कर अपनी तरफ खींच लिया और गली में गिराकर उसकी छाती पर चढ़ बैठा. चिराग उसका छुरे वाला हाथ पकड़कर चिल्लाया, 'रक्खे पहल-वान, मुझे मत मार ! हाय, कोई मुझे बचाओ ! ' ऊपर से जुबैदा, किश्वर और सुल्ताना भी हताश स्वर में चिल्लायीं और चीखती हुई नीचे ड्योढ़ी की तरफ दौड़ीं. रक्खे के एक शागिर्द ने चिराग की जद्दोजेहद करती बाहें पकड़ लीं और रक्खा उसकी जाँघों को अपने घुटनों से दबाये हुए बोला, "चीखता क्यों है, भैण के···'तुझे मैं पाकिस्तान दे रहा हूँ, ले पाकिस्तान !" और जब तक जुबैदा, किश्वर और सुलताना नीचे पहुँचीं, चिराग़ को पाकिस्तान मिल चुका था.

आस-पास के घरों की खिड़कियाँ बन्द हो गयी थीं. जो लोग इस दृश्य के साक्षी थे, उन्होंने दरवाजे बन्द करके अपने को इस घटना के उत्तरदायित्व से मुक्त कर लिया था. बन्द किवाड़ों में भी उन्हें देर तक जुबैदा, किश्वर और सुलताना के चीखने की आवाजें सुनायी देती रहीं. रक्खे पहलवान और उसके साथियों ने उन्हें भी उसी रात पाकिस्तान दे दिया, मगर दूसरे तबील रास्ते से. उनकी लाशें चिराग़

के घर में न मिलकर बाद में नहर के पानी में पायी गयीं.

दो दिन चिराग़ के घर की छानबीन होती रही थी. जब उसका सारा सामान लूटा जा चुका था, तो न-जाने किसने उस घर को आग लगा दी थी. रक्खे पहलवान ने तब कसम खायी थी कि वह आग लगाने वाले को जिन्दा जमीन में गाड़ देगा क्योंकि उस मकान पर नजर रखकर ही उसने चिराग़ को मारने का निश्चय किया था. उसने उस मकान को शुद्ध करने के लिए हवन-सामग्री भी ला रखी थी. मगर आग लगाने वाले का तब से आज तक पता नहीं चल सका था. अब साढ़े सात साल से रक्खा उस मलबे को अपनी जायदाद समझता आ रहा था, जहाँ न वह किसी को गाय-भैंस बाँधने देता था और न ही खुमचा लगाने देता था. उस मलबे से बिना उसकी इजाजत के कोई एक ईंट भी नहीं निकाल सकता था.

लोग आशा कर रहे थे कि यह सारी कहानी जरूर किसी-न-किसी तरह गनी तक पहुँच जायेगी···जैसे मलबे को देखकर ही उसे सारी घटना का पता चल जायेगा. और गनी मलबे की मिट्टी को नाखूनों से खोद-खोद कर अपने ऊपर डाल रहा था और दरवाजे के चौखट को बाँह में लिये हुए रो रह था, "बोल, चिराग-द्दीना, बोल ! तू कहाँ चला गया, ओए ? ओ किश्वर ! ओ सुलताना ! हाय, मेरे बच्चे ओए ! गनी को पीछे क्यों छोड़ दिया, ओए !"

और भुरभुरे किवाड़ से लकड़ी के रेशे झड़ते जा रहे थे.

पीपल के नीचे सोये रक्खे पहलवान को जाने किसी ने जगा दिया, या खुद ही जाग गया. यह जान कर कि पाकिस्तान से अब्दुल गनी आया है और अपने मकान के मलबे पर बैठा है, उसके गले में थोड़ा झाग उठ आया जिससे उसे खाँसी आ गई और उसने कुएँ के फर्श पर थूक दिया. मलबे की तरफ देख कर उसकी छाती से धौंकनी की-सी आवाज निकली और उसका निचला होंठ थोड़ा बाहर को फैल गया.

"गनी अपने मलबे पर बैठा है," उसके शागिर्द लच्छे पहलवान ने उसके पास आकर बैठते हुए कहा.

"मलबा उसका कैसे है ? मलबा हमारा है." पहलवान ने झाग से घरघरायी आवाज़ में कहा.

"मगर वह यहाँ बैठा है, " लच्छे ने आँखों में एक रहस्यमय संकेत लाकर कहा.

"बैठा है, बैठा रहे, तू चिलम ला." रक्खे की टाँगें थोड़ी फैल गयीं और उसने अपनी नंगी जाँघों पर हाथ फेरा लिया.

"मनोरी ने अगर उसे कुछ बता-वता दिया तो···?" लच्छे ने चिलम भरने के लिये उठते हुए उसी रहस्यपूर्ण ढंग से कहा.

"मनोरी की शामत आयी है ?"

लच्छे चला गया.

कुएँ पर पीपल की कई पुरानी पत्तियाँ बिखरी थीं. रक्खा उन पत्तियों को उठा-उठाकर अपने हाथों में मसलता रहा. जब लच्छे ने चिलम के नीचे कपड़ा लगाकर चिलम उसके हाथ में दी, तो उसने कश खींचते हुए पूछा, "और तो किसी से गनी की बात नहीं हुई ?"

"नहीं."

"ले," और उसने खाँसते हुए चिलम लच्छे के हाथ में देदी. मनोरी गनी की बाँह पकड़े मलबे की तरफ से आ रहा था. लच्छे उकड़ूँ होकर चिलम के लम्बे-लम्बे कश खींचने लगा. उसकी आँखें आधा क्षण रक्खे के चेहरे पर टिकतीं और आधा क्षण गनी की तरफ लगी रहतीं.

मनोरी ग़नी की बाँह थामे उससे एक कदम आगे चल रहा था—जैसे उसकी कोशिश हो कि गनी कुएँ के पास से बिना रक्खे को देखे ही निकल जाये. मगर रक्खा जिस तरह बिखर कर बैठा था उससे गनी ने उसे दूर से ही देख लिया. कुएँ के पास पहुँचते-न-पहुँचते उसकी दोनों बाहें फैल गयीं और उसने कहा, "रक्खे पहलवान."

रक्खे ने गरदन उठाकर और आँखें जरा छोटी करके उसे देखा. उसके गले में अस्पष्ट-सी घरघराहट हुई, पर वह बोला कुछ नहीं.

"रक्खे पहलवान, मुझे पहचाना नहीं ?" ग़नी ने बाँहें नीची करके कहा, "मैं···मैं ग़नी हूँ, अब्दुल ग़नी, चिराग़दीन का बाप !"

पहलवान ने ऊपर से नीचे तक उसका जायज़ा लिया. अब्दुलग़नी की आँखों में उसे देखकर एक चमक-सी आ गयी थी. सफेद दाढ़ी के नीचे उसके चेहरे की झुर्रियाँ भी कुछ तेज फैल गयी थीं. रक्खे का निचला होंठ फड़का. फिर उसकी छाती से भारी-सा स्वर निकला "सुना, गनिया."

ग़नी की बाँहें फिर फैलने को हुईं, पर पहलवान पर कोई प्रतिक्रिया न देख कर उसी तरह हो गयीं. वह पीपल का सहारा लेकर कुएँ की सिल पर बैठ गया.

ऊपर की खिड़कियों में चेहमेगोइयाँ तेज हो गयीं कि अब दोनों आमने-सामने आ गये हैं, तो बात जरूर खुलेगी···फिर हो सकता है, दोनों में गाली-गलौच भी हो ! ···अब रक्खा ग़नी को हाथ नहीं लगा सकता. अब वे दिन नहीं रहे···बड़ा मलबे का मालिक बनता था ! ···असल में मलबा न इसका है, न गनी का. मलबा तो सरकार की मलकियत है. मरदूद किसी को वहाँ गाय का खूँटा तक नहीं लगाने देता. ···मनोरी भी डरपोक है. इसने ग़नी को बता क्यों नहीं दिया कि रक्खे ने ही चिराग़ और उसके बीवी-बच्चों को मारा है.···रक्खा आदमी नहीं, साँड है. दिन-भर साँड की तरह गली में घूमता है.···गनी बेचारा

कितना दुबला हो गया है ! दाढ़ी के सारे बाल सफेद हो गये हैं.···

गनी ने कुएँ की सिल पर बैठकर कहा, "देख रक्खे पहलवान, क्या-से-क्या हो गया है. भरा-पूरा घर छोड़ कर गया था और आज यहाँ पर मिट्टी देखने आया हूँ. बस घर की आज यही निशानी रह गयी है. तू सच पूछे तो मेरा यह मिट्टी भी छोड़कर जाने को मन नहीं करता." और उसकी आँखें फिर छलछला आयीं.

पहलवान ने अपनी टाँगें समेट लीं और अंगोछा कुएँ की मुँडेर से उठा कर कन्धे पर डाल लिया. लच्छे ने चिलम उसकी तरफ बढ़ा दी. वह कश खींचने लगा.

"तू बता, रक्खे, यह सब हुआ किस तरह ?" गनी किसी तरह अपने आँसू रोक कर बोला, "तुम लोग उसके पास थे, सब में भाई-भाई की-सी मुहब्बत थी. अगर वह चाहता, तो तुम में से किसी के घर में नहीं छिप सकता था ? उसमें इतनी भी समझदारी नहीं थी ?"

"ऐसे ही है," रक्खे को स्वयं लगा कि उसकी आवाज में एक अस्वाभाविक-सी गूँज है. उसके होंठ गाढ़े लार से चिपक गये थे. मूँछों के नीचे से पसीना उसके होठों पर आ रहा था. उसे माथे पर किसी चीज का दबाव महसूस हो रहा था और उसकी रीढ़ की हड्डी सहारा चाह रही थी.

"पाकिस्तान में तुम लोगों के क्या हाल हैं ?" उसने पूछा. उसके गले की नसों में एक तनाव आ गया था. उसने अंगोछे से बगलों का पसीना पोंछा और गले का झाग मुँह में खींचकर गली में थूक दिया.

"क्या हाल बताऊँ, रक्खे !" गनी दोनों हाथों से छड़ी पर बोझ डाल झुकता हुआ बोला, "मेरा हाल तो मेरा ख़ुदा ही जानता है. चिराग़ वहाँ साथ होता, तो और बात थी.···मैंने उसे कितना समझाया था कि मेरे साथ चला-चल. पर वह जिद पर अड़ा रहा कि नया मकान छोड़कर नहीं जाऊँगा—यह अपनी गली है, यहाँ कोई ख़तरा नहीं है. भोले कबूतर ने यह नहीं सोचा कि गली में ख़तरा न हो, पर बाहर से तो ख़तरा आ सकता है. मकान की रखवाली के लिए चारों ने अपनी जान दे दी.···रक्खे, उसे तेरा बहुत भरोसा था. कहता था कि रक्खे के रहते मेरा कोई कुछ नहीं बिगाड़ सकता. मगर जब जान पर बन आयी, तो रक्खे के रोके भी न रुकी."

रक्खे ने सीधा होने की चेष्टा की क्योंकि उसकी रीढ़ की हड्डी बहुत दर्द कर रही थी. अपनी कमर और जाँघों के जोड़ पर उसे सख़्त दबाव महसूस हो रहा था. पेट की अन्तड़ियों के पास से जैसे कोई चीज उसकी साँस को रोक रही थी. उसका सारा जिस्म पसीने से भीग गया था और उसके तलुओं में चुनचुनाहट हो रही थी. बीच-बीच में नीली फुलझड़ियाँ-सी ऊपर से उतरती और तैरती हुई उसकी आँखों के सामने से निकल जातीं. उसे अपनी जबान और होठों के

बीच एक फासला-सा महसूस हो रहा था. उसने अंगोछे से होठों के कोनों को साफ किया. साथ ही उसके मुँह से निकला, "हे प्रभु ! तू ही है, तू ही है."

ग़नी ने देखा कि पहलवान के होंठ सूख रहे हैं और उसकी आँखों के गिर्द दायरे गहरे हो गये हैं. वह उसके कंधे पर हाथ रखकर बोला, "जो होना था हो गया रक्खेआ. उसे अब कोई लौटा थोड़े ही सकता है. ख़ुदा नेक की नेकी बनाये रखे और बद की बदी करे. मैंने आकर तुम लोगों को देख लिया, सो समझूंगा कि चिराग़ को देख लिया, अल्लाह तुम्हें सेहतमंद रखे." और वह छड़ी के सहारे उठ खड़ा हुआ. चलते हुए उसने कहा, "अच्छा, रक्खे पहलवान."

रक्खे के गले से मद्धिम-सी आवाज़ निकली. अंगोछा लिये हुए उसके दोनों हाथ जुड़ गये. ग़नी हसरत-भरी नज़र से आस-पास देखता हुआ धीरे-धीरे गली से बाहर चला गया.

ऊपर खिड़कियों में थोड़ी देर चेहमेगोइयाँ चलती रहीं—कि मनोरी ने गली से बाहर निकल कर ज़रूर ग़नी को सबकुछ बता दिया होगा कि ग़नी के सामने रक्खे का तालू कैसे खुश्क हो गया था.—रक्खा अब किस मुंह से लोगों को मलबे पर गाय बाँधने से रोकेगा ?···बेचारी जुबैदा ! कितनी अच्छी थी वह.···रक्खे मरदूद का घर न घाट, इसे किसी की माँ-बहन का लिहाज़ था ?

थोड़ी देर में स्त्रियाँ घरों से गली में उतर आयीं. बच्चे गली में गुल्लीडण्डा खेलने लगे. दो बारह-तेरह साल की लड़कियाँ किसी बात पर एक-दूसरे से गुत्थम-गुत्था हो गयीं.

रक्खा गहरी शाम तक कुएँ पर बैठा खंखारता और चिलम फूंकता रहा. कई लोगों ने वहाँ गुजरते हुए उससे पूछा,"रक्खे शाह, सुना है, आज ग़नी पाकिस्तान से आया था."

"हाँ, आया था." रक्खे ने हर बार एक ही उत्तर दिया.

"फिर ?"

"फिर कुछ नहीं. चला गया."

रात होने पर रक्खा रोज़ की तरह गली के बाहर बायीं तरफ की दूकान के तख़्ते पर आ बैठा. रोज़ वह रास्ते से गुजरने वाले परिचित लोगों को आवाज़ दे-देकर पास बुला लेता था और उन्हें सट्टे के गुर और सेहत के नुस्खे बताता रहता था. मगर उस दिन वह वहाँ बैठा लच्छे को अपनी वैश्नो देवी की उस यात्रा का वर्णन सुनाता रहा जो उसने पन्द्रह साल पहले की थी. लच्छे को भेजकर वह गली में आया, तो मलबे के पास लोकू पण्डित की भैंस को देखकर वह आदत के मुताबिक उसे धक्के दे-देकर हटाने लगा—"तत-तत-तत···तत-तत···"

भैंस को हटा कर वह सुस्ताने के लिए मलबे की चौखट पर बैठ गया. गली उस समय सुनसान थी. कमेटी की बत्ती न होने से वहाँ शाम से ही अँधेरा हो

जाता था. मलबे के नीचे नाली का पानी हल्की आवाज़ करता बह रहा था. रात की ख़ामोशी को काटती हुई कई तरह की हल्की-हल्की आवाज़ें मलबे की मिट्टी में से सुनायी दे रही थीं···च्यु च्यु च्यु···चिक् चिक् चिक्···किर्र्र्—र्र्र्—रीरीरीरी—चिर्र्र्···. एक भटका हुआ कौआ न-जाने कहाँ से उड़कर उस चौखटे पर आ बैठा. इससे लकड़ी के कई रेशे इधर-उधर छितरा गये. कौए के वहाँ बैठते-न-बैठते मलबे के एक कोने में लेटा हुआ कुत्ता गुर्राकर उठा और जोर-जोर से भौंकने लगा—बऊ-अबऊ-वऊ. कौआ कुछ देर सहमा-सा चौखट पर बैठा रहा, फिर पंख फड़फड़ाता कुएँ के पीपल पर चला गया. कौए के उड़ जाने पर कुत्ता और नीचे उतर आया और पहलवान की तरफ मुँह करके भौंकने लगा. पहलवान उसके हटाने के लिए भारी आवाज़ में बोला, "दुर् दुर् दुर्···दुरे."

मगर कुत्ता और पास आकर भौंकने लगा—बऊ-अऊ-वऊ-वऊ-वऊ-वऊ···.

पहलवान ने एक ढेला उठाकर कुत्ते की तरफ फेंका. कुत्ता थोड़ा पीछे हट गया, पर उसका भौंकना बन्द नहीं हुआ. पहलवान कुत्ते को माँ की गाली देकर वहाँ से उठ खड़ा हुआ और धीरे-धीरे जाकर कुएँ की सिल पर लेट गया. उसके वहाँ से हटते ही कुत्ता गली में उतर आया और कुएँ की तरफ मुँह करके भौंकने लगा. काफ़ी देर भौंकने के बाद जब उसे गली में कोई प्राणी चलता-फिरता नज़र नहीं आया, तो वह एक बार कान झटक कर मलबे पर लटक गया और वहाँ कोने में बैठकर गुर्राने लगा.

□□

अर्द्ध विराम

नफ़ीस आफ़रीदी

एक मुस्लिम तांगेवाले की ज़िन्दगी का सच्चा खाका—मुफ़लिसी, अभाव, बहु-विवाह, सौतियाकलह, नारी की विवशता, मेहर, बाप की मजबूरी, मातृ संवेदन—पात्र, भाव, भाषा सर्वाशितः मुस्लिम परिवेश !

घोड़ी के हिनहिनाने के साथ ही बेचैन होकर उठ बैठी वह. टूटी हुई दीवार के उस तरफ अंधेरा गाढ़ा होकर बिछ गया था. सामने का मैदान, बीच में दैत्य-सा खड़ा बूढ़ा बरगद, कूड़े का ऊँचा ढेर और सन-सन करता कमेटी का नल, उसकी दर्द करती आँखों से छूकर मूर्त्त होने लगा. आधी रात के सन्नाटे और अँधेरे में उभरती चीज़ों के अहसास से ही उसकी धड़कनें बढ़ जाती थीं. लेकिन इधर कुछ दिनों से ऐसा नहीं होता. धीरे-धीरे अकेला रहने और अपने को संभालने की आदत-सी बन गयी थी. शुरू-शुरू में करीम ताँगा लेकर स्टेशन चला जाता और जनता एक्सप्रेस की सवारियाँ ढोकर, रात का एक पहर बीतने पर लौटता, तब तक वह भयभीत हिरनी-सी चटाई पर करवटें बदलती होती.

थाली में करीम के आगे रोटी रखते हुए राहत की सांस ले बोल पड़ती वह, "क्यों जी, रात की कोचवानी नहीं छोड़ सकते क्या ? दिन-भर की भागम-भाग से घोड़ी भी थक जाती होगी. जिनावर है बेचारी. कुछ उसका भी ख़याल-ध्यान रखा करो."

करीम रोटी खाकर लोटे से पानी पीता और मोटी-सी डकार ले हँस पड़ता, "यह काहे को नई कैवे है कि तुझे डर लगे हैगा. अरी इसमें डरने की कौन-सी बात हैगी. दुनिया-जहान की जोरुओं को रात पड़े इकला रहना पड़े हैगा. फिर तेरे कने गन्नी भी तो रहवे हैगा."

करीम के पास ही चटाई पर पसरती हुई ठुनककर कहती वह, "भली चलायी तुमने भी. गन्नी तो बित्ते-भर का बच्चा हैगा. उससे क्या दमराथ ? उसके रहते भी घर इकला ही लगता हैगा."

"बहुत डरपोक है तू. गन्नी की माँ बड़ी हैकड़ औरत थी. रात-बिरात आहट पै लठिया लै खड़ी हो जाती थी." वह हँसता हुआ लेट जाता.

उसे बुरा लगता. मुँह में बकबकापन भर जाता. मरियम का नाम आते ही उसे अपना अस्तित्व ख़तरे में जान पड़ता. हालाँकि वह उनके बीच नहीं थी. सिर्फ़ गन्नी था—सात साल का नासमझ लड़का. कुछ दिन ही सब साथ रहे थे—वह, करीम, मरियम और गन्नी. डोरी की तरह तने हुए दिन थे वे. सुबह उठने से

लेकर रात सोने तक कलह-फूट और हाय-तौबा, दिमाग़ों में लाल तूफ़ान और आँखों में दहकती चिंगारियाँ भरी रहतीं. कई बार मरियम के साथ उसकी चुटिया-पकड़ी और चप्पलबाजी भी हो चुकी थी. डोरी हर दिन तनती जा रही थी. एक दिन कच्चे सूत की तरह पट-से टूट गयी.

उस रात जनता एक्सप्रेस की सवारियाँ छोड़कर करीम लौटा, तो बेहद थक गया था. भूख भी तेज़ लग आयी थी. पलौथी मार बोरिये पर बैठकर उसने मरियम से रोटी माँगी थी.

मरियम झपटती हुई कोठरी से निकली थी और दालान के खम्भे से टिककर हाथ नचाती हुई चीख़ने लगी, "मेरे से काहे की रोटी माँगे हैगा, कलमुँहे ! माँग उस जवान-जोधा से, जिसे मेरी छाती पै मूँग दलने के वास्ते रख छोड़ा हैगा. हाय, इस करमजले को लाज-सरम नईं आयी, जो अधेड़ापे में उठाके ले आया हैगा पराई जनी को."

"देखियो, गन्नी की माँ ! ज़्यादे ज़िबान मत चला. निकाह करके लाया हूँगा बतूल को. सेरनी बन रही हैगी !" चबाए हुए पान को नाली की तरफ मूँह बढ़ाकर थूकते हुए कहा था करीम ने.

"रोटी देवे मेरी जूती. माँग अपनी मासूक से. थोपके धर दी हैगी तेरे लिये. बदजात कहीं का !" मरियम ने कहा था और दालान में पड़े खटौले पर गिरकर ओढ़ने से मुँह ढक गलियाती रही थी.

बहुत देर तक सुनता रहा था करीम. चुप की भी एक हद होती है. कब तक बैठा रहता ! भूख से आँतें अलग ऐंठ रही थीं.

"चुप्प नईं होगी तू. नईं देगी रोटी." तनकर खड़ा हो गया था वह.

"एक से लाख तक नईं देनेवाली मैं. किसी की लौण्डी-बाँदी समझ लिया हैगा मुझे. हाय, इस नासपीटे ने कहीं का नईं छोड़ा. हाय, तन-तन में कीड़े पड़ें मुझे सतानेवालों के." मुँह ढके-ढके ही बोली थी वह.

करीम होश खो बैठा अचानक. आव देखा न ताव, लपककर कोने से लठिया उठाकर धुन डाला उसे. बतूल बीच में पड़ लाठी नहीं छीनती, तो शायद मार ही डालता. संभाले नहीं संभल रहा था करीम. तभी नौशे आ गया था. लंब-तड़ंग जवान था नौशे. उस्ताद कल्लन के अखाड़े का पट्ठा. ऐसे कौली में भरकर ले गया कि वह हैरान-सी खड़ी हुई देखती रह गयी.

उस रात करीम नहीं लौटा था. वह जानती थी उसकी आदत को. जिस रात उसके और मरियम के बीच झगड़ा होता, वह सामान्य नहीं रह पाता था, गाली-गलौज कर निकल जाता घर से और नौशे के चबूतरे पर रात-भर सुलफा पीता रहता. चिलम-दर-चिलम. थकता ही नहीं था.

सुबह आकर नौशे ही कुण्डी खटखटाता, "बतूल, अरी, ओ बतूल ! ले संभाल करीम भाई कू. आ गये हैंगे दरवज्जे पै."

वह दरवाज़ा खोल देती. करीम लड़खड़ाता-बड़बड़ाता दालान के खटोले पर पड़ जाता. किवाड़ बन्द करते हुए वह ठिठक जाती. वह देखती, नौशे खड़ा मुस-करा रहा है. खाली तहमद बाँधे खड़ा होता वह. पक्के ताँबई रंग की चौड़ी छाती के घने काले बालों पर नज़र पड़ते ही करीम के सर की आधी सफ़ेदी याद आ जाती उसे, लेकिन रात के बोझिल तनाव और भीतर की घुटन के कारण अधिक देर तक ठहरकर कुछ नहीं सोच पाती थी वह.

नौशे कीचड़-भरी आँखें मलता हुआ कहता, "रात-भर नईं सोने दिया करीम भाई ने. कभी पानी-पिशाब, कभी चिलम के लिए आग. मैं तो तंग आ लिया हूँगा, इस रोज-रोज की बीमारी से."

"मैं भी क्या करूँ, नौशे ! वो छिनाल बाज आवे तो दो घड़ी चैन से कटे." वह एकदम बह-सी जाती.

"तू भी किस जंजाल में फँस गयी, बतूल. मुझे तो तेरे पे भतेरा तरस आवे हैगा. पर घबराने की कोई बात नईं हैगी. अपने रहते, तेरे कू परेशान नईं होने देऊँगा." नौशे उसी तरह मुस्कराते हुए कहता.

उसका बहाव बढ़ने लगा. भरी हुई आँखें टपटपा जातीं. जी चाहता कि नौशे की चौड़ी छाती में मुंह छिपाकर रो पड़े और रोती-रोती सो जाये, पर तभी थम जाता सब-कुछ. कानों में करीम की लड़खड़ाती आवाज़ फैल जाती, "बतूल ! कहाँ मर गयी हैंगी. एक लोटा पानी दे जा. गला सूख रिया हैगा."

वह धीरे-से कुंडी चढ़ाकर लौटती और लोटे में पानी दे कोठरी में चली जाती. उस एकाकीपन में नौशे का कथन बार-बार उमड़-घुमड़कर उसे कुरेदने लगता. जितना उस अहसास को झटकती, उतनी ही तेज़ी से और भी दबोचता चला जाता.

आख़िरी रात थी वह. सुबह नौशे करीम को छोड़ने आया, तो किवाड़ खुले पड़े थे और आँगन की चटाई पर मरियम नहीं थी. गन्नी बेख़बर पड़ा सो रहा था. करीम हमेशा की तरह दालान के खटोले पर पड़ गया था. मुल्ला जी ने मस्जिद की छत की मुंडेर पर चढ़कर अज़ान दी थी, तभी से बतूल कोठरी में पड़ी जाग रही थी. उसे प्रतीक्षा थी कि नौशे आकर दरवाज़े की कुंडी खटखटाये; लेकिन खटखटाहट की जगह ठीक आँगन में उसकी आवाज़ सुनाई पड़ी, "अरी, बतूल ! आज यह दरवज्जा काहे लिए भट्ठा-सा खुला पड़ा हैगा ?"

आवाज़ के साथ ही वह तेज़ी से बाहर निकली, तो देखा कि मरियम चटाई पर नहीं थी. दूसरी कोठरी में, पाखाने में, सब जगह झाँक लिया, पर मरियम कहीं नहीं मिली और शाम होते-होते सारे पाड़े-मुहल्ले में बात फैल गयी. हरेक की जबान पर एक ही कथन था, "करीम की जोरू अपने सात बरस के लौण्डे को

छोड़कर भाग गयी. कैसा जुलम किया हैगा निगोड़ो ने. अरे गयी थी, तो लौण्डे को भी साथ ले जाती. सौत की औलाद को कौन पालता हैगा इस ज़माने में ! ”

घोड़ी फिर हिनहिनायी. उसे लगा कि दिल के चारों ओर दबाव बढ़ता जा रहा है और धड़कनें तेज़ हो गयी हैं. बहुत समय बाद फिर से भय की धारदार छुरी उसे छेदने लगी थी. कोशिशों के बावजूद वह नहीं समझ पा रही थी कि इससे कैसे मुक्त हो, लेकिन दो-तीन दिनों से उसे दूसरी तरह का भय तराश-कोंच रहा था. भूखी घोड़ी और जख्मी गन्नी ही इस भय का कारण था. घोड़ी का बार-बार हिनहिनाना और गन्नी की हृदयविदारक कराहें उसे एकदम बेचैनियों के भयावह जंगल में फेंक देतीं. घोड़ी का मरना एक बार बर्दाश्त किया जा सकता है. मजदूर आदमी का क्या है ? ताँगा नहीं चलाया, बैलदारी ही कर ली; लेकिन गन्नी…?

उसने पलटकर देखा. दालान के खटोले पर पड़ा सो रहा था गन्नी. कमर और पीठ के जख्म अब तक हरे थे. कई जगह मवाद पड़ गया था; दिन-रात लेटे-लेटे और कराहते ही गुज़र जाते. औंधा लेटने में ही राहत मिलती थी उसे. उसकी समझ में नहीं आता कि क्या करे ? किसके लिए अपनी जान साँसत में डाले ? गन्नी उसका होता ही कौन है ? सौत के लौण्डे के लिए इतनी बेचैनी भी क्या ? मर जाये तो मर जाये !

लेकिन गन्नी की कराहें उसे सहसा हिला देतीं. उसकी छिली-फटी देह देखते ही दिल बैठने लगता. औरत कब होती है पक्के पत्थर की बनी. उसका अस्तित्व तो मोम का ढेर होता है. कितना भी सख्ती का आवरण ओढ़े, पिघलन की स्वाभाविक प्रक्रिया से बच ही नहीं पाती. परायों के लिए कसक महसूसनेवाली कमज़ोर औरत भला अपने ही पति की इकलौती सन्तान को चुपचाप कैसे मरने दे सकती है ? फिर गन्नी ने उसका बिगाड़ा ही क्या था ? वह मासूम तो बेकसूर था. दोषी वह स्वयं थी. मरियम के प्रति वितृष्णा और जलन ने ही उसे गन्नी की तरफ़ से लापरवाह बना दिया था. उसकी खोज-ख़बर रखती, सार-संभाल करती तो वह ताँगे के नीचे आकर इस बुरी तरह नहीं कुचला होता. उसने मरियम के जाने के बाद गन्नी के लिए किया ही क्या था ? बिन माँ का बच्चा मौके-बे-मौके फिरता रहता था. भूख लगती तो घर आकर रोटी खा लेता और फिर निकल जाता. नींद आती, तो रात देर से आता और पड़कर सो रहता. वह इन सब तथ्यों पर नये सिरे से सोचती, तो एक आतंक घेर लेता उसे. ऐसे में गन्नी को कुछ हो गया, तो क्या करेगी वह ? लोग उसी को तमाम बातों की ज़िम्मेदार ठहरा देंगे.

ताक में खत्म होती हुई मोमबत्ती की लौ हवा से धीरे-धीरे हिल रही थी. आज लालटेन भी नहीं जली थी. मिट्टी का तेल लाने-भर के पैसे नहीं थे. दो दिन

से नौशे भी नहीं था. कुश्ती लड़ने गया था गूगौर के मेले में. शाम आकर घर में अँधेरा देखा, तो दो मोमबत्तियाँ दे गया था. उनमें से एक अपने और गन्नी के लिए दलिया पकाते समय जल चुकी थी. आँगन की दीवार पर घोड़ी की जीन, लगाम, चाबुक और रक़ाबें बेतरतीब लटकी थीं. कोने में ताँगे की अगली-पिछली सीटें पड़ी थीं. धूल अंट गई थी सब पर. कितने ही दिनों से इस्तेमाल में नहीं आया था साज-सामान. आता भी कैसे ! करीम लौटा ही नहीं था. जुमेरात को गया था. पूरे आठ दिन हो गए. रोज़ प्रतीक्षा करती वह; लेकिन दिन की तरह रात भी खाली ही गुज़र जाती.

टूटी दीवार के पार फिर नज़र उठ गयी. ताँगे के बम दिख रहे थे, जैसे दोनों हाथ ऊपर उठाये किसी को पुकार रहे हों—शायद करीम को, इसलिए कि लौट कर घोड़ी को जोते और शहर की सड़कों पर निकल पड़े, लेकिन उसकी पुकार यह नहीं थी. वह चाहती थी, करीम लौट आये मरियम को साथ लेकर और उसे इस जान-लेवा घुटन से उबार दे.

शाम नौशे आकर चौखट पर बैठ गया था और बीड़ी फूंकता रहा था. वह खैराती अस्पताल से लाया मरहम गन्नी की पीठ और कमर पर मल रही थी. फिर भी गन्नी चीख़ पड़ता. उसकी चीख़ सुनकर भीतर ही कुछ ऐंठने-सा लगता. घबराकर हाथ हटा देती. गन्नी शान्त होता तो फिर लेपने लगती.

गन्नी के सोने के बाद वह चटाई पर आ बैठी थी और दोनों हाथ ऊपर उठा दिये थे, "या अल्ला ! कैसी दोजख़ जिनगानी मिली है गी. इस जान के जलाये से तो मौत आ जाये मिझे."

"अरी, आ जावेंगे करीम भाई. मरियम कू ढूँढ़ने में पता नईं किधर-किधर कू जाना पड़ रिया होगा. एक ठौर-ठिकाना होवे तो तुरत-फुरत जाके ले आवे आदमी." नौशे ने बीड़ी का टोंटा चप्पल से मसलते हुए कहा था और वह सिर्फ़ एक ठण्डी साँस बाहर फेंककर रह गयी थी.

घोड़ी फिर हिनहिना रही थी. उसने उठकर टूटी दीवार से झाँका. उस अंधेरे में भी उसे लगा, जैसे घोड़ी दरवाज़े की तरफ़ देखे जा रही है. पहले घोड़ी हिनहिनाती, तो वह समझ लेती थी कि भूखी है. काम छोड़कर वह तुरन्त उठती और दीवार पर नसैनी टिका छत से घास के पूले उतार लाती.

उसका दिल फिर बैठने लगा. तीन दिन किसे कहते हैं ! न पुआल-घास, न चना-दाना. आँतें भी कोसने लगी होंगी. अच्छे-अच्छे के होश उड़ जाते हैं, फिर वह तो बेजुबान जानवर थी. कई दिन से खरेरा भी नहीं हुआ था. मैला-धूलभरा हो गया था सारा जिस्म. नौशे को क्या पता कि वह किस परेशानी में थी ? बहुत कहता था कि बेखटके बता दिया करे; पर न-जाने क्यों वह चुप रह जाती. भीतर

से कोई माँग उठती भी तो जीभ पर आने से पहले ही थक जाती. यही सोचती रह जाती वह—नौशे भी कौन-सा घर का धनी है. करीम के पास तो अपना ही ताँगा है और नौशे किराये पर लेकर चलाता है. आधे से अधिक कमाई अपनी बूढ़ी अम्मा पर खर्च कर देता है, जो दो महीने से जिला अस्पताल में भर्ती है. कितना अभागा है नौशे ! पर दिल का कितना साफ और खरा !

गन्नी कराहने लगा, तो वह इधर आ गयी. जाग गया था वह और गर्दन उठाकर देख रहा था. पास आकर पूछा उसने, "क्या है रे ? दरद हो रिया हैगा ? मल्लम चुपड़ दूं और ?"

"नई···अपनी अम्मां पै जाऊँगा. मिझे ले चल. ले चल ना मिझे. अरी अम्मां, तू कहाँ कू चली गयी." इतना कह सुबकने लगा वह.

"बड़ा आया हैगा अम्माँवाला ! तेरी पड़ी होती, तो हियाँ मरने कू नई छोड़ जाती. हर कभियों अम्माँ-अम्माँ की रट लगाता रेहैगा." उसने झल्लाकर कहा और ठिलिया से अलमूनियम के गिलास में उंडेलकर पानी ले आयी.

"ले पी ले और सो जा पड़ के. नींद का टेम काहे लिए खोटी करे हैगा." उसने गिलास बढ़ाया. गन्नी ने चिढ़ कर झपाटा मार दिया. गिलास छूट कर दीवार से टकराया और पानी बिखर गया.

गन्नी तुनक कर उठा और पेशाब के लिए नाली पर जा बैठा. जितनी देर वहाँ रहा, कराहता रहा. खटोले पर औंधा पसरते हुए भी उसकी कराहें बंद नहीं हुई. इस हरकत ने कुछ क्षणों के लिए उसे बुत बना दिया. सहसा भीतर से बाहर तक तिलमिलाहट भर गयी. जी में आया कि कराहते हुए गन्नी को आगे बढ़कर रूई की तरह धुन दे, लेकिन तभी घोड़ी जोरों से हिनहिनायी और उसका ध्यान बंट गया.

एक बार फिर बेचैनी से भर गयी वह. चटाई पर पड़ा दुपट्टा गले में डाल किवाड़ धकियाती हुई बाहर निकल आयी. आँखों में भर कर पूरी घोड़ी का जायज़ा लिया उसने. अंधेरा था इसलिए साफ-साफ कुछ नहीं दिख रहा था. वह आगे बढ़ कमर, पीठ, पुट्ठों को सहलाने लगी. अभी बुढ़ियाई भी नहीं थी, उस पर हड्डियाँ थीं कि निकलती ही आ रही थीं. करीम ने ही किया है यह जुल्म. घोड़ी से जितना काम लिया, उस हिसाब से खिलाया ही कब था. खिलाता भी कैसे ? गांजे-सुल्फे और तीन पत्ती की लत ने इस योग्य छोड़ा ही नहीं था कि घोड़ी समेत घर के लोगों को भर-पेट मिल जाये.

घोड़ी की हड्डियों को सहलाते हुए वह सोचने लगी कि यह जानवर है और गन्नी मर्द का बच्चा ! जो गन्नी ने किया, उससे भी बुरा यह बेजबान जानवर कर सकता है. अपनी पिछली लातों से उसके शरीर को ठुकरा दे, तो क्या कर गी वह ? गन्नी का भी क्या कर लिया उसने? इतना मरने-खपने के बावजूद

प्रताड़ना ही मिली उसे.

नौशे का खयाल आ गया उसे. एक शाम कोठरी में आ लेटी था यों ही. पकाना कुछ था नहीं. रमजानो की लौंडिया से सुबह ही दो कटोरी चून मांग लायी थी और रोटियां पका कर डलिया में रख दी थीं. गन्नी ने खा लिया था. उसे भूख ही नहीं लगी थी दिन-भर. शाम कोठरी में आकर लेटी ही थी कि नौशे बेधड़क चला आया.

"कैसे लेट गयी हैंगी बतूल ! तबीयत-वबियत तो ठीक-ठाक है ना ?" नौशे कोठरी की चौखट पर बैठ गया था और बीड़ी जलाने लगा था.

"सिर में दर्द होरिया हैगा नौशे ! फेर करने कू भी तो कुछ नईं हैगा मेरे कने, जो फिरती फिरूँ." उसने उदासीनता के साथ कहा था।

"तन्नक उरे कू सरक जा. मैं दबा देऊँ तेरा सिर." चौखट से सरक आया था वह और झिझकते हुए माथे पर हाथ रख दिया था...

वह विरोध नहीं कर पायी थी. शीतलता-सी बिछ गयी थी माथे पर और धीरे-धीरे आँखों में उतर आयी थी. चुपचाप आँखें मूँद ली थीं उसने. होंठ हिलते रहे थे सिर्फ. वही-वह बोलती रही थी. बातें-ही-बातें. बहुत-सारी बातें. सब अपने से जुड़ी हुई. तकलीफों की लम्बी कहानी सुनाते-सुनाते हलकापन भरता गया था उसके भीतर. कितने अन्तरंग क्षण थे वे. जिन्हें पहली बार महसूस किया था उसने; लेकिन उन क्षणों को सहेज कर रखने का अवकाश ही नहीं था...

घोड़ी फिर जोरों से हिनहिनाने लगी. उसके हाथ पुट्ठों से छिटक गये. बेचैन हो तेजी से बढ़ती हुई वह नौशे के दरवाज़े पर पहुँच गयी और भड़भड़ा दिया किवाड़ों को. नौशे उबासियाँ लेता उठ बैठा.

"कौन है दरवज्जे पै इत्ती रात पड़ियों. नौशे का घर ही मिले हैगा रात बिरात जगाने कू. लैनी एक, न दैनी दो. केदेंगे—चल नौशे हस्पताल कू छोड़ आ. मरीज पड़ा हैगा घर में." आँखें मलते हुए सांकल खोल दी उसने.

"अरे, तू हैंगी ! मैं समझ रिया था कोई आगिया हैगा नींद खोटी करने." नौशे ने चुटकी बजाकर उबासी ली और आँखें मलने लगा.

"दो-चार पूले घास दे-दे, नौशे ! घोड़ी की भूँख नईं देखी जावे है अब तो. तीन दिनों से पेट में तिनका भी नईं पड़ा हैगा जिनावर के." उसने कहा और गले में पड़े दुपट्टे को ठीक करने लगी.

नौशे ने मचान से घास उतारी और खुद ही उठाये हुए चल दिया. वह पीछे-पीछे आकर घोड़ी के पास खड़ी हो गयी. नौशे ने पूलों के बन्द खोल घास बिखरा दी और धीरे-धीरे गर्दन सहलाने लगा. वह चुपचाप खड़ी देख रही थी, अपने में ही डूबती-उतराती. नौशे की नंगी पीठ पर फिसलती आँखों में अजीब-

सी गर्माहट दौड़ने लगी. जैसे कुनकुने पानी में भीगे रूई के फाहे से छू दिया हो किसी ने. नौशे पलटा तो सटपटा-सी गयी वह.

"किस सोच में पड़ गयी हैगी, बतूल." पूछा उसने.

"कुछ नईं, सोच रही थी, कैसे कटेगी यह मुई जनम-जिनगानी ? अब्बा ने किधर कू भाग फोड़ा हैगा मेरा. और क्या सोचती ? सोचने के लियों और धरा ही क्या हैगा मेरे कने." स्वयं को सम्भालते हुए उसने कहा.

"छोड़ क्यों नईं देती हैगी करीम भाई कू. जो तेरे कू भली तरियों नईं रखे, उसके संग टिकने में क्या फायदा ! तन्नक भेजे से सोच के बता मिझे." नौशे ने पहली बार तुर्शी से कहा था. दो टूक बात थी. एकदम स्पष्ट और धारदार. उसके भीतर तक उतरती चली गयी.

सहसा वह शिथिल-सी पड़ गयी, बेहद निराश स्वर में कहा उसने, "काहे लियों दिल्लगी करे हैगा, नौशे ! मेरा कौन हैगा, जिसके धोरे जाके बैठूंगी. अब्बा ने तो एक हज्जार लेके निकाह पढ़वा दिया करीम कोचवान से. अब किस में सकत है, जो उतार सके इत्ती बड़ी रकम."

"मैं उतारूँगा. मैं बिठाऊँगा तेरे कू अपने धोरे." नौशे ने छाती पर हाथ मारते हुए कहा. दो कदम उसकी ओर बढ़ा, फिर तेजी से पलट कर चबूतरे पर चढ़ गया और रुक कर बोला, "तू अपना जी मत दुखा, बतूल ! हँसी-खुशी काट दे अपना टैम. साली जिनगानी का क्या ? आज मरे, कल दूसरा दिन. मेरे पै भरोसा रख. जै दिन बुलावेगी आ के ले जाऊँगा तुझे." कुछ देर खड़ा रहा वह, फिर एकदम अपने घर में घुसकर किवाड़ बन्द कर लिये.

नौशे नहीं था चबूतरे पर, लेकिन फिर भी उसके होने का अहसास शेष था. वह खड़ी एकटक इधर ही देखे जा रही थी, जहाँ क्षण-भर पहले नौशे की धुंधली आकृति और दमदार आवाज़ का अस्तित्व मौजूद था. उस आवाज़ ने बेतरह झंझोड़ दिया था उसे.

वह अपने में खोयी थी और सोच रही थी कि करीम ने आज तक उसे क्या दिया ? ढेरों कड़वे-कसैले अनुभव ही मिले थे. जिन्हें समेटे-उठाये जीती चली आ रही थी. पहले मरियम के साथ रहते हुए सहती रही तीखी चुभनों को, फिर गन्नी के अचानक ताँगे के नीचे कुचल जाने से हो गयी अस्त-व्यस्त. उस दिन को याद करते ही हैरान-सी हो उठती वह, जिस दिन लाल जोड़े में लिपटी करीम के दरवाज़े पर उतरी थी. इससे पहले नहीं जानती थी कि जहाँ वह ज़िन्दगी बिताने के लिए आयी थी, वहाँ की शासक एक अधेड़ औरत शुरू से मौजूद है. मरियम को भी मालूम नहीं था कि उसके एकछत्र राज्य को इस तरह छिनवा देगा करीम. दोनों हकदक रह गये थे.

अगले दिन अब्बा आये थे उसके, काफी देर बैठे थे. हँसी-दिल्लगी होती रही थी. करीम ने कल्लू की होटल से चाय और मुल्ला जी के मालपुए मंगवा लिये थे. चलते समय अब्बा ने मरियम की तरफ इशारा करते हुए कहा था, "देख री बतूल ! यह तेरी बड़ो हैगी. मिल-बाँट के रहियो इसके साथ. इसके लौंडे को अपना ही समझियो. करीम ने पूरे एक हज्जार दिये हैंगे मिझे. देखियो बेटी ! मेरी बात खोटी मत करियो."

वह दरवाज़े पर खड़ी थी और जाते हुए अब्बा को हैरानी से देख रही थी. कन्धे पर पड़े अँगोछे से आँखें पोंछ रहे थे वे. पैरों में लड़खड़ाहट-सी थी उनके. हारे हुए जुआरी-सा उन्हें लौटता पा, पानी भर आया था उसकी आँखों की कोरों में. तब समझी थी वह अब्बा की मजबूरी को. अपने इकलौते बेटे के गुर्दे का ऑप-रेशन करवाने के लिए बेच दिया था बेटी को. यों ही बेच दी गयी होती, तो शायद इतनी साहसी नहीं होती वह. मुल्ला नाजिर ने निकाह पढ़वाया था. बिरादरी के पंच आ कर बैठे थे. तभी तो मरियम रो छाती ठोककर कहती थी, "अये, काहे को मुँह चिबराये है इत्ती ! वैसे ही नहीं आ गयी हूँगी घरूबे में. ब्याह के लाया हैगा मेरा खसम."

अपने आँगन में आ कर चटाई पर लेट गयी वह. दुपट्टे को इकट्ठा कर के सर के नीचे रख लिया. गन्नी सो रहा था. नाक से खरखराहट की आवाज़ें उभर कर फैल रही थीं, घोड़ी का हिनहिनाना बन्द था. राहत-सी मिली, तो पलकें झपकने लगीं. पर तभी खयालों के केन्द्र में नौशे का ताँबई रंग का चेहरा फँस कर कसमसाने लगा. थोड़ी देर पहले दृढ़ता से कहे हुए उसके विश्वसनीय शब्द कानों में मीठी अनुगूँज पैदा कर रहे थे, पर यह सब सम्भव नहीं था उसके लिये. वह चाह कर भी शायद छुटकारा नहीं पा सकती थी. उसके प्रति बेहद कमजोर था करीम. होता भी ऐसा ही है. अधेड़ उम्र के पके हुए आदमी जवान और खूब-सूरत बीवियों को आसानी से नहीं छोड़ पाते. फिर उसे पाने के लिये खर्चा भी बहुत किया था. अपनी बिसात से बाहर की रकम दी थी उसने.

करीम में बहुत-सी कमजोरियों के साथ एक यह भी थी कि आम अधेड़ मर्दों की तरह शक और शुबहे की नज़र रखता था. गाँजे-सुलफे की झोंक में ही उसकी यह नज़र थक कर सोयी रहती थी. रात देर तक घर से बाहर नहीं रहना चाहता था वह. कई बार ताँगे की सीट पर बैठा-बैठा बेचैन हो लौट कर आया था. पहले मरियम थी, तो उसे इतनी चिन्ता नहीं थी. जानता था कि वह सब कुछ सह सकती है, पर शर्म-हया के पर्दे उठा देना नहीं. सचमुच मरियम बुजुर्गपने की स्वाभाविक प्रवृत्ति का इस्तेमाल कर बेखटके कह देती थी, "देखियो जा तो रही हैगी नलके पे पानी भरने. किसी लौंडियाये मरद से बातें मठोलते नई देख लेऊँ और नई गाड के रख देऊँगी ज़मीन में."

शुरू-शुरू में बंदिशें और क़ैदें असह्य हो उठती थीं और उसका जी चाहने लगता कि सब कुछ छोड़-छाड़ कर भाग जाये कहीं. तब नौशे की सहानुभूतियों के अहसास से परिचय नहीं हुआ था. सिर्फ इतना ही जाना था कि वह एक हम-दर्द पड़ोसी है और वक्त-बेवक्त बीच-बचाव के लिए चला आता है, लेकिन जब उसके भीतर के उस इन्सान से पहचान हुई, जो केवल उसी की वजह से दखलंदाजी का दुःसाहस कर बैठता था, तभी से वह कमजोर पड़ती गयी. इस अनुभूति ने उसे सान्त्वना दी थी और मंजिल की तलाश खत्म हो गयी थी.

बस, इतना-सा ही था कि एक तलाश ने समाप्ति का आवरण ओढ़ लिया था. उसने यह सोचना भी छोड़ दिया था कि इस क़ैद से निकल कर कहाँ जाऊंगी. उस समय तक तो नौशे ने किसी प्रकार का वचन भी नहीं दिया था, फिर भी एक विश्वास था, जो उसे राहत दे जाता था.

लेकिन आज नौशे ने स्पष्ट और दृढ़ शब्दों में कहा था, उसकी ओजस्वी आवाज़ इतनी देर बाद भी उसे निमन्त्रण दे रही थी. दिल को चारों ओर से दबोचनेवाला भय अब नहीं था. उसकी जगह एक अजीब किस्म की विकलता समा गयी थी. उसने बेतहाशा करवट बदली और दुपट्टे को दांतों में भर लिया. बलात् रोकने के बावजूद वह रो पड़ी. रात के सन्नाटे में सिसकियां बिखरने लगीं पता नहीं कब तक रोती रही और इसी आलम में उसे नींद आ गयी.

अज्जू मिर्जा के दड़बे में मुर्ग़ के बांग देने के साथ ही अलसाई-सी उठ बैठी थी वह. आंगन में सुबह का ठंडा उजाला फैल गया था. नलके पर पानी भरे जाने और आस-पड़ोस के घरों में बर्तन खटकने की आवाज़ें बढ़ती जा रही थीं. उसने देखा—गन्नी अब भी खटोले पर औंधा पड़ा सो रहा है और उसकी नाक बज रही है. उठ कर उसने टंकी से मिट्टी के लौटे में पानी भरा और पाखाने चली गयी. लौटी, तो गन्नी उठ चुका था.

"अम्मा नई आयी आज भी. कब आवेंगी मेरी अम्मा ?" उसकी तरफ देखते हुए पूछा गन्नी ने.

वह दालान के खंभे के पास चुप खड़ी सोचती रही. धीरे-से गर्दन गठाकर उसने देखा और देखती रह गयी. यही गन्नी था वह ? नहीं यह नहीं था. जिस दिन इस घर में क़दम रखा था, तब गन्नी और ही कुछ था. भरा-भरा ताजा चेहरा और तंदुरुस्त शरीर, बेहद हंसोड़ और उद्दंड. लड़ाई के बीच हमेशा माँ का पक्ष-धर. कई बार उसकी टांगों से लिपटा था और जगह-बेजगह काट-भंभोड़ चुका था. झुंझला-तिलमिला कर उसे पीट भी दिया था उसने, लेकिन आज उसे देख कर हैरान रह गयी वह. एकदम मुरझाया, कमजोर और पीला चेहरा. आंखों में पुता हुआ उदास सूनापन. उसे लगा, जैसे बहुत दिनों बाद निकट से देख रही हो. मां नहीं थी वह उसकी, लेकिन कभी भी नहीं बनेगी क्या ? शायद न ही बने.

इस घर में रहते हुए तो कोई उम्मीद नहीं. क्या पता, इस क़ैद से छुटकारा ही नहीं मिले ? इसका भी क्या भरोसा कि मरियम लौट ही आये. फिर क्या होगा गन्नी का ?

"क्यों रे गन्नी ! मैं कैसी हूँ तेरी अम्मा ?" मुस्कराकर पूछा उसने.

"नईं, तू नईं है मेरी अम्मा." दोनों मुट्ठियां भींच कर चीखा वह.

"मिझे ही समझ ले भैया ! वो आ जावे, तब मत समझियो. गया हैगा तेरा अब्बा लेने के लियो." उसने कहा और खटोले पर बैठ कर उसे गोदी में लिया. गन्नी ने गर्दन उठाकर उसकी आंखों में झांका और सहसा उसके सीने में मुँह छिपा कर रो दिया.

वह उसके उलझे बालों में उंगलियां फंसा कर संवार रही थी और सोच रही थी कि मरियम नहीं लौटी, तो क्या होगा? शायद वह हमेशा के लिए इसी घर में क़ैद हो कर रह जायगी.

□□

मकबरे का आदमी

बदीउज़्ज़माँ

देश-विभाजन की कसक भारतीय मुसलमान भी महसूस करता है. अलताफ़ मामूं का इकलौता लड़का अफ़ज़ल पाकिस्तान चला गया ! 'देखते-ही-देखते सबकुछ बदल गया ! एक-एक करके सब यहां से चले गए. मुल्क बंटा, ख़ानदान बंटे ! जमींदारी खत्म हो गई !' बदली हुई परिस्थति की मुस्लिम संवेदना का चित्रण !

शाम का धुँधलका अब बरामदे में घुस आया है. दूर फूस की झोंपड़ियों से उठता हुआ धुआँ अँधेरे में विलीन हो चुका है. अलताफ़ मामूँ जाने यादों की किस दुनिया में खोए हुए हैं. सारा वातावरण एक गहरे सन्नाटे में लिपटा हुआ है. रह-रहकर अलताफ मामूँ हुक्के का लम्बा कश लेते हैं तो क्षणभर के लिए सन्नाटा टूट जाता है. कोई बाईस वर्ष हुए जब पिछली बार यहाँ आया था. सोचा था इस अर्से में यहाँ की दुनिया भी काफी बदल गई होगी. लेकिन शहबाज़पुर बिलकुल वैसा ही है जैसा मैंने बाईस वर्ष पूर्व देखा था. बचपन में शहबाजपुर जाने के नाम से ही हम लोग काँप उठते थे. उजाड़ गाँव ! रौनक नाम को नहीं. दिन-भर छत की कड़ियाँ गिनते रहिए या अलताफ मामूँ की डाँट-फटकार सुनते रहिए—"सिर के बाल क्यों बढ़ा रखे हैं ? मजनूँ बनने का इरादा है क्या ? बड़ों के सामने घुटने टेककर बैठना चाहिए. आजकल के बच्चों को तमीज़ छू तक नहीं गई. बड़ों के सामने ज़ोर से नहीं बोलते." अलताफ़ मामूँ नाक में दम कर देते थे. मुझे अफ़ज़ल भाई की हालत पर तरस आता. मेरे साथ तो फिर भी रिआयत की जाती थी. मुझे कभी मारा-पीटा नहीं. लेकिन अफ़ज़ल भाई तो उनके बेटे थे. उन पर उनका पूरा अधिकार था. शायद ही कोई दिन गुज़रता जब अलताफ़ मामूँ छड़ी या थप्पड़ से उनकी ख़बर न लेते. बेटे को दंड देने के भी अजीब-अजीब तरीके थे उनके. एक बार अफ़ज़ल भाई को पाखाने में बन्द कर दिया. दो दिन बाद जब दरवाज़ा खोला गया तो वह बेहोश हो चुके थे. कई रोज़ तक बीमार रहे. एक ओर बेटे के साथ यह बरताव था. दूसरी ओर अलताफ़ मामूँ इतने रहमदिल थे कि कोई कुछ माँगने आ जाता तो उसे खाली हाथ लौटने न देते. ख़ाने के बेहद शौकीन ! दस्तरखान पर जितने ज़्यादा मेहमान होते उतना ही ज़्यादा खुश होते. शिकार के पीछे तो पागल थे वह. अपने घोड़े को इतना मानते थे कि बस कुछ न पूछिए. मैंने अपनी आँखों से उन्हें घोड़े को मक्खन खिलाते देखा है. मैं इन सब बातों के बारे में सोचता हूँ तो बड़ा आश्चर्य होता है. जो आदमी अपने बेटे पर इतना अत्याचार करता हो, वह दूसरे लोगों के प्रति, यहाँ तक कि पशुओं के प्रति

इतना दयावान किस तरह हो सकता है! मैं अलताफ़ मामूं के किस्से अपने साथियों को सुनाता तो उन्हें विश्वास न होता.

लेकिन इन बाईस वर्षों में अलताफ़ मामूं बिलकुल बदल चुके हैं. चुस्त पाजामा, खुले गले का लम्बा कोट, ऊँची दीवार की टोपी और गले में लटकती हुई कारतूस की पेटी ! हाथ में बन्दूक लिए घुड़सवारी को निकलते तो सारा गाँव आतंकित हो उठता. मैं शहर में रहता था. उन दिनों शहर का थानेदार अकसर घोड़े पर गश्त करने निकलता था. लोग उसे देखकर डर से किनारे हट जाते थे. लेकिन अलताफ मामूँ के रोब-दाब के सामने थानेदार की शान मुझे बहुत फीकी नज़र आती. हम किसी क्षण, किसी दृश्य को वर्षों इस तरह अपनी छाती से लगाए फिरते हैं कि हमें खयाल भी नहीं होता कि वह क्षण तो कब का बीत चुका है, वह दृश्य तो कब का बदल चुका है. इस तथ्य की अनुभूति होने पर हमें एक धक्का-सा लगता है. मैं जब दिल्ली से चला था तो मन में रह-रहकर वही तसवीरें उभर रही थीं जो बाहर की दुनिया में अपना अस्तित्व खो चुके थे. अलताफ़ मामूं को देखकर मुझे यही महसूस हुआ कि मैंने यहाँ आकर बड़ी मूर्खता की है. अलताफ़ मामूं तो उस चित्र की तरह दिखाई दे रहे थे जो अब बिलकुल पुराना पड़ चुका था, जिसमें कोई चमक-दमक अब शेष नहीं रह गई थी. गाढ़े का कुरता, गाढ़े की तहमद, हाथ में तसबीह, चेहरे पर झुर्रियों का जाल. बाईस साल में आदमी कितना बदल जाता है, मैंने मन में सोचा.

नौकर ने लालटेन लाकर तिपाई पर रख दी है. बरामदे में मटियाला उजाला फैल गया है. अलताफ़ मामूँ का व्यक्तित्व मुझे बहुत रहस्यमय लग रहा है. दूर से किसी उल्लू के चीख़ने की आवाज़ आती है. अलताफ़ मामूं चौंक पड़ते हैं.

"उल्लू है. बड़ा ही मनहूस जानवर है. जब कभी इसकी आवाज़ सुनता हूँ, कोई-न-कोई आफ़त ज़रूर आती है." अलताफ़ मामूं की आवाज़ मेरे कानों में पहुँचती है.

मैं मन-ही-मन हँसता हूँ. अब ऐसी कौन-सी आफ़त रह गई है जिसका उन्हें अन्देशा है. अलताफ़ मामूँ अब भी जीवन से लिपटे हुए हैं. मुझे माहौल में कछ ताज़गी-सी महसूस होने लगती.

"तुम पिछली बार यहाँ कब आए थे ?" अलताफ़ मामूं मुझसे पूछते हैं.

"बाईस साल हो गए."

"हाँ ! उस वक्त अफज़ल यहीं था. मैंने बहुत कहा, पाकिस्तान न जाओ. वह आज यहाँ होता तो यह उम्मीद तो रहती कि मेरे बाद भी इस घर में चिराग़ जलेगा." अलताफ़ मामूँ ठण्डी साँस लेकर कहते हैं. उनके शब्दों में मुझे काफ़ूर की गन्ध महसूस होती है.

मैं कुछ कहना चाहता हूँ. लेकिन शब्द नहीं सूझते. दिमाग़ बहुत पीछे की

तरफ दौड़ रहा है. अफज़ल भाई को शहबाज़पुर से वहशत-सी होती थी. वह यहाँ से निकल जाना चाहते थे. लेकिन अलताफ़ मामूँ की गिरफ्त इतनी मज़बूत थी कि वह कुछ न कर सकते थे. फिर मैंने सुना कि एक रोज़ अफज़ल भाई चुपके-से किसी को खबर किए बिना शहबाज़पुर से निकल भागे. जाने पाकिस्तान में वह खुश हैं या नहीं ? लेकिन अलताफ मामूँ के चंगुल से निकलकर उन्होंने यकीनन चैन की साँस ली होगी.

"जानते हो, अफज़ल बराबर लिखता है, यहाँ आ जाइए. लेकिन शहबाज़पुर मुझसे नहीं छोड़ा जाता." काफ़ूर की गन्ध फिर मेरे नथुनों में घुसने लगती है.

मैं कुछ कहना चाहता हूँ. लेकिन शब्द फिर साथ नहीं देते.

तो क्या अफज़ल भाई सचमुच अब दिल की बातों को भूल चुके हैं या केवल औपचारिकता निभाने के लिए वह यह सब अलताफ़ मामूँ को लिख रहे हैं. शायद वह जानते हैं कि अलताफ़ मामूँ कभी भी शहबाज़पुर छोड़कर नहीं जाएँगे.

"दिल्ली में तुम्हारी तबियत तो खूब लगती होगी. बच्चे सब ठीक हैं ना."

"जी हाँ." मैं सोचे-समझे बिना ही कह देता हूँ. क्या सचमुच दिल्ली में मेरा जी लगता है ! मैं सोचने लगता हूँ. शहरी जीवन के पेचीदा, उलझाव-भरे जाल मुझे घेर लेते हैं. मरघट के इस सन्नाटे से महानगर का जीवन फिर भी अच्छा है, मैं अपने मन में सोचता हूँ.

"चालीस साल हुए जब मैं दिल्ली गया था. चांदनी चौक में तो अब भी वैसी ही रौनक रहती होगी."

"जी हाँ." मैं संक्षेप में उत्तर दे देता हूँ. अलताफ़ मामूँ को अब कौन बताए कि अजमल खाँ मार्केट के सामने चाँदनी चौक की रौनक फीकी पड़ चुकी है.

"पहले यहाँ भी कितनी रौनक रहती थी." काफ़ूर की गन्ध फिर मेरे दिमाग़ पर हावी होने लगती है. अलताफ़ मामूँ का वाक्य मुझे अर्थहीन लगता है. शहबाज़पुर तो मुझे सदा ही उजाड़ और बे-रौनक दिखाई दिया है.

"कभी सोचता हूँ तो बड़ा अजीब-सा लगता है. देखते-ही-देखते सबकुछ कितना बदल गया. एक-एक करके सब यहाँ से चले गए. मुल्क बँटा. खाँदान बटे. फिर ज़मींदारी खत्म हो गई. मैंने कभी सोचा भी न था कि मेरे बाद शहबाज़पुर खत्म हो जाएगा."

अलताफ़ मामूँ का आखरी वाक्य सुनकर मैं कुछ चौंक जाता हूँ. इनके भीतर का "मैं" अब तक जीवित है.

"मैं अफज़ल को अपने जैसा बनाना चाहता था. इसीलिए सख्ती करता था. लेकिन आदमी के सोचे क्या होता है !" मैं जानता हूँ, अलताफ़ मामूँ कभी अपनी ग़लती नहीं मानेंगे. रस्सी जल जाती है लेकिन उसकी ऐंठन नहीं जाती. "अफज़ल को देखे दस साल से ज़्यादा हो गया. बच्चे की तसवीर भेजी थी. देखोगे !"

अलताफ़ मामूँ कुरते की जेब में से एक पुराना लिफाफा निकालकर मेरी ओर बढ़ा देते हैं. लालटेन की मद्धिम रोशनी में तसवीर को देखकर मैं उसे फिर लिफाफे में रख देता हूँ.

"बिलकुल अफज़ल जैसा है. तुम्हें अफज़ल का बचपन तो क्या याद होगा ! बचपन में अफज़ल बिलकुल ऐसा ही लगता था. बच्चे के अंग्रेज़ी बाल हैं. अफज़ल को भी अंग्रेज़ी बाल रखने का बहुत शौक था. लेकिन मैंने कभी रखने नहीं दिए." अलताफ़ मामूँ के स्वर में ग्लानि का भाव है या विजय का, मैं कुछ निर्णय नहीं कर पाता.

"लेकिन अफज़ल को मैं अपने जैसा नहीं बना सका. उसमें फौलाद की सख़्ती थी ही नहीं. एक बार बेगार न देने के जुर्म में एक किसान की चमड़ी उधेड़कर रख दी थी, तो जानते हो अफज़ल का क्या हाल हुआ था ! वह बेहोश होकर गिर पड़ा था. उस रोज़ मैं बिलकुल नाउम्मीद हो गया था."

अलताफ़ मामूँ के शब्द मुझे आश्चर्यचकित कर देते हैं. उन्होंने अपने को किस तरह एक किले में बन्द कर रखा है. लेकिन क्या सचमुच उनको यह एहसास नहीं होता कि उनका यह किला रेत का बना हुआ है, अन्दर से बिलकुल खोखला है.

"लेकिन यह अच्छा ही हुआ कि वह मेरे साँचे में न ढल सका. ऐसे साँचे में ढलने का क्या फायदा जो बेकार हो चुका हो." अलताफ़ मामूँ का रेत का किला एक ही झटके में गिर पड़ता है. अफज़ल भाई उनके दिमाग़ पर किस तरह छाये हुए हैं, यह सोचकर मुझे बड़ा अजीब-सा लगता है.

अलताफ़ मामूँ अब खामोश हो गए हैं जैसे जो कुछ कहना चाहते थे, वह सब कह चुके हैं और अब कहने को कुछ शेष नहीं रह गया है. उनकी निगाहें दूर तक फैले हुए अँधेरे में जैसे कुछ ढूँढ़ रही हैं. मुझे उनकी खामोशी बहुत सुखद लगती है. लगता है इस वातावरण में खामोशी जितना कह सकती है, उतना शब्द नहीं कह सकते.

अगले रोज़ सवेरे मैं अलताफ़ मामूँ से बिदा लेना चाहता हूँ तो वह कहते हैं, "दो-चार रोज़ तो रुको. यह भी कोई आना हुआ !"

"मेरी छुट्टियाँ कल खत्म हो रही हैं." मैं साफ झूठ बोल जाता हूँ.

"जैसी तुम्हारी मर्ज़ी. ज़मींदारी तो रही नहीं कि सवारी का इन्तज़ाम कर सकूँ. मील-भर पैदल जाना होगा."

"मीलभर का फ़ासला भी कोई फासला है." मैं हाथ में सूटकेस लेकर चल पड़ता हूँ. अलताफ़ मामूँ बरामदे में खड़े मुझे जाते देखते रहते हैं. सामने बहुत बड़ा बाग़ है. दरख़्तों के झुण्ड से गुज़रते हुए मैं पीछे मुड़कर देखता हूँ. अलताफ़ मामू अब बरामदे में नहीं हैं. दरख़्तों की कतारों के बीच में से उनका मकान मुझे मकबरे जैसा लगता है. मैं इतमीनान की साँस लेता हूँ और अपनी रफ़्तार तेज़ कर देता हूँ. बस-अड्डा अब आध मील रह गया है. एकाएक मुझे महसूस होता है कि मुर्दों की दुनिया से निकलकर मैं ज़िन्दों की दुनिया में जा रहा हूँ. □□

सारी तालीमात

असग़र वजाहत

असग़र वजाहत की इस कहानी में एक कारखानेदार हाजी जी द्वारा क़ौम के नाम पर मुसलमान कारीगरों और मज़दूरों के शोषण का खाका पेश किया गया है. साथ ही मुस्लिम रहन-सहन, अभाव मुफ़लिसी की तस्वीर भी है.

हर तीन-चार साल के बाद शहर में फसाद हो जाता है. ढाटे बाँधे हुए, 'हर-हर महादेव' का नारा लगाते हिन्दुओं के गिरोह मुसलमानों के मोहल्लों पर हमला करते हैं और मुसलमान हिन्दुओं पर जिहाद बोल देते हैं. आग लगायी जाती है जो होली-ईद-मिलन, एकता के सिद्धांतों और साम्प्रदायिकता-विरोधी कमेटियों की काग़जी दीवार को भस्म कर देती है. दो-चार दिन तक गिरोह सक्रिय रहते हैं. तेज़ाब, चाकू, लाठियाँ, बल्लम और एक-आध बंदूक, देसी कट्टे लिए शत्रु की खोज में केवल एक-आध आदमी, औरत या दुकान ही नजर पड़ती है जिसका तत्काल फ़ैसला कर दिया जाता है. क़ासिमपुरे में अफ़वाहों का बाज़ार गर्म हो जाता है. "आज रात दो हजार हिन्दू हमला करने वाले हैं." मोहल्ले के लड़के अपनी-अपनी छतों पर ईंटें जमा करने लगते हैं. 'आज पुलिस ने मास्टर रहमत अली का घर जला दिया.' झूठ ? क्या बकते हो? 'ग़फ़ूर ने अपनी आँखों से देखा है.' यही तो गड़बड़ है मियां, पुलिस भी उनका साथ देती है, नहीं तो इन धोती बाँधनेवालों को तो एक घण्टे में ठीक कर दें. लेकिन सरकार से कौन लड़ सकता है ? क़ासिमपुरा, नवाबगंज, रहमताबाद में मुसलमानों की सौ-फ़ीसद आबादी है लेकिन पूरे शहर में फिर भी हिन्दू ज्यादा हैं. अगर हमला बोल ही दिया तो क्या होगा ? मौत का डर मोहल्ले की रग-रग में चमक जाता है.

सड़कें ऊपर की तरह सुनसान हो जाती हैं. पुलिसवालों के जूतों औरसीटियों की आवाजों के सिवा कुछ नहीं सुनायी देता. कभी-कभी पुलिस जीप की आवाज आती है और फिर सन्नाटा छा जाता है. —'बड़े पुल के पास मुसलमान की लाश मिली है.'—'आज पुलिस की गश्त नहीं हो रही, जरूर हमला होगा.' पूरा मोहल्ला एक ठंडे भयानक तनाव और डर में डूब जाता है. चार-पाँच दिन के बाद छुटपुट चाकू की वारदातें शुरू हो जाती हैं. पतली तंग गली के कोने पर तीन-चार आदमी मिलकर राशन की तलाश में निकले किसी झल्लीवाले या रिक्शेवाले को चाकू मार देते हैं. घुटी-घुटी-सी भयानक चीख, भागते हुए पैरों की आवाजें, खिड़कियाँ खुलने का शोर और फिर 'अल्लाहो अकबर' के नारे सुनायी पड़ते हैं.

हर दंगे के बाद हिन्दुओं के मोहल्लों के आसपास रहनेवाले मुसलमान किसी मुसलमानी मोहल्ले में आ जाते हैं और मुसलमानों की बस्ती के पास रहनेवाले हिन्दू रस्तोगीगंज या रघुवीरंपुरा चले जाते हैं.

मुसलमानी मोहल्लों में दाढ़ियों की तादाद बढ़ जाती है. मस्जिद में नमाजी अधिक आने लगते हैं. लोग देर तक गिड़गिड़ा कर दुआएँ माँगने लगते हैं. गुंडा-पार्टी लूट के माल को इधर-उधर करने में लग जाती है. हथियार जमा करने का चन्दा वसूल करती है. पता नहीं अगले फ़साद में सिर्फ़ गोलियाँ ही चलें. शहर में कितने हिन्दुओं के पास बंदूकें हैं और कितने मुसलमानों के पास ? दस और एक का भी तो औसत नहीं पड़ता. कारतूस जमा किए जाते हैं. लेकिन पुलिस का ख़याल आते ही सबकी हवा बिगड़ जाती है. जुग्गन रहमत के होटल के सामने बहती नाली में बलगम थूक कर कहता है, 'यही तो गड़बड़ है जिगर, पुलिस अगर किसी तरफ़ से......'

'अबे साले, हाजी जी से चंदा क्यों नहीं लेते ? कारख़ाना चलाते हैं हराम में ?'

हाजी जी दाढ़ी पर हाथ फेरते हुए कहते हैं, "इस बार तो माशा-अल्लाह तुम लोगों ने भी कुछ किया."

'हाजी जी, आप हाथ रख दें तो देखिए क्या नहीं कर दिखाते.'

हाजी जी एक हजार रुपया चंदा देते हैं और जुग्गन की पार्टी चली जाती है. वैसे हाजी जी को एक हज़ार चंदा देने की कोई ख़ास जरूरत नहीं थी, क्योंकि उनका कारख़ाना क़ासिमपुरे के बीचोंबीच है. कारीगर भी सौ-फ़ीसद मुसलमान हैं. हाजी जी हिन्दुओं को रखते ही नहीं. कहते हैं, क़ौम की ख़िदमत करने का मौका ख़ुदा ने दिया है तो उसे क्यों छोड़ूं ? मुसलमान कारीगर भी हाजी जी के कारखाने में काम करना चाहते हैं. जान प्यारी है, पैसा नहीं.

शहर तीन हिस्सों में बँटा हुआ है. स्टेशन से उत्तर की तरफ़ चले जाइए तो सिविल लाइन्स का इलाका है. चौड़ी सड़क पर दूर तक कोठियाँ बनी हुई हैं. डी. एम की कोठी से सड़क शुरू होती है और इन्जीनियर साहब की कोठी के पास से मुड़ जाती है. यहाँ हाजी करीम और वीरेन्द्र बाबू की कोठियाँ एक-दूसरे से मिली हुई बनी हैं. रफीक मंजिल, जहाँ कभी मोहम्मद अली जिन्ना ठहरा करते थे, के बराबर जनसंघ के अध्यक्ष पंडित सोमदत्त गौड का बंगला है. नवाब अब्दुल मजीद खाँ, जो अंग्रेजी राज में बड़े ऊँचे ओहदों पर काम कर चुके थे, की कोठी के बिल्कुल सामने जिला कांग्रेस के नेताजी का विशाल 'स्वराज निवास' है.

स्टेशन से दक्खिन की तरफ जाइए तो चमकता हुआ साफ़ बाजार मिलेगा जिसकी बड़ी-बड़ी दूकानों में सामान इतना भरा हुआ है कि अगर हर एक घर में

एक-एक चीज पहुँचा दी जाए तब भी किसी को किसी चीज की कमी न पड़े. इस सड़क पर रिक्शों, मोटरों, साइकिलों की भीड़ में चलना मुश्किल हो जाता है. इसी सड़क पर शहर के बड़े रेस्तराँ भी हैं और सिनेमाघर भी. शराब की दूकानें भी और जौहरियों की गद्दियाँ भी. यहाँ रात में चमचमाती हुई रॉडों की रोशनी होती है और कूल्हे से कूल्हा छिलता है. इस सड़क के दोनों तरफ गलियाँ हैं. कुछ हद तक साफ-सुथरी और पक्की गलियों में पक्के मकान बने हुए हैं जिनमें हिन्दू रहते हैं. इन मोहल्लों में मकान लेने कोई मुसलमान नहीं जाता. जैसे उनको मालूम है कि शहर का यह हिस्सा दूसरी तरह के लोगों के लिए बना है और वे दूसरी तरह के लोग हैं. दफ्तरों के बाबू, स्कूल के मास्टर, छोटे दूकानदार, अलग-अलग नौकरियों और धन्धों में लगे हुए वे सब हिन्दू हैं. इसी सड़क पर और बढ़ते चले जाइए तो बड़े चौराहे के बाद चमकीली दूकानें खत्म हो जाएंगी. कुछ फल बेचने वालों की छोटी-छोटी दूकानें हैं. उसके बाद बाँद बेचने वालों की और छोटी और पुरानी दूकानें हैं जिनमें बैठे दुकानदार सूरत ही से मुसलमान लगते हैं. जवानों के चेहरों पर काली खशखशी दाढ़ी और आँखों में सख्ती दिखाई पड़ती है. बूढ़ों के चेहरों पर सफेद लंबी दाढ़ियाँ, माथे पर गट्टे का निशान. वे अपनी दूकानों पर इस तरह बैठते हैं, जैसे घर में आराम से बैठे हों. बैठे-बैठे 'नहीं' कह देने में इनका कोई जवाब नहीं है. गाहकों को देखकर न हँसते हैं और न मुस्कराते हैं. शायद गाहकों का आना इनको अच्छा नहीं लगता. न उनकी पूरी बात सुनने की कोशिश करते हैं और न अपनी पूरी बात उनको बताते हैं. बाँदवालों की दूकानों के बाद से बाज़ार की चहल-पहल अपना रंग-ढंग बिल्कुल बदल लेती है. अब बायीं तरफ एक लाइन से बिस्कुट बनाने वालों की दूकानें हैं और जहाँ दूकानदार तहमत बाँधे, बनियान पहने बिस्कुटों के लिए मैदा फेंटते दिखाई पड़ते हैं. आठ-नौ साल के बच्चे बड़े-बड़े बर्तनों को धोते,गंदी-गंदी गालियाँ बकते रहते हैं. हर दूकान पर एक-आध आदमी बेकार बैठा दिखाई पड़ता है. बिस्कुट बनानेवालों की गंदी दूकानों के सामने लाइन से दूर तक खाने के होटल हैं. कभी-कभी यह सोचकर आश्चर्य हो सकता है कि इस बस्ती में रहने वाले लोगों ने खाने के अतिरिक्त और किसी चीज की दूकान खोलने की बात क्यों नहीं सोची ? सिर्फ़ चाय के होटल, बिस्कुट की दूकानें, खाने के होटल, कवाब की दूकानें दूर तक दिखाई देती हैं. पहला यासीन टी स्टाल है. अन्दर सफेद पत्थर की मेजों पर लगातार मक्खियाँ भिनकती रहती हैं. उर्दू के एक-दो अखबार, जिन पर काफी चाय गिर चुकी होती है, बुलंद आवाज़ में पढ़े जाते हैं. यासीन दूकान के सामने वाले दर में भट्टी के सामने खड़ा चाय बनाता रहता है. या ऊपर लगे रेडियो के कान उमेठा करता है, जिस पर जालीदार गिलाफ़ चढ़ा हुआ है. भट्टी के दाहिनी तरफ शीशे के गंदे मर्तबानों में बिस्कुट भरे रहते हैं, जिनसे यासीन बिल्कुल तटस्थ दिखाई

देता है. इन बिस्कुटों को जब कोई गाहक मांगता है तो यासीन बड़ी बेज़ारी से एक बिस्कुट देता है जिसे सिर्फ़ औंटी हुई चाय में डुबोकर ही खाया जा सकता है. यासीन टी स्टाल के बाद एक कबाब वाले की छोटी-सी दूकान है जो भैंस के कीमे की सींक लगाता है. इस दूकान के सामने खड़े होने पर आग की चिंगारियों के साथ भुने गोश्त की खुशबू नाक में घुस जाती है. साथ ही लगा हुआ खाने का एक और होटल है जिसके नाम का बड़ा बोर्ड कई बरसातों को न सह पाने की वजह से जंग लगा टीन बन चुका है. एक बहुत बड़े थाल में रखी बिरयानी के पीछे मोटा अब्दुल ग़फ़ूर बैठा गोश्त निकाला करता है. उसके चारों तरफ़ बड़ी पतीलियों में कीमा, कलेजी, भेजी, छोटे का और बड़े का गोश्त सजा रहता है. खजहे कुत्ते होटल के अन्दर आकर मेज के नीचे से हड्डियाँ उठा ले जाते हैं. होटल में काम करने वाले लड़के गंदे और चिक्कट कपड़े पहने गाहकों के सामने बड़े गोश्त की रकाबियाँ और रोटियाँ पटक देते हैं. हड्डी को चबाकर नीचे फर्श पर फेंक देने या खाना खाने के बाद कुर्सी पर बैठे-ही-बैठे गिलास के अन्दर हाथ डालकर हाथ धो लेने पर किसी को एतराज नहीं होता. दीवारों पर इस्लामी कलेंडर या मक्का-मदीने की तस्वीरें या कुरान की आयतें सब आने-जाने वालों को देखती हैं. होटल के बैरे, जिसे किसी भी तरह आप बैरा नहीं कह सकते, से अगर खाने के बारे में पूछें तो वह एक ही सांस में दस खानों को गिनाकर आपकी तरह इस तरफ देखेगा जैसे बड़ा एहसान किसा हो. इसके बाद बिसमिल्ला होटल है जो और गंदा व और भी सस्ता है.

इन दुकानों और होटलों से ये तो पता चल ही जाता है कि इन मोहल्लों में रहने वालों को खाने और विशेष रूप से गोश्त खाने में बड़ी दिलचस्पी है. गंदे और फटे चीथड़े लगाए, खांसी से बेतरह परेशान, छोटे-छोटे लड़के हाथ में कई जगह से चिपटा अल्मुनियम का प्याला लिए आते हैं, 'कीमा दे दो, कीमा, एक प्लेट.' और कीमा लेकर गली में भाग जाते हैं. इन गलियों में इतनी जगह भी नहीं है कि तीन-चार आदमी एक-साथ चल सकें. दोनों तरफ नालियाँ और उनमें पड़े पाखाने और पेशाब की तेज़ खारी बदबू हर वक्त गली में तैरती रहती है. जहाँ-कहीं भी गली ज़रा-सी चौड़ी है, वहाँ जयादार की टोकरी रखी दिखाई पड़ती है. गली के फर्श पर लगायी गयी ईंटें बुरी तरह घिसकर ऊबड़-खाबड़ हो गयी हैं. दोनों तरफ की ऊँची दीवारों पर मर्दानगी बढ़ानेवाली दवाओं के इश्तिहार या उर्दू में लगे पोस्टर दिखाई पड़ते हैं जो किसी 'मीलाद शरीफ़' या 'उर्दू के क़त्ल' और 'क़ौम पर मुसीबत' की इत्तिला देते हैं. आमतौर पर घरों के नाबदान गली में खुलते हैं जिनके ऊपर लटका टीन गलकर ग़ायब हो चुका होता है. ऊपर कोठों से रेडियो की तेज़ आवाज़ या चीख़-पुकार सुनाई देती रहती है. टीन के गले पाइपों से ऊपर का गंदा पानी गली में गिरता है तो उसके छींटे पूरी गली में फैल जाते

हैं. गली में खुलनेवाले पुराने और बरसाती पानी में गले दरवाज़ों पर टाट का चिथड़ा पर्दा किसी भी वजह से कभी हट जाता है तो धुआं हुआ दालान दिखाई पड़ जाता है. सुबह और शाम कोयले की अँगीठियाँ जब गली में आ जाती हैं तो पूरी गली नीले धुएँ से घिर जाती है. किसी पर्दे के पीछे से कोई पीले और पतले चेहरे वाली लड़की झाँकती है और दो नंगे बच्चे, जिनके पेट फूले होते, अन्दर घुस जाते हैं.

यह शहर का तीसरा हिस्सा है जहां सौ-फ़ीसद मुसलमान रहते हैं. इन मोहल्लों में शायद ही कभी कोई हिन्दू आता हो. आने की ज़रूरत ही क्या है ? और मकान लेने या रहने का तो सवाल ही नहीं पैदा होता. हाँ, इन मोहल्लों के पीछे कुछ चमार, पासी या कुछ इसी तरह के लोग झोंपड़ियों में रहते हैं. ये लोग भी इसी तरह की ज़लील और भुखमरी वाली ज़िन्दगी जीते हैं, जैसी कि मोहल्ले के दूसरे लोग.

इस मोहल्ले से म्युनिसिपैलिटी में मुसलमान ही इलेक्शन जीतते हैं. हिन्दू खड़े ही नहीं होते. स्कूलों के मास्टर मुसलमान हैं. डाक्टर मुसलमान हैं, दुकान-दार मुसलमान हैं, छोटे-मोटे दूसरे काम करने वाले सब मुसलमान हैं.

इस नीम के पासवाली गली के अन्दर चले जाइए तो आगे चलकर एक बड़ा-सा पुराना मकान दिखाई पड़ेगा जिसके दरवाज़े पर छोटी-सी तख्ती में 'हाजी करीम एंड को' लिखा दिखाई देगा. यही हाजी जी का कारखाना है.

'हाजी अब्दुल करीम एंड को' के ताले ही हिन्दुस्तान के मशहूर ताले हैं. आजकल तो कोई भी ऐरा-ग़ैरा-नत्थू-ख़ैरा ताला बनाने का काम शुरू कर देता है, नहीं तो सन तीस में सिर्फ़ हाजी जी का एक कारखाना था.

एक हज़ार रुपया देना हाजी जी को खल गया था. लेकिन और कोई रास्ता नहीं था. यही लोग वक्त पर काम आते हैं. कामरेड़ शानसिंह ने जिस ज़माने में मज़दूरों से दोस्ती करनी शुरू की तो हाजी जी ने जुगन ही सेकहा था. और जुगन ने सब ठीक कर दिया था.

हाजी जी ने टोपी उतारी, सिर पर हाथ फेरा और 'अल्लाह-अल्लाह' करके तख्त पर लेट गए. अन्दर कारखाने में काम हो रहा था. हाजी जी ने लेटे-ही-लेटे एक अंगड़ाई ली और ज़ोर से बोले, "रहमत, मुझे एक कटोरा पानी पिला दे."

अन्दर लोहा पीटने और छोटे-बड़े हथौड़े चलने की आवाज़ों में हाजी जी की आवाज़ दब गयी. वह फिर ज़ोर से चिल्लाए, "कहाँ रहते हो. तुम्हें घंटों से बुला रहा था." हाजी जी रहमत को देखकर बोले. वह अन्दर से निकलकर आया था. 'मुझे एक कटोरा पानी पिला दो. और वह आर्डरवाला ख़त लिखा या नहीं ? आज

स्टेशन से बिल्टी भी छुड़ानी है. और लीवर, कमानी, स्क्रू का काम जो मोहल्ले में बँटा था वापस हो गया ?" वह गाव-तकिये से लगकर बैठ गए. उनकी बड़ी तोंद एक छोटा-सा टीला लगने लगी. आठवीं पास रहमत हाजी जी का मैनेजर है. दफ्तर में झाड़ू देने से लेकर लिखा-पढ़ी तक का काम करता है. हाजी जी उससे बहुत ख़ुश रहते हैं, लेकिन कभी ज़ाहिर नहीं होने देते. सौ रुपये में ऐसा मैनेजर आजकल कहाँ मिलेगा ?

"रब्बन ही का काम अभी तक नहीं आया है. फ़साद में उसका घर जल गया था न. इस वजह से."

"कितने का माल था ?"

"तीन सौ का ."

"ठीक है. मज़दूरी में धीरे-धीरे काट लो. आए तो और माल बनाने को दे देना. अल्लाह-अल्लाह ! क़ौम पर क्या मुसीबत आयी है." वह पानी पीकर फिर लेट गए.

लीवर, कमानी, स्क्रू, रिपिट और कवर बनाने का काम हाजी जी मोहल्ले में बंटवा देते हैं, बल्कि औरतें ख़ुद ही आकर ले जाती हैं. ये छोटे-मोटे काम औरतें-बच्चे मिलकर कर लेते हैं. दिन-भर औरतें, लड़कियाँ और बच्चे काम करके शाम कारखाने में आकर दे जाते हैं और महीने पर हिसाब हो जाता है. हाजी जी बड़े फ़ख्र से कहते हैं, 'इसीलिए तो मैं बड़ी मशीनें नहीं लगाता, इन गरीबों की रोटी मारी जाएगी. अभी कम-से-कम पेट-भर खाना तो मिल जाता है.

हाजी जी पढ़े कम लेकिन कढ़े ज़्यादा हैं. उन्हें मालूम है कि बड़ी मशीनें लगाने से वह मिट सकते हैं. वह बिल्कुल घाटे का काम है. अभी तो फैक्ट्री एक्ट ही नहीं लागू होता 'हाज़ी करीम एंड को' पर, जबकि दो सौ आदमी काम करते हैं और छोटा-मोटा वह काम, जो कम-से-कम तीन सौ आदमी करते, मोहल्ले की औरतें कर देती हैं. लेबर इंस्पेक्टर के आने से पहले ही चंदू का लौंडा, जो लेबर ऑफ़िस में चपरासी है, आकर हाजी जी को बता देता है. हाजी जी आधे से ज़्यादा मज़दूरों और कारीगरों को पिछली खिड़की से बाहर कर देते हैं. ऐसी बात नहीं है कि लेबर इंस्पेक्टर नहीं जानता. हाजी जी को मुँह बंद करने के तरीक़े मालूम हैं. अब जब फैक्ट्री एक्ट ही नहीं लागू हो पाता तो छुट्टियाँ, बोनस, ई० एस० आई० का झगड़ा ही ख़त्म हो जाता है. हाजी जी इतवार की छुट्टी भी नहीं देते. कहते हैं, वही होगा जो होता चला आया है. जिसे न करना हो वह वीरेन्द्र बाबू के कारखाने चला जाए. वीरेन्द्र बाबू के कारखाने का नाम आते ही सबके चेहरे सुत जाते हैं. सैंकड़ों हिन्दुओं के बीच एक-आध मुसलमान कैसे काम कर सकता है ? अगर किसी दिन फ़साद हो गया ?

हाजी जी कर्रा पड़ने के बाद मुलायम लहजे में समझाते हैं, 'इस्लाम तुम्हें

यही सिखाता है कि एक मुसलमान के कारखाने में काम न करो और थोड़े-से लालच में हिंदू के कारखाने चले जाओ ! वीरेन्द्र बाबू से तुम्हारा क्या रिश्ता है ? मैंने माना कि तुमको यहाँ तकलीफ़ है थोड़ी. लेकिन आराम भी तो है. ईद-बकरीद की छुट्टी देता हूँ. नमाज़-रोज़े में तुम्हारे साथ हूँ. अरे भाई, मैं तो यहाँ से वहाँ तक तुम्हारे साथ हूँ. कोई ज़्यादती करूँ तो अल्लाह के यहाँ दामन थाम सकते हो. लेकिन वीरेन्द्र बाबू के यहाँ क्या करोगे ? अगर कभी फ़साद हो गया तो मार ही तो दिए जाओगे न ? इस्लाम की सारी तालीमात को भूल गए हो ? यही तो क़ौम में सबसे बड़ी ख़राबी है कि एक मुसलमान किसी दूसरे भाई का फ़ायदा नहीं देख सकता. जाओ भाई जाओ, जिसे जाना हो जाओ. मैं तो वही करूँगा जो करता आया हूँ.' वह अपनी लाल आँखों से मज़दूरों की तरफ़ देखते हैं, 'जाओ वीरेन्द्र बाबू के कारखाने ! अपने मुसलमान भाई के मिट जाने की परवाह क्यों करते हो ?' उनकी आँखों में आँसू आ जाते हैं, 'अल्लाह-अल्लाह.' कोई नहीं जाता. सब सच्चे मुसलमान हैं. पावर प्रेस चलने लगती है. लोहा गलाया जाने लगता है. और पुराना बड़ा मकान धुएँ और उसकी बदबू से भर जाता है. सेठ हाजी करीम बाहरी कमरे यानी ऑफ़िस में गाव-तकिये से लगकर लेट जाते हैं. सोचते हैं, अल्लाह की बड़ी मेहरबानी है उन पर. दूसरे कारखानों में कभी पी० एफ० के लिए हड़ताल होती है तो कभी कंपंसेशन-ग्रेच्युटी के लिए धरना होता है. ले-ऑफ़ और लॉक आउट के चक्कर में कहीं काम हो सकता है ? इंकमटैक्स, प्रोफ़ेशनल टैक्स और पता नहीं कैसे-कैसे टैक्स लगे हुए हैं. किसी मज़दूर को निकाल नहीं सकते, किसी को रख नहीं सकते तो फिर मालिक काहे के ? हाजी जी 'अल्लाह-अल्लाह' करके फिर लेट गए. कारखाने में काम हो रहा था.

□□

बाज़ार

अफ़रोज़ शाहीन

मुसलमानों की रोज़मर्रा ज़िन्दगी—उनके गली-बाज़ारों के गंदे माहौल के कुछ छुट-पुट ऐसे चित्र इस कहानी में प्रकट किये गए हैं कि यह यथार्थता तिलमिला डालने वाली है. भाषा, भाव, पात्र, वातावरण सब सजीव !

एक रिक्शा बाज़ार में घंटी टनटनाता तेज़ी से गुज़र जाता है. नाली के किनारे बैठी नस्सो कुंजड़न का बथवे के साग का टोकरा झोंके से उलट पड़ता है.

"हट्ट, गाड़ दिये ! नास पिट्टे ! सगला साग बखेर मेला आग लगे ने."

रिक्शा वाले को पता भी नहीं लगा कि उसे गालियां पड़ी हैं. वह गुज़र चुका है. नस्सो कुंजड़न बार-बार बके जा रही है. मोहम्मद खरादी की बन्द दूकान के थले पर घुटने सिकोड़े बैठा मेहरबान घड़ीसाज़ उकता कर कहता है, "अब्ब किसे गाली देती हो नस्सो ! रिक्शा वाले को गये तो बखत बीत गया हैगा."

साग समेटते हाथ रुक जाते हैं नस्सो के. आंखें तरेर कर उस की ओर देखती है, "तेरा कलेजा काहे लियों फटे हैगा ?"

"मैं तो कैरिया हूं, सुबू-सुबू के बखत अल्ला का नाम लो बड़ी बी ! गाली बक के अपना मूं काहे लियों भांडों हो ?"

"लो, और सुनो !···मैं कौन खामखां.···नुकसान मेरा हुआ. आग इस के लग रई हैगी !"

"बज़ार हैगा ये तो. यां सौदा बेचने बैठोगी तो ऊंच-नीच भी भुगतनी पड़ेगी."

"अच्छा-अच्छा, चुप्पा होके बैठ नइं, उठ जा यां से.···बड़ा आया भासन देने वाला. जार केनी अपनी लुगाई को सुना भड़वे !"

मेहरबान घड़ीसाज़ सचमुच उठ जाता है. वह जानता था कि बैठा रहा, तो उस की खैर नहीं. उसके उठते ही पीछे की ओर फटे गुदड़ों में दुबका मैला-कुचैला गुल्ली शाह कुनमुनाया, "साल्ला···हरामी···."और ज़ोर से हंस पड़ा. बीभत्स हंसी. गन्दे पीले दांत. काले पड़े होंठ और मसूड़े. अन्दर धंसी पीली वीरान आंखें. डरावना-सा लगता है वह.

गुल्ली शाह दोनों हाथ ऊपर उठा कर हिलाता है. हाथों में पहने हुए लोहे के छल्ले बज उठते हैं. नारा लगाता है वह, "हुम हुम ! रब्बा-रब्बा ! दमा दम मस्त कलन्दर. अली का पहला नम्बर."

फिर एकदम ठंडा पड़ जाता है. जोरों से बीड़ी की तलब लगती है. गुदड़ी टटोलता है. लम्बे चोगे की जेब भी. रात ढेरों टोटे बीने थे. अब एक भी नहीं. नूरू दरजी के थले पर बैठे बड़े मियां को ललचायी नज़रों से देखता है. बड़े मियां बीड़ी धोंक रहे हैं.

"चच्चा ! ओ, चच्चा मियां ! इस बाज़ार की सारी जनता बीड़ी धोंकू है. धड़ाधड़ बीड़ी धोंकू. ही-ही-ही-ही." वह फिर हंसता है वही बीभत्स हंसी. थले पर उलट कर नाली के पास से बीड़ी का एक टोंटा उठा कर होंठों में खोंस लेता है. और रुई-चकमक निकाल टोंटा सुलगा लेता है. दो-चार कश खींच टोंटा फेंक देता है. सर के बड़े-बड़े धूल-भरे चीकट बालों को खपर-खपर खुजाता है. फटे मफ़लर को गले में टाई की तरफ बांध, टांग के ऊपर टांग धर लेट जाता है. और ख्वाजा साहब अजमेर वालों की शान में कव्वाली की एक पंक्ति फटे बांस की-सी आवाज़ में गाने लगता है "ओ मोरे ख्वाजा पिया. तुम पै ये लागा जिया."

"हटना साऽऽऽब ! बचना मियां जी !" बुद्धन तांगे वाला बेहताशा चिल्लाता हुआ तांगे को ऐन गली के नाके पर ला खड़ा करता है.

"इधर रास्ते में काहे कूं खड़ा कर दिया तांगा." एक भुंभलाता है.

"तेरे बाप की जागीर है सड़क ?" बुद्धन हंसता है .

"बेफालतू बाप-दादों पै मत जावैं और नईं···." वह भल्ला कर कहता है.

"और नईं तो क्या ल्हास बिछा देवेगा भाड़ू ?" बुद्धन हंसता है.

वह बुद्धन से उलभना नहीं चाहता. इस लिए बड़बड़ाता हुआ चल देता है. छोटे के होटल से छोकरा लपकता हुआ आता है, "चा लाऊं उस्ताज ?"

"हां एक चा और दो करारी टोस भेज दीजो. जनता गाड़ी का टैम हो रिया हैगा. टेसन पौंचना है मिभे. बीस मिलट का रस्ता हैगा." बुद्धन सीटों पर जल्दी-जल्दी कपड़ा मारता हुआ कहता है.

छोकरा होटल में घुस जाता है. चाय में कुछ देर हो जाती है. वह फिर चिल्लाता है. बड़े-बड़े बालों को खपर-खपर खुजाता छोटे होटल की खिड़की से गर्दन निकालता है, "ओ भाड़ू ! इत्ती जल्दी काहे कूं मचारिया हैगा ? चाय छान रिया हूं. अब्भी भेजूं हूं दो मिलट में. तसल्ली काट."

"अच्छा-अच्छा, जल्दी भेज. टेम खोटी मत कर."

"पन एक बात तो बुद्धन ! तू पुलिस का जवाईं कब से हो गिया, जो तांगे कूं बीच रस्ते में अड़ा दिया हैगा ? साले दीवान जी इधर कूं आ गये तो मार के खाल उधेड़ देवेंगे."

"अरे, छोट्टे लाला ! तू जाने है. दीवान जी की महावारी बंधी हैगी. साले किस की सामत आई हैगी, जो मेरे कूं बजार से हटा देवे. पेट में से अंतड़ी खैंच

लेऊंगा."

छोकरा चाय और टोस्ट लाता है. बुद्धन सीट के नीचे कपड़ा ठूंस चाय लेकर टोस्ट कुतरता है, "क्यों रे छोरे !"

"बोलो उस्ताज !" छोकरा पूछता है.

"अब, ये टोस काहे को सील रिये हैंगे. करारे टोस मांगे थे. मुफत के पैसे समझ रक्खे हैं ?" बुद्धन आंखें तरेर कर कहता है.

"अजी, खा-पी लो उस्ताज ! नखरे छोड़ो." छोकरा मुस्कराता है.

"चल, तू ने कई, तो छोड़ दिया. पन चा में मीठा भी कम हैगा." सीट पर बैठा-बैठा गुर्राता है वह.

छोकरा जा कर छोटे से कह देता है. वह फिर खिड़की से गर्दन निकाल कर कहता है, "तेरा भेजा चल गिया दीखे ? पन्दरह पैसे की चा में कौप भर सकर चावे है. अबे, पेसल चा पीनी होवे तो सिविल लेन वाले मनीला होटल में जा. अठन्नी की एक चा मिलेगी वां पै."

"छोड़ बे, छोट्टे ! तू तो बिगड़ गिया प्यारे बाबू ! सुबू-सुबू के बख्त चा-टोस और मौलाना का मालपुए का नासते पेट में डाल के निकल जाऊं हूं. साली नैनटी डौन की सवारियां जै दिन मिल जावे हैं, दुफैर की रोटी की छुट्टी. घर में लुगाई रस्ता देखती रैहवे है रोटी के लियो.…और आज तो जुम्मे की निमाज भी नईं मिलने की." बुद्धन बोलता है.

"काहे कूं नईं मिलेगी. टेम पर मज्जिद पोंच जावेगा, तो मिल जावेगी. कोई मुल्ला जी तेरे लियों अलग से जमात थोड़े ही लगावेंगे." छोटे कहता है.

"याकूब-बाबू ! क्या बताऊं ? घर में बिमारी-सिमारी चल रई हैगी. आधी कमाई तो डागदर की दवाई में चली जावे है. इस लियों सोचूं हूं, जित्ता टेम मिले सवारियां ढ़ोता रेऊं." बुद्धन कुछ उदास होता हुआ कहता है.

छोटे अफ़सोस जताता हुआ काम में उलझ जाता है.

वह छोकरे को ग्लास पकड़ा कर दस का सिक्का उस में छोड़ देता है. छोकरा सिक्का हथेली पर नचाता हुआ कहता है, "पांच तो चा में कम देरिये हो उस्ताज ! और दो टोस के पैसे भी लाओ."

"टेसन से लौटती बेर दे जाऊंगा. ज्यादा घांघ मत करे." वह लगाम छोड़ चाबुक खड़खड़ाता है और मुंह से तीखी आवाज़ निकालता है, "टेसन ! टेसन ! चार सवारी टेसन."

तांगा धीरे-धीरे चलता हुआ थाने के पास रुक जाता है. बुद्धन लगाम खींचे सवारी का इन्तज़ार करने लगता है. फाटक पर सिपाही रामसिंह को देख आंख मारता है और पहलवान छाप बीड़ी का बंडल निकलता है. रामसिंह पास आकर बीड़ी ले लेता है. दोनों बीड़ी सुलगाते हैं. कुछ रिक्शे-तांगे ग़लत जगह पर खड़े हैं.

हैं रामसिंह पहियों में डंडा पीटता है.

"सालो ! ठीक जगे पै लगाओ रिक्शा-तांगा और नईं बन्द कर दूंगा सालों को." रामसिंह चीखता है.

"संतरी जी, धीरे बोलो. खांसी उठ जावेगी." जुम्मा रिक्शा हटाता हुआ हंसता है.

"ओ हरामी के. बित्ते भर का लौंडा हमसे अकड़-फूं करता है. मार-मार के खराब कर दूंगा." वह बिफरता है.

"बच्चा है, जान दो संतरी जी." बुद्धन कहता है.

"तू कहता तो छोड़ देते हैं और नईं थाना सामने है सामने दरोग़ा. दोयम बैठे हैं ब्रिच पर."

काले खां तांगे से उतर पाव-भर अमरूद तुलवाता है और एक अमरूद रामसिंह की तरफ़ बढ़ा देता है. वह थाने के बरामदे की ओर देखता हुआ ले लेता है और पतलून की जेब में डालता हुआ कहता है, "देखता नईं काले खां ! दरोग़ा जी बैठे हैं थाने में. साले देने की तरकीब भी नईं जानता. उजागर करता है."

रामसिंह बुद्धन के तांगे के पास आकर आहिस्ते से कहता है, "अब की महीने नशा-पत्ता नहीं मिला दिवान जी को. बिगड़ रहे थे मेरे ऊपर."

"दे दूंगा जल्दी. बोल देना घर में बिमारी चल रही हैगी.···अरे हां संतरी जी ! कल दिवान जी को सिनेमा पै देखा था. वो कौन-सी पिच्चर चल रही हैगी जिस में हेमामालिनी और धरमिन्दर हैंगा. हाय-हाय ! मैं ने भी देखी थी. क्या जवानी हैगी साली की. जैसे भरी बोतल सराब की. पिये जाओ और थको ही नईं."

"राऽऽऽमसिंह !" दरोग़ा दोयम फाटक पर नज़र आते हैं.

"हाजिर हुआ हज़ूर !" रामसिंह उधर लपकता है.

बुद्धन घबरा कर तांगा हांक देता है. सवारी नहीं मिलती. घंटाघर पर मिल जाये शायद. बुद्धन चाबुक फटकारता है. घोड़ा दुलकी चलने लगता है.

सामने मामचन्द सर्राफ़ की दूकान पर किसी पार्टी का दफ़्तर है. उस के बराबर है मास्टर बैंड. बाजे वाले अभ्यास कर रहे हैं. साज़ों का शोर सड़क पर कूद रहा है. इक्का-दुक्का लोग इस शोर से भिन्ना रहे हैं. शेष सभी को शायद आदत पड़ गयी है. उन पर कोई असर नहीं है. वे अपने कामों में उलझे हैं.

नेशनल प्रिंटर्स की मशीन खटखटाने लगी है. कुछ दूकानों पर सुनारों की खुट-खुट और खरादियों की खरड़-खरड़ शुरू हो गयी है. लखेरे लाख पीट रहे हैं, चूड़े बनाने के लिए. मीरू पनवाड़ी का रेडियो फुल वाल्यूम पर बज रहा है सस्ते फ़िल्मी गाने चल रहे हैं. एक थले पर लड़के ताश पीट रहे हैं और मोटी-

भट्टी गालियां बक रहे हैं. जलील के होटल पर दो फ़कीर बैंजो और ढ़फली पर कव्वाली गा रहे हैं. लोग गर्दनें हिलाते अभिभूत-से सुन रहे हैं. पीरों की शान में है चीज़. लड़के उकता कर उठ जाते हैं और मीरू पनवाड़ी की दूकान पर गाने सुनने खड़े हो जाते हैं. बीड़ी बांधने वाले मज़दूर मुग़ली होटल में आ बैठे हैं और मजदूरी कम मिलने पर बहस करते-करते झगड़ने लगते हैं. जब्बार कम्पौंडर की दूकान के बाहर दो छोटे लड़के गुत्थम-गुत्था हो गये हैं. कोई बीच-बचाव नहीं करता. जब्बार कम्पौंडर पास वाले तम्बाकू के मारवाड़ी व्यापारी से झुंझला कर कहते हैं, "इन लफंगों को इन के मां-बापों ने यूं हरामज़दगियां करने सड़कों पर छोड़ दिया है."

"सांचो कओ छो डागदर साँ ! म्हूं भी परेसान हो गियो इन छोरां सूं."

सद्दन नाई की दूकान में कम्पौंडर का लड़का बैठा शेव बनवा रहा है. इंटर में पढ़ता है. साफ़-सुथरा और नाजुक-सा. सद्दन नाई का लड़का सत्तार धीरे-से कहता है, "तू तो यार, नाल कटवाया कर."

"यह क्या होता है ?" वह हैरानी से पूछता है.

"वाह, तुझे मालूम नई ?" वह रहस्यमय ढंग से मुस्कराता है, "अरे, यह धन्धा तो बाज़ार में भौत चलता हैगा. अच्छे-अच्छे लोग नाल खाते हैंगे.···देख, तू एक कमरा ले ले. खेलने वाले मैं पौंचवाऊंगा. रोज़ बीस-पच्चीस रुपये बन जाया करेंगे. फैर क्या ? मौज करियो पट्ठे !"

"अब्बा को पता चल गया तो ?" वह सहम-सा जाता है.

"अबे, डागदर साब ख़ुदई खेलते हैं. मेरे से किस का पेट छुपा हैगा. पूरा दाई हूं." सत्तार उसे चढ़ाता है.

"ठीक है; पर अब्बा को···." वह रुक जाता है.

"तू फिकर मत करे. साले किसी को भी पता नई चलेगा.···चार पैसे तू भी कमाने लगेगा. डागदर साब से खर्चा-पानी मांगने की इल्लत भी ख़तम.···और प्यारे, तेरी वो है न···अरे, वोई.···आ जाया करेगी, मिलने कूं बैठक में. डब्बल फायदा होगा. आम के आम और साली गुठलियों के भी दाम खरे.···है के नई ? ···बाकी तू जान."

उस की तरफ़ देखता हुआ वह झेंप कर मुस्कुराने लगता है. सत्तार ठोडी पर तेज़ी से साबुन मलना शुरू कर देता है.

सबेरा मुर्ग़ों की बांग को पीछे छोड़ता चल रहा है. इमारतों के ऊपरी सिरों पर धुली-पुंछी धूप चिपकने लगी है. आलसी दूकानदारों की दूकानें भी धीरे-धीरे खुलने लगी हैं. बाज़ार निरन्तर गर्माता जा रहा है. फ़त्तो फकीरनी ने अल्लाह के

नाम पर पैसे-दो-पैसे की गुहार शुरू कर दी है. बच्चे उसे छेड़ रहे हैं और वह गालियां बंकारती फिर रही है.

जुम्मन खरादी दूकान में धूप-अगरबत्ती जला मचिया पर आ बैठा है और बसूले की चोट से ऊबड़-खाबड़ लकड़ी को संवारने लगता है. सड़क पर खड़ा नोशे दर्जी थले पर आ बैठता है.

"परसूं के दिन किधर गए थे जुम्मन मियां," नोशे पूछता है.

"औरत कूं लेने गया था मायके से." जुम्मन कहता है.

"जभी तुम्हें पता नईं के बज़ार में क्या हो गिया. जै दिन तुम दुकान पैं नईं बैठे, वा दिन की बात हैगी." नोशे बीड़ी जला लेता है.

"सुनी तो थी मियाँ! कुछ उड़ती-उड़ती कान में पड़ी थी. हुसना रंडी के छोरे ने रहीम कबाड़ी के पेट में चाकू घुसेड़ के अंतड़ियाँ बाहर हेड़ दी थीं." जुम्मन झुरझुरी-सी लेता हुआ कहता है और बसूला छोड़ स्थिर हो जाता है.

"अरे, जुम्मन मियाँ! अब तो हियाँ बज़ार में रोटी-पानी का जुगाड़ भी खतरे से खाली नईं रया. ये साले हरामी रंडी-बेड़िनियों के छोरे-छकारे भरे बज़ार में सरीफ़ आदमियों की इज्ज़त-आबरू पे बेखटके हाथ डाल देते हैं." नोशे भुन-भुनाता हुआ ज़ोर से बीड़ी का सुट लगाता है और धौं-धौं खाँसने लगता है.

"झगड़े-टंटे की कौन-सी बात हो गयी थी वा दिन?" जुम्मन उत्सुकता से पूछता है.

"बात क्या होती? रहीम कबाड़ी के भतीजे को तो तुम जानो ही हो कित्ता अफंडी छोरा हैगा! हुसना रंडी के कोठे पर झरपट हो गयी थी. वा दिन से ही तल्लास में था के कब वार करूँ." नोशे बीड़ी का कश खींच कर जुम्मन की तरफ़ बढ़ा देता है.

"ठीक कहो हो मियाँ! अब तो इस बज़ार में रहने-सहने का धरम मिट गया हैगा." जुम्मन बीड़ी का कश खींच टोंटा सड़क पर फेंक देता है और बेडौल लकड़ी पर रंदा चलाने लगता है.

"पन सगले ज़ात-बिरादरी के लोगों की रोज़ी-रोटी इसी बज़ार से चलती हैगी, सहर में बज़ार तो भौत हैंगे. नल्ली के पास झल्ली-खोमचा ले कर तो कोई भी बैठ सके है. चूढ़ा-चीमार भी. दूकान कौन देवेगा हमें?" नोशे ठंडी साँस ले कर उठ जाता है. जुम्मन हैरानी से इसी मुद्दे पर सोचता रह जाता है.

"बे फालतू का लफड़ा." झुंझलाकर वह विचार झटक देता है. नसवार की डिबिया निकाल, दो चुटकी नथुनों में सूंघ छींकने लगता है.

रमज़ू परचूनिये की दुकान कई दिन से बन्द है. बीवी की मौत ने उसे पागल बना दिया है. तीजा हुए भी अठवाड़ा बीत गया. कल बाज़ार आया था तो मीर साहब

ने पूछा दूकान के बारे में. तब आस्तीन से आँसू सुखाता हुआ बोला था, जिसके लियों रोज़ी-रुज़गार होवे था, वो ही नईं रही. फ़ैर किसके लियों खोलूं दूकान कू."

"पेट पालने के लियों तो करना ही पड़ेगा भैया ! हिम्मत से काम लेओ. अल्लाह पाक सब ठीक करेगा." मीर साहब ने उसे सान्त्वना दी थी.

रमज़ू की दूकान नहीं खुलती है तो लड़के थले पर जमे ही रहते हैं. सुबह से रात गये तक ताश पिटती रहती है, दो-एक कम होते हैं, तो उन की जगह कई और ले लेते हैं. इस वक़्त भीड़ ज़्यादा है. चार-छह खेल रहे हैं. उतने ही लड़े देख रहे हैं. हँसी-ठट्ठा, धौल-धप्पा और गाली-गलौच सब चल रहा है.

"हाय जानी !"

"मार दिया ज़ालिम !"

"होय-होय ! क्या माल हैगा ?"

पहल यादइलाही ने की थी. सड़क पर गुज़रती कॉलिज की लड़कियों को देख, उससे रहा नहीं जाता है. छाती पर हाथ मारने लग जाता है. दूसरे भी देखते हैं और पत्ते फेंक कर एक-दूसरे पर उठँग आते हैं. "अबे हट परे कूँ.···ओय हरामी के ! सारा मज़ा तू ही लूटेगा क्या ?" सब झगड़ते-से जाते हैं.

"हाय बाबू ! देख रिया हैगा पल्ली वाली कूं. कित्ती मासूक़ हैगी. क्या जवानी हैगी. साली चिकनी-चुपड़ी. हाय मर गए हम तो." कालेखां कूदकर सड़क पर आ जाता है और गले में पड़े मफलर को ठीक कर बाल सँवारने लगता है.

"मेरे को बीच वाली तगड़ी लग रई हैगी. क्या जवानी हैगी ? क्या उठान हैगा ! नाखून से चोटी ताईं. जैसे हूर परी मूरत बना दी हैगी अल्लाह मियाँ ने." पीरबख्श ठहाका लगाता हुआ कहता है.

लड़कियाँ सहमी-सिकुड़ी तेज़-तेज़ निकल जाती हैं. मुन्शी इक़राम क़िदबई पाठशाला में उर्दू टीचर हैं. तेज़ क़दमों से स्कूल जाते हुए ठिठक जाते हैं. उन्हें लड़कों की यह हरक़त बुरी लगती है. आखिर वह भी मास्टर हैं. भीतर आग भड़कना लाज़मी है. दाढ़ी खुजाते लड़कों के सामने तन जाते हैं

"क्यों रे छोरे ! तुम्हारे माँ-भैनें नहीं हैं क्या ?" वह चीख कर कहते हैं.

लड़के चौंक कर उनकी ओर देखते हैं. अपने मज़े में किसी का इस तरह टाँग अड़ाना उन्हें बर्दाश्त नहीं होता. यादइलाही उनके आगे हाथ नचाता हुआ कहता है, "ये आये हैं माँ-भैनों के बड़े अब्बा. तन्नक इनकी भी सुन लेओ भाई लोगो."

मुन्शी इकराम तिलमिला उठते हैं, लाहौल बिला क़ुव्वत ! यह क्या बत्त-मीजी है ! हद हो गई शराफ़त की.

"वो देख रिये हो मुन्शी जी ! वो नल्ली के पास में ! थूथनी टूटा कुत्ता पड़ा हैगा. बस अब फूट लो हियाँ से और नईं वैसा ही चौखटा बना देंगे." काले खाँ

आँखें निकालता है.

"मज्जिद में बैठ कैनी अल्ला-अल्ला करो अब्बा मियाँ ! मुन्शीगिरी से रिटैर होने का बखत हैगा." अकबरदीन कहता है.

"छोड़ो-छोड़ो ! जान दो, जान दो ! बुज़रग आदमी हैंगे." टिल्लू पहलवान का लड़का कहता है.

"काहे कूं ! ···काहे कूं जान दें ? अब्बी तो इनका फोटू ईंचना हैगा." पीर-बख्श उनके कन्धे पर धक्का मारता है और काले खाँ दाढ़ी पकड़कर हिला देता है.

मुन्शी इकराम के तन-बदन में आग लग जाती है. बेतरह बिफर उठते हैं, "लुच्चो-लफंगो ! तुम्हारी यह मजाल ! एक मास्टर के साथ यह बदतमीज़ी ! याद रखो, मास्टर को बेइज्ज़त करते रहे तो तुम्हारी सात पुश्तें भी जाहिल-गंवार होंगी."

वह थरथर काँप रहे थे. बोलते में थूक बिखर रहा था और बाँछों में झाग फँस गये थे. वह अपने पर क़ाबू नहीं रख पा रहे थे.

"क्या हुआ मियाँ खाँ ? इत्ते क्यों चिल्ला रिये हो. लुगाई का गुस्सा लौंडों पर उतार रिये हो क्या ? अरे, भई, मुन्ताज़ मियाँ ! ज़री समझाओ मुन्सीजी को." कब्बन मिर्ज़ा,सारंगी के गज की तरह हाथ नचाते हुए ठहर कर बोले और मुमताज़ क़व्वाल की तरफ देखने लगे.

"मियाँ छोड़ो और जाओ अपने इसकूल कूं. ये छोरे बड़े अफंडी हैंगे. इन से लगना ठीक नईं. बेफालतू में अपनी मिट्टी काहे को छितवारिये हो ?" मुमताज़ रात-भर कव्वाली की जगार के कारण उबासियाँ समेटते हुए कहता है.

"हाँ चच्चा ! हम तो कित्ती देर से कैरिये थे कि जाओ-जाओ अपना रास्ता देखो. पन ये सुनते ही नहीं हैंगे." सद्दू, जो अब तक चुप था, बोलता है.

"इन छोरों ने मेरे साथ मारपीट की है. मैं जा कर अभी थाने में रपट लिखाऊँगा." मुन्शी इकराम बुरी तरह भिन्ना रहे थे.

"अच्छा, तो जावे नी. रिपोर्ट कर दे जाके. चल हाऽऽट परे कूं." काले खाँ गुस्से में भर कर ज़ोर से धक्का देता है. मुन्शी इकराम औंधे मुँह गिर जाते हैं. टोपी नाली में और हाथ का रजिस्टर घोड़ों की लाद पर जा पड़ता है.

भीड़ बढ़ जाती है. तमाशाई ही हैं सब. ज़्यादातर लोग हँस रहे हैं. मुन्शी इकराम चिढ़ जाते हैं. कपड़े झाड़ते हुए उठते हैं, "हँसते हो ? हँस लो. एक दिन सारी क़ौम रोयेगी. ये लुच्चे-लफंगे ही पैदा होते रहेंगे तुम्हारे यहां ?"

"ऐई मुन्सी जी ! सारी क़ौम कूं गाली मत देओ." शब्बीर नाई तहमद की लांग ठीक करता थले से उतर आता है.

"करतूत लौंडों की और भाँड रिये हो हम सब कूं. फूट जाओ हियाँ से और

नईं भुरकस बना देवेंगे लोग-बाग." छम्मन उस्ताद भी सरक आते हैं इधर.

मुन्शी इकराम टोपी-रजिस्टर उठा कर चारों तरफ देखते हैं. कहीं कोई उन पर तरस खाने वाला नहीं. चुपचाप गर्दन झुकाए चल पड़ते हैं. लोग गला फाड़ कर हंसने लगते हैं. वह सोचते हैं कि ये उन पर नहीं, अपनी बदहालियों पर हँस रहे हैं. अपने को ही मिटा रहे हैं.

फ़ज़ल चौधरी की बीड़ी फैक्ट्री के बाहर नूरो खड़ी है. उसके आते ही पास-दूर की नजरें उसे छेदने लगती हैं. सभी नज़रों में या तो नफ़रत है या फिर व्यंग की धारदार छुरी. चूड़ीदार पाजामे पर चिकन की बूटे कढ़ी कमीज़ और गोटे वाला दुपट्टा. आँखों में गाढ़ा काजल और पान-रचे होंठ. पैरों में सलीमशाही जूतियाँ. फ़ज़ल चौधरी गल्ले के पास बैठे हुक्का गुड़गुड़ा रहे थे. उसे देखते ही लपक कर सड़क पर उतर आते हैं. घबराये हुए-से.

"तेरे से कित्ती बार कही, बज़ार में मत आया करे." फ़ज़ल चौधरी दाढ़ी खुजाते चोर नज़रों से इधर-उधर देखते हैं. मम्मद कुँजड़े की दूकान पर सब्ज़ी खरीदते लोग उनकी हिचकिचाहट भाँप कर हँस पड़ते हैं.

"अरे तो क्या होया चौधरी ! सब जाने हैंगे. फैर छुपाने की कौन-सी बात." नूरो फिस-फिस कर हँसती है. पान की पीक के कुछ छींटे छितरा कर फ़ज़ल चौधरी की दाढ़ी को छूते हैं.

"ओफ़्-फो, तू समझती क्यों नहीं. बज़ार में रहने देवेगीं के नईं मिझे ?" वह खिसिया जाते हैं.

"अच्छा जा रईं हूँ बाबा ! एक दस का लोट निकालो. सेरगढ़ के मेले में जा रईं हूँगी. पीर बाबा पै चद्दर चढ़ानी हैगी." नूरो हँसने लगती है.

"और जो हफ़्ते के दिन सौ का पत्ता देया था. भौत खर्च करे है तू नूरो ! मेरा तो कबाड़ा ईकाल देगी कभियो." फ़जल चौधरी रिरियाते हुए कहते हैं और जेब से नोट निकाल कर थमा देते हैं. नूरो हँसती-मुस्कराती चली जाती है.

मम्मद अपनी दूकान से ही कहता है, "चौधरी साब ! घर में डाल लो दारी राँड़ कूँ. रोजीना की छु-छुपौअल कब तक चलेगी ? चार निकाह जायज़ हैंगे. अब्बी तो दो किए हैंगे. तिसरा इस नूरो से कर लो."

"आँ-हाँ, ठीक कैरिया है मम्मद ! मेरे नसीब में रंडी-बेड़नी ही तो रै गईं हैंगी." फ़ज़ल चौधरी जल-भुन कर कहते हैं और गल्ले के पास से हुक्का उठा भीतर चले जाते हैं.

मम्मद ज़ोर से ठहाका लगाता है. कमरू धोबी को गोभी का फूल पकड़ाते हुए कहता है, "ये बज़ार है प्यारे बाबू ! याँ सब तरियों का सौदा बिकता हैगा. सब तरियों का, जैसा जी में आवे खरीदो और मौज करो." □□

फैसले के बाद

इब्राहीम शरीफ़

मुस्लिम अभाव-ग़रीबी की दर्दनाक दास्तान. चिश्ती ख़ानदान की बहू राबिया अपनी परम्परागत ख़ानदानी झूठी शान की परवाह न करके अपने बाल-बच्चों को पालने के लिए खेतों पर काम करने को, साहसपूर्वक पर्दा त्यागकर, निकल पड़ती है.

चेहलम के दूसरे ही दिन से राबिया की परेशानियाँ दुगुनी हो गयीं. हालांकि उसके पति के रहते हुए भी इस तरह की परेशानियां हुआ करती थीं लेकिन उनको दूर करने की सारी ज़िम्मेदारी अकेली राबिया की नहीं होती थी. ऐसे में ज़्यादा-से-ज़्यादा वह पति की इधर-उधर की झल्लाहट को चुपचाप सह लेती और थोड़ी देर बाद उलटे पति को सब्र की ऊंची-ऊंची बातों से सांत्वना देती या भूखे बच्चों को पानी पिलाकर, बेहद आकर्षक परियों की कहानियों के भुलावे में डालकर रात-भर के लिए सुला देती या बहुत नहीं तो कुलसुम खाला को किसी के घर भेजकर दो-चार फुलके मंगवा लेती ताकि कम-से-कम बच्चों को चुप कराया जा सके. इसके अलावा राबिया ने पति के रहते हुए यह नहीं महसूस किया कि अगले दिन की रोटी-दाल जुटाने में उसे कुछ करना है. न वह ऐसा कुछ कर सकती थी और न ही करने की ज़रूरत होती थी. इस सबको लेकर नीचे-ऊपर होने वाला उसका पति था जो या तो किसी से कुछ मांग-मूंग कर चूल्हा गरम करता या एकाध ऐसे किसी मरीज़ को खोज निकालता जिसे जुलाब की गोलियों की, बुखार के काढ़े की या बुरी हवा से बचने के लिए ताबीज़-गण्डे की ज़रूरत होती. इस जुगाड़ में कुछ-न-कुछ मिल जाता और दो-चार रोज़ न सही, दो-एक जून के लिए खाना मयस्सर हो जाता. इस सबके बीच राबिया का काम फुलके सेंकना होता, दाल छौंकना होता, सालन बनाना होता और पति-बच्चों को खिला चुकने के बाद दो-चार कौर कम-ज़्यादा निग़लकर अगले दिन के अंधेरे के बारे में सोचते हुए सो रहना होता. मगर अब···राबिया ने छोटे बच्चे की उघड़ी हुई टांगों पर चादर ओढ़ा दी और वहीं बैठी सोचने लगी···.

उसके पति को मरे आज इक्तालिसवां दिन था. कल ही चेहलम हुआ था और कल तक राबिया ने अपने तीन बच्चों के साथ जैसे-तैसे चला लिया था. एक तो मौत का घर था इसलिए लोगों की हमदर्दी-ख़ैरख़्वाही कुछ-न-कुछ साथ ले आती थी. कोई औरत दुःख विचारने आयी, साथ में सेर-आधा सेर आटा ले आयी. कोई रहमदिल राबिया के सूने हाथों को देखकर आह भरने आयी, झोले

में थोड़ी-सी खेत की मूंगफली लेती आयी. कोई पड़ौसिन अपने बच्चे के लिए हाज़मे की गोली लेने आयी तो कटोरे में थोड़ा सालन और रूखे-सूखे ही सही, चार-छः फुलके बांध लायी. इस आरक-जारक में राबिया का भरा हुआ दिल भी थोड़ी देर के लिए हलका हो जाता और बच्ची के और अपने सूखे हलक भी भीग जाते.

इस सबके अलावा चेहलम के दस दिन पहले ही गांव वालों ने सभी मॉतबर लोगों के यहां से चन्दा इकट्ठा किया था, थोड़ा-सा गेहूं, चावल, दाल, घी, मिर्च-मसाला और ऊपर से कुछ रुपये. आखिर मरहूम की ठीक तरह से चेहलम की रस्म पूरी करने की गांव के सारे मज़हबी लोगों की ज़िम्मेदारी जो थी. गांव में अकेले ही तो ऊंचे खानदान के शख्स थे जिनके दादे-परदादे और लोगों के दादा-परदादाओं की तरह देशी न होकर विदेशी थे, सीधे अरब से आए हुए. राबिया के पति के चेहरे पर वह जलवा भी था. ऊंची नाक, पतले होंठ, खुला हुआ रंग, लम्बा क़द और नूरानी चेहरा. गहरी काली दाढ़ी में वह एकदम औलियाई रुतबे के लगते. क़ुरान की तिलाअत खूब उम्दा अन्दाज़ में करते और कुतबे की नमाज़ में लोगों के दिल और दिमाग़ को क़ुदरती माहौल में पहुंचाकर सुन्न कर देते. हकीम भी इतने पहुंचे हुए थे कि अपने हाथ से चुटकी-भर राख भी दे देते तो बड़े-से-बड़ा मर्ज़ हवा हो जाता. उनके पास कई गैबी ताक़तें भी थीं. किसके जिस्म पर किस जिन, भूत, शैतान का साया है, चेहरा देखते ही भांप लेते और ऐसा गण्डा-ताबीज़ करते कि बुरी बलाओं के जबड़ों में फंसा हुआ आदमी भी दो ही चार रोज़ में भला-चंगा हो उठता और आराम की ज़िन्दगी गुज़ारने लगता. उन्होंने अपनी ज़िन्दगी में कितने लोगों को मौत के मुंह से निजात दिलायी, कितनी बांझों की झोलियां भरीं, कितने भटके हुए लोगों को सही रास्ते पर लगाया, कितने काफ़िरों के दिल में खुदा का खौफ जगाया. ऐसे आला दर्जे के इन्सान का चेहलम हम लोग न करें तो कल मरकर खुदा को क्या जवाब देंगे ? लोगों ने आपस में सोचा और चन्दा वसूल करने में जुट गए. मरहूम के तईं लोगों की मुहब्बत और इज़्ज़त का ही नतीजा था कि चेहलम भी बाक़ायदा मनाया गया और चालीस दिन तक राबिया और उसके बच्चों को भी मोटा-झोटा खाने को मिलता रहा. पता नहीं रात कितनी गुज़र गयी. राबिया बेसुध सोते हुए अपने तीनों बच्चों के पास बैठी जाने कब तक अपने गुज़रे और आने वाले दिनों के बारे में सोचती रही. इसके बावजूद जब उसे कोई बात हौसला देने वाली नहीं लगी तो वहां से उठकर थोड़ा पानी पी आयी और बगल के ओसारे में सोती हुई कुलसुम खाला के खर्राटों की आवाज़ सुनती हुई बच्चों की बगल में लेट गयी.

सवेरे चार-छह झापड़ खाने के बाद भी जब छोटे बच्चे ने रोना बन्द नहीं किया तो रुआंसी होकर राबिया बोली, "कुलसुम खाला, कुछ दिन पहले

बता रही थी न, मरियम बू कहां काम करती है ?"

शायद बच्चे के रोने की आवाज़ में कुलसुम खाला को कुछ सुनायी नहीं दिया. वह उसी तरह अपने लहंगे की फटी हुई कोर सीने में मशगूल रही. राबिया ने बच्चे के गाल पर एक झापड़ और रसीद किया तो वह ज़मीन पर पड़ कर लोटने लगा. कुलसुम खाला से बच्चे का इस तरह रोना देखा नहीं गया. वह उठी, सूई ओसारे की ओलथी में कहीं खोंस दी और बड़बड़ाती हुई अपने कमज़ोर हाथों से बच्चे को उठाने लगी, "रोओ नहीं, बेटे,···सुबह-सुबह क्यों रो रहे हो ?"

बच्चे ने एक नहीं मानी और उसी तरह ज़मीन पर लेटा रोता रहा. राबिया का बड़ा लड़का और लड़की अपने बिछौनों पर ही बैठे सहमे-सहमे-से अपने भाई और कुलसुल ख़ाला को देखते रहे. कुलसुम ख़ाला रोते हुए बच्चे के पास उकड़ूं बैठ गयी और अपने-आप दुबारा बड़बड़ाने लगी, "पता नहीं अल्लाह मियां का तुम लोगों ने क्या बिगाड़ा···उसने साहब को उठा लिया···अरे, मुझे बुला लेता, मेरा है ही कौन जिसके लिए मैं जियूं···नहीं, इन छोटे-छोटे मासूमों के सिर का साया छीनने में ही उसे मज़ा आता है···ऐ ख़ुदा, तेरा राज़ तू ही जाने···रोओ नहीं, बेटे···मैं कहती हूं, क्या यह उनके मरने की उमर थी···मौत भी क्या, अच्छी-खासी बातें कर रहे थे कि सो गये···या रब, ऐसा क़हर न ढाता···इन बच्चों ने तेरा क्या बिगाड़ा था ?"

बच्चे ने रोने की आवाज़ थोड़ी धीमी की तो राबिया ने अपना सवाल दुहराया, "कुलसुम खाला, मैं क्या पूछ रही हूं ? मरियम बू कहां काम करती है ?"

कुलसुम खाला ने अपनी धुंधली नज़र से राबिया की तरफ देखा. बोली, "वह तो बीबी, चौबे जी के खेत में काब करती है···काम क्या है बीबी, मूंगफली के पौधे उखाड़ो···दिन के ढाई रुपये मिलते हैं, इसी से तो बेचारी पेट पाल रही है···."

"क्या यह काम बहुत दिन चलेगा ?" राबिया ने पूछा.

"चलेगा, बीबी···वहां खतम हुआ तो और भी तो खेत हैं···कुछ मिलता ही रहेगा."

"तो कुलसुम खाला, मरियम बू से कह आना, कल से मैं भी उसी काम पर जाऊंगी···."

"जी···!" कुलसुम खाला राबिया की यह बात सुनते ही ऐसे उठ खड़ी हुई जैसे उसके पैरों के बीच कोई सांप आ गया हो. "क्या कहा बीबी आपने ?"

"कल मैं भी खेत पर काम करने जाऊंगी···साथ में जीलानी भी जायेगा ···तुम दोनों बच्चों को सम्भाल लेना···जीलानी भी तो अब तेरह साल का हो गया है, दोनों काम करेंगे तो रोज़ के पांच रुपये मिलेंगे···"

कुलसुम ख़ाला के बहुत देर तक बोल नहीं फूटे. वह उसी तरह ज़मीन पर लेटे हुए बच्चे के पास खड़ी राबिया को आंखें फाड़-फाड़कर देखने लगी. जब उसका मुंह खुला तो सिर्फ उसने इतना कहा, "बीबी आपको पता है, आप क्या कह रही हैं ?"

राबिया को पता था, वह क्या कह रही है, और उसे यह भी पता था कि वह बहुत बड़ी बात कह रही है. यदि अनवर हुसैन चिश्ती की बीवी घर से बाहर निकले और खेत में जाकर मज़दूरी करे, यह वाक़ई बड़ी बात थी. चिश्ती खान-दान के पास कभी दौलत नहीं थी तो क्या हुआ, गांव का सबसे इज़्ज़तदार खान-दान यही तो था. इस घर की बहू-बच्चियों का साया तक किसी ने आज तक नहीं देखा. लोग कहते हैं, इस घर से औरत तभी बाहर निकलती है जब वह मर कर लाश बन जाती है. वरना आज तक गांव के किसी आदमी ने चिश्ती खान-दान की औरतों की झलक तक नहीं पायी है. उसको भी बीस-बाईस साल हो गए इस घर में आए. बस मायके गयी तो दहलीज़ के बाहर क़दम रखा है, वरना नहीं. वह भी पर्देदार गाड़ी में अपना पैर तक किसी को दिखाए बगैर. ऐसे खान-दान की बहू राबिया खेत पर बेपर्दा होकर काम करने जाएगी ?

"बीबी आपको पता है, आप क्या कह रही हैं ?" कुलसुम खाला से दुबारा सिर्फ़ इतना ही कहा गया. दरअसल राबिया की बात सुनने के बाद उसके सोचने और भरोसा करने की ताकत कुछ ऐसी ढीली पड़ गयी जैसे कब्र से उठ कर अनवर हुसैन चिश्ती सीधे घर चले आये हों और भौंचक निगाहों से वह उन्हें देखकर कुछ कहने और न कहने के शशोपंज में फँसकर रह गयी हो.

राबिया ने उसे समझाते हुए कहा, "अब किया भी क्या जाये, कुलसुम खाला, ...बच्चों को पालना भी तो है...मैं भी कब तक भूखी रह सकती हूँ ?"

"फिर भी बीबी, आप...?"

"हाँ, कुलसुम खाला, मैं कल से काम पर जाऊँगी...."

कुलसुम खाला दुबारा वहीं बैठ गई. इस बीच जमीन पर लेटा हुआ बच्चा भी उठकर बैठ गया था. उसके गालों पर बहे हुए आंसुओं की धार सूख गयी थी. कुलसुम खाला दुबारा अपने-आप बड़बड़ाने लगी, "या खुदा, बन्दा करीम, यह तू क्या सुना रहा है...इस खानदान की बहू खेत में काम करने जायेगी...क्या तुझे अपने प्यारे बन्दों की इज़्ज़त-आबरू का ख्याल नहीं है...? परवरदिगार, ऐसा कहर मत ढा...मेरी इस बूढ़ी जान को मत सता...मैंने उस खानदान की बांदीगिरी की है...मेरी आंखों के सामने इस खानदान की इज्जत मत लूट...मेरे अल्लाह...मेरे खुदा...."

राबिया अपने और बच्चों के बिस्तर समेटने लग गयी थी. उसने बिस्तर तह करके एक तरफ रखते हुए कहा, "इसमें ऐसी कौन-सी बात है, कुलसुन खाला...

लोग अपना पेट पालने के लिए काम तो करते हैं ?"

"ना बीबी, खुदा के वास्ते ऐसा मत कहिए पहले मेरी लाश उठाइये और बाद में आप दहलीज से बाहर कदम रखिए···यह शर्मनाक बात कहेंगे तो गाँव के लोग क्या कहेंगे···? सारे दीन की इज्ज़त मिट्टी में मिल जाएगी···ख़ुदा के वास्ते आप ऐसा मत कहिए···."

राबिया ने ज़मीन पर बैठे हुए बच्चे को गोद में उठा लिया और उसके गालों पर हाथ फेरते हुए बोली, "कुलसुम खाला, देखा नहीं, यह मासूम सुबह-सुबह भूख के मारे कैसे रो रहा है ? मैं इसे ऐसे कब तक सम्भालूँगी ?"

"सब्र कीजिए, बीबी···आप तो ऊँचे ख़ानदान की हैं—हम जैसे मामूली लोगों की तरह दिल को छोटा करना आपको नहीं सुहाता···सब···."

शायद राबिया को कुलसुम खाला का इस तरह समझाना अच्छा नहीं लगा. वह अपनी फ़ितरत के खिलाफ आवाज़ में थोड़ी-सी झुँझलाहट भरते हुए बोली, "सारी जिन्दगी सब्र ही किया है, कुलसुम खाला···क्या तुझे पता नहीं कि मैंने ज़िन्दगी में सब्र के सिवा कुछ नहीं किया है ? अब सब्र के साथ-साथ मेहनत भी करनीपड़ेगी, कुलसुम ख़ाला···अब सिर्फ़ सब्र से काम नहीं चलेगा ."

कुलसुम खाला की अकल अब तक लौट आयी थी. वह अपने दोनों घुटनों पर हाथ रखकर तकलीफ से उठती हुई बोली, "बीवी, मेरी क्या हैसियत है कि मैं आपको समझाऊँ···! लेकिन इतना जान लीजिये कि आपने दहलीज के बाहर कदम रखा तो गांव में आग लग जाएगी···फिर कोई इज्जतदार आदमी गाँव में नहीं रहेगा···." शायद उससे और कुछ कहा नहीं गया. वह पैर घसीटती हुई ओसारे में जाकर बैठ गयी.

बच्चा दुबारा रोने लग गया था. दोनों बड़े बच्चे उठकर हाथ-मुँह धोने और निपटने चले गये थे. राबिया बच्चे को जमीन पर उतारकर कोठरी के अन्दर गयी, शायद वच्चे के लिए कोई खाने की चीज़ ढूँढने-टटोलने के लिए. अब तक भी कुलसुम ख़ाला के दिमाग़ ने सहज ढंग से काम करना शुरू नहीं किया था. सिर्फ राबिया की बातें उसके दिमाग में चक्कर काट रही थीं, आड़ी-तिरछी. वह वहाँ ज़्यादा देर बैठी न रह सकी. वहाँ से उठी, बाहर आंगन में आकर खड़ी हो गयी, रोते हुए बच्चे को एकटक देखती हुई. जब राबिया बाहर आयी तो उसके हाथ में गुड़ का एक छोटासा टुकड़ा था. उसने वह टुकड़ा बच्चे के हाथ में थमा दिया और बेहद अफसोस-भरे लहजे में बोली, "इन बच्चों का भूखों मरना मुझसे देखा नहीं जायेगा कुलसुम खाला···वो होते तो और बात थी···अब मैं इन मासूमों की मौत का जुर्म अपने सिर पर नहीं ले सकती."

कुलसुम खाला की तर्क-शक्ति जवाब दे गयी थी. वह धीरे-धीरे सुबकने लगी. जैसे अभी-अभी अनवर हुसैन चिश्ती की सांस रुक गयी हो. थोड़ी देर वह

उसी तरह वहां खड़ी रही और उसके बाद पूरे आक्रोश में भरकर बोली, "बीबी, इस खानदान के बच्चों को जिन्दा रखने का फर्ज़ क्या गाँब वालों का नहीं है ? मैं जाकर गाँव वालों से पूछती हूँ···देखती हूँ, बो खुद कैसे अपनी नाक कटवाते हैं···अगर गाँव वालों ने बच्चों के और आपके लिए कुछ नहीं किया तो थू है उन पर···आज जुमा है न, बीवी···आज गाँव के सभी लोग मस्जिद में मिलेंगे···मैं जाके लोगों से कहती हूँ, अपनी इज्ज़त बचा लो, वरना इस आला खानदान की बहू खेत में काम करने जायेगी···देखती हूँ, लोगों में इज्ज़त-हया बची है कि नहीं."

ये सारी बातें सुनकर राबिया ने कोई जवाब नहीं दिया. शायद उसके दिल के किसी कोने में थोड़ी-सी आशा जगी थी कि कुलसुम ख़ाला की बातों से गाँव वाले पसीज जायेंगे और बच्चों के लिए कुछ-न-कुछ करेंगे. वह दुबारा कोठरी के अन्दर चली गई.

कोई दो बजे जब कुलसुम खाला मस्जिद से लौटी तो धूप में चलने की वजह से उसके बूढ़े चेहरे पर पसीना भरा हुआ था और हवाइयाँ उड़ रही थीं. राबिया का छोटा बच्चा औंधा पड़ा सो रहा था, और बड़ा लड़का वहीं बैठा कोई किताब पढ़ रहा था. लड़की कोठरी के अन्दर कुछ काम कर रही थी. राबिया पल्लू से सिर ढ़के किसी बहुत पुरानी किताब पर झुकी हुई थी. कुलसुम खाला आकर उनके पास बैठ गयी. बहुत देर तक कोई कुछ नहीं बोला.

काफी देर बाद कुलसुम खाला अपने-आप बड़बड़ाई, "आग लग जाये गाँव-वालों को···किसी मुए ने कुछ नहीं कहा···."

राबिया ने किताब पर से नज़र उठायी और कुलसुम खाला की तरफ देखा. बूढ़ी बड़बड़ाये जा रही थी, "अब यह ज़माना बहुत दिन नहीं चलेगा···जहाँ लोगों में इज्ज़त-आबरू का ख्याल नहीं है, वहाँ खुदा का रहम कहां होगा···मैं कहती हूँ, यह दुनिया तबाह हो जायेगी···."

"आख़िर बात क्या हो गयी, कुलसुम खाला ?" राबिया ने किताब बन्द कर दी.

"बात क्या है, बीबी, खुदा का कहर टूटने वाला है···."

"तू सीधी बात क्यों नहीं करती ? आख़िर हुआ क्या ?"

"होता क्या, बीबी ! किसी मुए ने कुछ नहीं कहा···बस सभी यही कहते रहे कि चिश्ती ख़ानदान की कोई औरत घर के बाहर कदम नहीं रख सकती···."

"तू ने क्या लोगों को बताया कि···?"

कुलसुम खाला ने बात चीत बीच ही में पकड़ ली. ऊँची आवाज़ में कहने लगी, "बताया सब कुछ है, बीबी···मगर किसी करमजले के मुँह से यह नहीं निकला कि हम उनके खाने-पीने का कुछ-न-कुछ करेंगे···वह मरा रहीम खाँ कितना

गसे वाला है···अहमद मियाँ, शौकत अली, वह कादिर बेग—किसके पास पैसे की कमी है? मरों के यहाँ रुपया सड़ रहा है···लेकिन किसी का दिल हो, तब न ···ऊपर से कमीने कहते हैं, यह उनकी इज्ज़त का सवाल है, इसलिए आपको घर के बाहर निकलने नहीं देंगे···."

राबिया वहाँ से उठी. पास के आले में किताब रख दी. लौटकर अपने बड़े लड़के के पास बैठ गयी. धीमी, मगर मज़बूत आवाज़ में बोली, "कुलसुम ख़ाला, फिकर करने दे उन लोगों को अपनी इज्ज़त की···मुझे तो अपने बच्चों की और अपनी ज़िन्दगी की फिकर है···तू शाम को चौबे बाबू से कह दे, कल से मैं और मेरा बच्चा उनके खेत पर काम करने आयेंगे···कल की मज़दूरी से दो रुपये भी माँग ला···."

कुलसुम खाला ने कुछ कहने के लिए मुँह खोला, लेकिन तब तक राबिया का छोटा बच्चा जग गया था और हाथ-पैर झाड़ कर ज़ोर-ज़ोर से रोने लग गया था. सिर्फ राबिया को पता था, घर में अब गुड़ का चूरा भी बचा नहीं रह गया था जिससे रोते हुए बच्चे को चुप कराया जा सके.

□□

कुर्बानी

मोहम्मद इब्राहीम

जात-गोत के भेद-भाव, नारी के प्रति अत्याचार, दहेज-प्रथा की बुराई मुस्लिम वैवाहिक जीवन का भी अभिशाप बनी हुई है. जब तक हमारे नौजवान रूढ़ियों को तोड़ने में साहसपूर्वक कुर्बानी देने को अग्रसर नहीं होते, तब तक ये बुराइयां दूर नहीं होंगी—यही कथ्य है मोहम्मद इब्राहीम की इस कहानी का.

कॉलेज में ही मुझे अज़ीम भाई की मौत की ख़बर मिली. वह मेरे दोस्तों में से एक थे. मैं उन्हें प्यार से भाई साहब कहता था.

यह ख़बर ऐसे वक़्त मिली, जब इम्तहान सिर पर था. पर इम्तहान खत्म होने के बाद मैं पुनः मामूल पर आ गया. एक लंबे अरसे के बाद घर जाते हुए मुझे अजीब-सा सुकून मिल रहा है. घर में दो भाइयों, अम्मी, छोटी-सी शमीम और अन्य लोगों से मिलकर मुझे बेइन्तहा ख़ुशी होती है.

इन सबसे ज़्यादा ख़ुशी होती थी अज़ीम से मिलकर. पर अब रह गई है उनकी यादों की लम्बी श्रृंखला जिसमें मैं ही नहीं, अनगिनत इन्सान बंधे हैं. उन इन्सानों में एक है नुसरत भाभी. न-जाने उन पर कैसी आफ़तें आ रही होंगी, यह तो वही जान सकती हैं. मैं सिर्फ़ कल्पना कर सकता हूं.

इन्हीं विस्तृत विचारों को लिए मैं दो सौ मील का लम्बा सफ़र कर घर पहुंचा तो, सामने शमीम दीख पड़ी.

"भैया !" वह ज़ोर से चहकी.

मैं उसे एक पल देखकर विस्मित हुआ. फिर छोटा-सा मुँह बनाकर कहा, "क्या घरवालों ने तुझे यही सिखाया है. सलाम-दुआ तो बिल्कुल भूल गई है."

"वाह भैया ! मेडिकल कॉलेज में पढ़ने के बाद भी लकीर-के-फकीर रहे. अरे, सलाम नहीं की तो क्या हुआ, भैया तो कहा."

"अच्छा, मुझे लकीर का फकीर कहती है!" मैं अटैची रखकर उसे मारने दौड़ा और वह 'बचाओ अम्मी' कहते हुए रसोई घर की ओर दौड़ी.

शमीम के चले जाने के बाद, मैं धीमे-धीमे घर का मुआयना करने लगा. कहीं कुछ चीज़ की बदलाहट न थी. हर चीज मुस्लिम संस्कारों के धागों से बंधी. जगह-जगह फ्रेम में जड़े हुए इस्लाम से सम्बंधित चित्र. पर इन चित्रों में एक चेहरा अलग हो जाता है, वह है मेरा. मैं कभी भी इस तरह के कच्चे संस्कारों के धागे में नहीं बंधा. न ही मैंने इन चीजों से कभी किसी बात की मांग की.

"कैसे हो शब्बीर, कब आया बेटा ?" पीछे से अम्मी की आवाज़ से मैं चौंका.

फिर धीमे से 'अस्सलाम आले कुम' की आवाज़ बुलंद की.

"जीते रहो मेरे लाल. तू तो बहुत दुबला हो गया है शब्बीर!" अम्मी की दुलार-भरी आवाज़ से मैं दिग्भ्रमित हो उठा.

"मैं दुबला हुआ हूं अम्मी ?"

"दुबला नहीं तो क्या मोटा हुआ है, रे ! लगता है, होस्टल का खाना तेरे लिए रुचा नहीं."

"पर अम्मी लड़के लोग तो कहते थे, तू मोटा होता जा रहा है ?"

"उन लोगों के मुंह में आग लगे." अम्मी ने अपनी ज़ुबान से ढ़ेर-सारी बद्दुआ उगल दी.

मैंने अम्मी की बद्दुआ-भरी बातों से अपना ध्यान हटाते हुए कहा, "अम्मी, दोनों भाभी नहीं दिख रही हैं ?"

"तेरी बड़ी भाभी मैके गई है और छोटी अजीम के यहां. तू जानता नहीं, बेचारे का इन्तकाल हो गया. वह चुड़ैल नुसरत के आते ही घर में बदहाली फैल गई. खैर, तू हाथ-मुंह धो आ, फिर बैठकर बातें करेंगे."

मैं बेमन से गुसलखाने की ओर बढ़ गया. बार-बार अम्मी की आवाज़··· नुसरत चुड़ैल है, मेरे कानों में आकर गूंज जाती. लोग कहते हैं, दुनिया बदल गई पर मुस्लिम समाज नहीं बदला. आज भी वह चौदहवीं सदी में भटक रहा है. बात यहां नहीं रुकती. बीसवीं शताब्दी में पैदा होने वाले बच्चों को भी वह अपने रंग में रंगता जा रहा है. इन्हीं विचारों को लिए जब बीस मिनट के बाद मैं बाथरूम से निकला, तो पूरी तरह तरोताजा होकर.

बाथरूम से निकलकर मैं सीधे रसोई घर में आ गया जहां खाना निकालकर शमीम इन्तज़ार कर रही थी. उसकी आंखों में एक किस्म का रंज था, अपनी बात कहीं न लगने का. मेरे दिल में इसका मलाल था. इन्हीं बातों को सोचते हुए मैं चुपके से खाना खाकर बैठक में आ गया, जहां अम्मी पान लगा रही थीं. मुझे देखते ही उन्होंने पान की गिलौरी आगे बढ़ा दी. मैंने पान ले लिया और खामोश मसनद पर आकर बैठ गया. कहने को मेरे पास ढेर-सारी बातें थीं. पर घर आने के बाद लगता है, ये सारी बातें दब-सी गई हैं.

फिर भी चुप रहने के बजाए मैंने धीमे-से कहा, "अम्मी, शमीम की कहीं बात लगी ?"

मेरी बातों से अम्मी ने सिर उठाकर मुझे देखा और दूसरे पल सिर झुकाकर नम्र लहजे में बोलीं, "मीर साहब के लड़के जमील के लिए बात चली थी. पर तू तो जानता है, असली बात कहां आकर रुकती है. उन्होंने जितने की माँग की, हम उतना देने में असमर्थ थे. जितना रुपया था वह तेरी पढ़ाई में लग गया. खैर, पढ़ाई-लिखाई का मसला अहम होता है. हमने सोचा, तेरे पढ़-लिखने के बाद यह

समस्या भी सुलझ जाएगी. अब तेरे ऊपर निर्भर है बेटा, अपनी बहन की ज़िन्दगी."

अम्मी की बातों पर मैं एक लम्बी सांस लेकर चुप रह गया. कहने के लिए मेरे पास अल्फाज़ नहीं थे. वैसे भी ख़ून चूसने वाली समाज-व्यवस्था से मुझे लड़कर शहीद होना था.

थोड़ी देर बाद मेरी छोटी भाभी भी आ गई. उन्हें देखकर मुझे हटना पड़ा. क्योंकि भाभी से मेरी बोलचाल पूरी तौर पर बन्द थी. कुछ देर तक आंगन में टहलने के बाद मेरे क़दम अज़ीम के घर की ओर मुड़ गए. शहर में वही मेरा एक मात्र साथी था. कॉलेज से लौटने के बाद अधिकतर समय उसके साथ ही कटता. हमारी इस प्यार-मोहब्बत को देखकर घरवाले कहते, "तुम दोनों तो एक-दूसरे पर ऐसे फिदा हो जैसे दोस्त न होकर मियां-बीवी हो."

घरवालों के इन शब्दों को सुनकर हम दोनों शरमा जाते बचपन से ही उसके दोनों फेफड़ों में एक बड़ा, एक छोटा था. एक हिसाब से उसका एक ही फेफड़ा काम करता था. अतः डाक्टरों ने उसे मेहनत वाले काम न करने की सलाह दी थी. जब मैंने मेडिकल कॉलेज में दाखिला लिया तो उससे वादा किया था कि डाक्टर बन जाने के बाद मैं उसके फेफड़ों का आपरेशन करूँगा. पर मेरे निकलने के पहले ही वह इस दुनिया से निकल गया.

अज़ीम के घर में प्रवेश करते ही उसकी अम्मी से सामना हो गया. वह मुझे देखते ही चीख-चीख कर रोने लगीं, "हाय शब्बीर ! तेरा दोस्त चला गया ! मेरे नज़रों का नूर चला गया."

मैंने उन्हें दिलासा देते हुए कहा, "चची, रोने से क्या फायदा. जाने वाला चला गया, बस उसकी यादें रह गई हैं." मैं अपने गीले स्वर पर नियंत्रण रखने का प्रयास करने लगा.

"वो तो बात सही है बेटा ! मगर दिल को कैसे समझाऊँ."

"चची, घर में और भी बच्चे हैं फिर नुसरत भाभी भी तो हैं. अगर आप इन सबके सामने यूँ ही रोती रहोगी, तो घर में गम का माहौल बना रहेगा."

चची नुसरत के नाम से भड़कीं और चीखते हुए बोलीं, "अरे बेटा, तूने किसका नाम लिया. उसीके आने से ही तो घर में यह हादसा हुआ है. उस चुड़ैल का पैर पड़ते ही मेरा बेटा अल्ला को प्यारा हो गया. न-जाने उस अज़ीम को कैसे यह लड़की पसन्द आ गई, ख़ुदा जाने. मैंने तो मस्जिद के इमाम से फाल निकलवा कर दिखाई तो उन्होंने कहा था, 'लड़की के पैर अच्छे नहीं हैं घर में आते ही कहर बरपा कर देगी.' मैंने इस बात से अज़ीम को भी आगाह कर दिया था. पर उसके सिर पर इसीका जिन्न नाच रहा था. तू ही सोच बेटा, वह अच्छा खाता-खेलता, इसीके आने के एक साल बाद ही इस दुनिया से रुख़सत हो गया."

चची बड़बड़ाए जा रही थीं और मेरा जी चाह रहा था, इस घर से भाग जाऊँ.

मुझे गुमसुम देखकर चची ने कहा, "बेटा, चाय बनाऊँ क्या ?"

"नहीं चची, रहने दो. न-जाने क्यों आज अजीम के न रहने से मुझे कुछ भी अच्छा नहीं लग रहा है." मैंने सिर झुकाए कहा.

वह मुझे कुछ क्षणों तक देखती रहीं, फिर कह उठीं, "अभी तू यहीं रहेगा या घर जाएगा, शब्बीर ?"

वैसे माहौल देखकर तो दिल कह रहा था, भाग जाऊं. क्योंकि इस नापाक माहौल में गम के साथ-साथ, एक-दूसरे के ऊपर दोषारोपण की लम्बी फेहरिस्त थी. फिर अल्फ़ाज़ों को सम्हालते हुए कहा, "थोड़ी देर रहूंगा चची."

"ठीक है बेटा, मैं पड़ोस से होकर आती हूं."

चची पड़ोस में चली गई और मैं ज़िन्दा मुर्दे की तरह वहीं बैठा रहा.

इसी मसनद पर बैठकर मैंनेऔर अजीम ने ज़िन्दगी की कई कामयाब मंज़िलें तय की थीं. इस घर में खेलते-खाते हम जवान हुए थे. मैंने ही एक मुस्लिम फंक्शन में, अज़ीम को नुसरत की एक झलक दिखाई थी.

शायद मेरे ही कारण नुसरत भाभी की ज़िन्दगी में यह जहर घुल गया है अपराधी होने की बात मेरे दिल में पैवस्त हो गई. इस हालत में मैं उनसे कैसे मिल सकता हूं ! उनकी सर्द-सी आँखों का मैं कैसे सामना करूंगा ? और मैंने वहां से निकल जाने की सोची. चुपचाप मैं मसनद से उठकर बाहर जाने को तत्पर हुआ.

अचानक शब्बी की आवाज़ सुनते ही मेरे क़दम रुक गए. पीछे पलट कर देखा तो नुसरत भाभी थीं. सफ़ेद साड़ी में लिपटा हुआ उनका चेहरा हद तक ज़र्द हो गया था किसी समय की रौनक मुहर्रम की मुर्दनी में बदल गई थी.

"ऐसे ही जा रहे हो शब्बी ! चाय पीकर नहीं जाओगे ?"

"आप पिलाएंगी और मैं नहीं पिऊँगा भाभी." मैंने दबे लहजे में कहा.

वह अन्दर चली गई और मैं वहीं बैठा रहा. खुदा की क्या यही खुदाई है कम उम्र में किसी को विधवा बना देना ? क्या इस समाज में किसी की इतनी हिम्मत नहीं जो उनका दामन थाम सके.

"शब्बी, चाय," भाभी ने चाय का प्याला मुझे थमाते हुए कहा. मैंने चुपके-से चाय का प्याला ले लिया.

कुछ देर तक चाय को और फिर भाभी को देखता रहा, "आप नहीं पिएंगी भाभी ?"

"नहीं," उन्होंने धीमे-से कहा.

दुबारा आग्रह करने की मेरे में हिम्मत नहीं थी. अतः हल्की-हल्की चुस्कियां लेते हुए कहा,"घर में कोई नहीं दिखता. सब कहां गए? बड़े भैया, छोटे भैया ?"

"चुड़ैल के रहने से कोई रहता है शब्बी ?"

भाभी के इस उत्तर से मैं हतप्रभ रह गया. चाय की प्याली रखते हुए मैंने हताश स्वर में कहा, "भाभी जी, आप ऐसा क्यों कहती हैं !"

मेरे प्रश्न पर वह फीकी मुस्कुराहट बिखेर कर बोलीं, "देवर जी ! मैं भी पहले अपने को चुड़ैल नहीं समझती थी पर अब माहौल के कारण मुझे अहसास हो गया है, मैं सचमुच में चुड़ैल हूं, आदमियों को खत्म करवाती हूं, घर में विघटन की ज्वाला फूंकती हूं और न जाने क्या-क्या करवाती हूं." कहते-कहते नुसरत भाभी का गला भर आया.

"भाभी, दुनिया को समझने दो. मगर आप अपने दिल में यह वहम मत पालिए और फिर अज़ीम की मौत आपके कारण नहीं, स्वयं उसकी बीमारी से हुई है. मैं इस बात को जानता हूं. और इस घर का विघटन तो एक-न-एक दिन होना जरूरी था. यह समाज और लोगों का दस्तूर है, गलत-गलत बातें कहने का."

"देवर जी, यह तो आप समझते हैं. मगर इस समाज के लोग मेरे वजूद को मिटाने पर तुले हैं. उधर घरवाले भी मुझे रखने को तैयार नहीं हैं. चारों तरफ मेरे लिए ऐसा षड्यंत्र रचा जा रहा है शब्बी, जिसमें फंसकर मैं एक दिन दम तोड़ दूंगी. इस षड्यंत्र में इमाम साहब भी हैं. जिन्हें लोग पांच वक़्त का नमाज़ी कहते हैं उनकी ज़िन्दगी कितनी भ्रष्ट है, अपनी बेटी समान लड़की से विवाह करना चाहते हैं. इस कारण तरह-तरह का प्रोपेगंडा कर रहे हैं. मुझे ज़लील किया जा रहा है चुड़ैल कहकर. साथ ही वह यह भी कह रहे हैं, इस चुड़ैल यानी मेरा इलाज उनके पास है. वह जिन्नों को आयतों के द्वारा बांधते हैं. मुझे भी निकाह के बंधन में बांधकर अपनी ऐशगाह में रखेंगे. मैं बहुत थक गई हूं शब्बीर ! अब एक ही रास्ता दिख रहा है—मौत. जिस दायरे में मैं बंध गई हूं वहां से निकलना भी मुश्किल है, शब्बीर. अगर तुम बीच में न पड़ते तो मैं अज़ीम की नहीं, इकबाल की बीवी होती और फिर यह सारा तमाशा होता ही नहीं." भाभी की आँखों में इन्द्रावती की बाढ़ समा गई और मैं अपराधी की तरह खामोश खड़ा रहा.

अपनी आंखों से आंसू पोंछकर भाभी ने मेरी ओर देखा और भरे स्वर से कहा, "खैर शब्बीर, यह तो हम लोगों की नियति बन गई है. वर्षों से दबी-कुचली नारियां. घर में मां-बाप की इच्छाओं की इज्जत करते हुए मैंने इकबाल से नाता तोड़ दिया और अज़ीम से बंध गई. और अब उनके जाने के बाद मेरी स्थिति चुड़ैल की है. छोड़ो शब्बीर, इन बातों को यह मेरी ही नहीं हर औरत की कहानी है."

भाभी के एक-एक शब्द मेरे सीने पर नश्तर की तरह चुभ रहे थे. उनकी बर्बादी का कारण मैं हूँ.

"इस घर में इकबाल कभी आया था भाभी ?" मैंने अपराधी स्वर में कहा.

"हां, तीन-चार बार, उनकी मैय्यत में और उसके बाद अनगिनत बार मुझे दिलासे देने."

"भाभी, जब इकबाल को आपके प्रति इतना लगाव है, तो वह क्यों आपका दामन थाम नहीं लेते. आप दोनों पढ़े-लिखे हैं."

इस बात से नुसरत भाभी फीकी-सी मुसकुराहट बिखेर कर बोलीं, "शब्बीर, कहते हैं न,यह काम कोई बड़ा कलेजा वाला कर सकता है और यह सामर्थ्य हमारे पुरुष नहीं जुटा सके हैं. वह आज भी अपने घर के दबाव से दबे हुए हैं. जिस इकबाल को मैंने खो दिया है उसे पाने का रास्ता भी तो बंद है. मेरे साथ चिपका है विधवा और घर खाने वाली का तंज़. मैंने इकबाल से कहा भी था, वह शादी कर ले, किसी दूसरी लड़की से पर उसने मेरी बात ठुकरा दी. सही मायने में मेरे लिए वह गम का पुतला बन गया है. इन बातों को मद्दे नज़र रखकर मैंने ख़ुद दूर चले जाना चाहा. एक एतक़ाद था, मैट्रिक पढ़ी हूं, नौकरी मिल जाएगी पर न नौकरी मिली और न ऐसे माहौल से दूर जा सकी. मेरी ज़िन्दगी, लगता है, उसी बुड्ढ़े इमाम के हाथों में बंधी है."

नुसरत भाभी का स्वर कहते-कहते धीमा पड़ गया और उसके बाद कमरे में खामोशी का अबाध क्रम.

मैंने धीमे-से कहा, "चलूं भाभी."

"जाओगे शब्बी !"

"टाइम काफ़ी हो गया भाभी."

"ठीक है जाओ, वक़्त मिले तो आते रहना. और हां, इन झंझटों में मैं तो भूल ही गई थी, तुम्हारी पढ़ाई का क्या हुआ ?"

"इम्तहान तो दे आया हूं. आपकी दुआ रही तो ज़रूर कामयाब हो जाऊंगा भाभी."

"एक बदनसीब की दुआ में उतना असर नहीं है शब्बी. फिर भी हरदम यही चाहती हूं, तुम ज़िन्दगी के हर दौर में कामयाब रहो."

भाभी को सलाम कहकर, मैंने घर की ओर क़दम बढ़ा लिए.

दूसरे दिन जब मैं अन्य रिश्तेदारों से मिलकर घर आया तो अम्मी और जमील को बैठे देखकर चौंका. अरे, यह तो ज़मील है !

"आदाब-अर्ज़ भाई साहब !"

"तसलीम." मैंने शुष्क स्वर में उत्तर दिया.

मेरे कुछ कहने के पहले अम्मी कह उठी. "शब्बीर, जमील तेरा इन्तज़ार कर रहा था."

"किस बात के लिए ?"

"शमीम के लिए !"

"पर अम्मी, तुम जानती हो, हम दस हज़ार देने में असमर्थ हैं. हां, मैं डाक्टरी का सर्टिफिकेट पा लूं तो उसके बाद लोगों का खून चूस कर दस हज़ार इन लोगों को दे सकता हूं."

"इसी बात का तो प्रायश्चित करने आया हूँ, भाई जान!"

"बेटा शब्बीर, तुझे ऐसा नहीं कहना चाहिए. तू नहीं जानता, जमील अपने मां-बाप से मुखालफ़त करके यहां आया है, बिना दहेज के वह शमीम से निक़ाह करना चाहता है."

"क्या?" मैं विस्मित रह गया.

"सच भाई! नुसरत आया के द्वारा मैं कई दिनों तक प्रताड़ित होता रहा उन्होंने मुझे रास्ता दिखाया. उन्हीं की बदौलत मुझमें यह साहस पैदा हुआ. जबसे मैं इसी बात की प्रतीक्षा कर रहा था, आप आएं और इस निक़ाह को स्वीकृति दे दें. मैं उन सम्बन्धों को बहुत दूर छोड़ आया हूं जो खून चूसने वाले रिश्तों में बंधकर मानवता का अपमान करते हैं. हम नवयुवक पढ़-लिखकर भी मां-बाप की पुरानी बातों को सिर झुकाकर मान रहे हैं और सैंकड़ों लड़कियों का जीवन तबाह कर रहे हैं."

"पर मियाँ, मानता हूं, जोश में आकर तुम ये काम कर लोगे और कल के रोज़ मां-बाप और समाज के लोग कान भरें, या लालच भरा रास्ता दिखाएं उस वक़्त तुम्हारा साहस राख के ढ़ेर में दब जाएगा."

"भाई साहब मैं बालिग हूं. पढ़ा-लिखा अपने पैरों पर खड़ा. मुझे कोई दूसरा वरग़ला नहीं सकता. बस आप अपनी स्वीकृति दे दें."

"आप खुश हैं अम्मी?"

"हां बेटा!"

"और दोनों भैया-भाभी?"

"वो भी खुश हैं. तू छोटा है न अतः तेरी स्वीकृति ज़रूरी थी." अम्मी ने मुसकुरा कर कहा.

"जब पूरे घर वाले खुश हैं, तो मैं ही क्यों पीछे हटूं, मुझे यह रिश्ता मंजूर है." मैंने धीमे-से कहा.

मेरे इस उत्तर से माहौल खुशनुमा बन गया. सबके चेहरे पर मुसकुराहट तैर उठी.

कुछ देर खामोश बने रहने के बाद मैं उलटे पैर पुनः बाहर की ओर मुड़ गया. अम्मी ने आवाज़ दी, "कहाँ जा रहा है बेटा?"

"काम से जा रहा हूं अम्मी," मैंने झटके-से कहा, और तेजी से इकबाल के घर की ओर बढ़ गया.

बीस मिनट के बाद, जब उनके घर पहुंचा तो वे मुझे देखकर विस्मित रह

गए, "अरे शब्बीर ! आओ. कब आए बेटा ?" क़रीम फूफा ने मुझे देखकर कहा.

और मैं सबको सलाम करते हुए अन्दर आकर चेयर पर बैठ गया, "कल सबेरे ही तो आया हूं फूफा. और आते ही घर-घर घूम रहा हूं."

"नेक काम कर रहे हो बेटा. इससे कुछ घटता-बढ़ता नहीं अलबत्ता लोग कहते हैं, लड़का मिलनसार है."

आप बजा फरमाते हैं फूफा."

मैंने इकबाल की ओर मुड़कर कहा,"कैसी है भाई साहब, आपकी सर्विस ?"

"समझ लो सरकारी नौकरी है तो हारने-जीतने का गम नहीं रहता. अगर प्राइवेट प्रैक्टिस रहती तो अब तक दूकान बन्द हो जाती."

इकबाल के इस उत्तर से घर में कहकहा लगा.

"फूफी, तुम्हारा गठिया रोग कैसा है ?"

"ठंड में बहुत दर्द उठता है बेटा. वस इन्तज़ारी है, तुम्हारे डाक्टर बनने की."

"हां, मुफ़्त का डाक्टर रहेगा ना." करीम फूफा की ठहाकेदार आवाज़ से घर में हंसी का फव्वारा छूट गया.

"इकबाल की कहीं बात लगी !"

"बात तो हज़ार जगह लगती है पर यह माने तब ना. नुसरत के पीछे इसकी ज़िन्दगी लगी है. हम तो कहकर थक गए हैं और तुम तो जानते हो बेटा, उस घर में नुरसत के पैर रखते ही क्या हुआ. वैसे भी वह बेवा है."

मैंने इकबाल की ओर पलट कर देखा, नुसरत का जिक्र आते ही वह गम्भीर हो गया. इकबाल की ओर से नज़रें हटाकर कहा, "फूफा, आप तो जानते हैं, अज़ीम शुरू से बीमार रहता था. अतः उसकी मौत में नुसरत का हाथ होना मैं मान नहीं सकता."

"इस बात को इमाम ने साबित कर दिया."

"ये मुल्ले-मौलवी सबका बिगाड़ चाहते हैं फूफा."

"यही बात तो मैं भी कब से कह रहा हूं." इस बार इकबाल ने ज़ुबान खोली.

"फूफा, अगर इक़बाल का दिल नुसरत को लाने का है, तो लाने दीजिए. उसके आने से घर में कोई बिगाड़ नहीं आएगा. उलटे घर में निखार आएगा. मैं नुसरत भाभी को बचपन से जानता हूं, उनका दिल आइने से भी साफ़ है. उनके आने से घर में फूट नहीं पड़ेगी."

"शब्बीर, तुम हमारे मरहूम दोस्त के बेटे हो. उन्होंने सदैव धर्म की वकालत की और आज उनका बेटा किस किस्म की बात कर रहा है ! वो भी एक विधवा के बारे में. तोबा-तोबा ! बेटा, ऐसी बात दुबारा मत कहना."

"सच्चाई कहने से हिचकना नहीं चाहिए फूफा. इकबाल को देखिए, एक

सच्चे बेटे की तरह आपके प्रति समर्पित है. उसने आपके विरुद्ध एक शब्द नहीं कहा. चाहता तो अलग घर लेकर नुसरत से निक़ाह कर सकता था पर उसने किया नहीं. सच मानिए, ख़ुदा-न-खास्ता आप कहीं फरज़ाना को दिए रहते और उसका शौहर ऐसी हालत़ में ख़ुदा को प्यारा होता और उस पर जो इलज़ाम लगते उसकी कल्पना कीजिए. तब आपका दिल क्या कहता."

"ये तुम क्या कह रहे हो शब्बीर बेटा, तुम्हारी बातें बड़ी पेंचदार हैं. फिर भी एक बात पक्की है, हम अपने उसूल के पक्के हैं. उसे बहू बनाने में हम असमर्थ हैं."

"फूफा, फरज़ाना की कहीं बात लगी ?" मैंने बातों का रुख पलट दिया.

"इस जमाने में लड़की की बात ! मुश्किल है बेटा. कोई कार मांगता है तो कोई दहेज की लम्बी फेहरिस्त दिखाता है. तुम्हीं बताओ ऐसे में निकाह-कहां होता है सिर्फ़ बिजनिस होता है. बेटा, हमारे घर में खाने वाले पन्द्रह हैं और कमाने वाला सिर्फ़ इकबाल."

"हां, फूफा, आप फरजाना की शादी एक अच्छे लड़के से करना चाहते हैं न."

"हां." उन्होंने आश्चर्यचकित होकर कहा.

"फरजाना से मैं निकाह करूंगा बिना दहेज के. मगर अभी नहीं, डॉक्टर बन कर सर्विस लगने के बाद. पर एक शर्त है."

"पर बेटा, तुम लोग शेख हो और हम पठान, ऐसे में रिश्ता कहां होता है."

"फूफा, ऊंच-नीच की बात छोड़ो. हम इन्सान हैं, मैं सिर्फ़ यही जानता हूं. हां, शर्त सिर्फ़ इतनी है, फरज़ाना के बदले आपको इकबाल के लिए नुसरत को लाना होगा."

"मगर बेटा."

"आप यही कहना चाहते हैं न यह बिजनस है. पर मैं मजबूर हूं. फरजाना के लिए मैं रजिस्टर्ड स्टाम में अपना बयान लिखकर दे सकता हूं. ताकि मुकर जाने पर इकबाल मुझ अदालत में घसीट सके."

"नहीं बेटा, ऐसी बात नहीं है."

"अरे, ऐसी-वैसी क्या लगा रहे हो, मंजूर कर लो न," फूफी ने हर्ष से कहा.

"मुझे मंजूर है, मगर तुम्हारी अम्मी इस रिश्ते को कबूल नहीं करेंगी."

"आप फिक्र मत करिए, अम्मी बदल रही हैं. पूरे घर वाले बदल रहे हैं फिर मैंने धर्म के बन्द कमरे में अपनी आंखें नहीं खोली हैं."

हम लोगों के बीच से फरज़ाना उठकर भाग खड़ी हुई. बदले में फूफी ने हंस कर कहा, "लड़की जात है ना रिश्ते की बात सुन शरमा जाती है."

मैंने भी शरमाकर सिर झुका लिया. चंद लम्हे चुप रहने के बाद कहा, "चलूं

फूफी."

"खाकर जाना बेटा."

घर से निकल कर बाहर आ गया. मेरे साथ था इकबाल.

"तुमने तो कमाल कर दिखाया, शब्बीर ! जो काम मैं महीनों में नहीं कर सका, उसे तुमने घंटों में कर दिखाया. पर बेवजह तुमने अपने को इस घर के साथ बांध लिया. सिर्फ नुसरत की खातिर अपने को कुर्बान कर दिया !"

"मेरी कुर्बानी बेकार नहीं गई है इकबाल ! इस कुर्बानी में मुझे फरजाना-जैसी नेक और सीधी लड़की मिलेगी"

इकबाल को खुदा हाफ़िज कह मैं घर आया.

इस घटना के दो हफ्ते बाद एक हंगामे-भरे माहौल के अन्दर ही नुसरत भाभी इकबाल की हो गई.

विदा होने के पहले नुसरत भाभी ने मुझे बुलाकर कहा, "शब्बी, तुमने मेरे लिए बहुत बड़ी कुर्बानी दी. स्वयं को कुर्बान कर दिया. पूरे माहौल से लड़कर मेरा घर बसाया है. ऐसे नेक इन्सान को मैं सिजदा करती हूं."

भाभी मेरे पैरों पर झुक गईं और मैं तेज़ी से हट गया इन शब्दों को कहते हुए, 'अरे भाभी, यह क्या कर रही हैं. कुर्बानी तो आपने दी है, हमारे परिवार के लिए. शमीम के लिए एक घर बसा दिया और फिर फरजाना तो मुझे मिलेगी ही."

मेरी बातों से भाभी हंस दी और फिर गाड़ी की ओर बढ़ गई. उनको जाते हुए मैं देख रहा था. एक कुर्बानी के पीछे कईयों का घर बस गया.

अनेक मुसीबतों के बाद भी नुसरत भाभी अपने सही स्थान में जा रही थी. इसी खुशी से सराबोर होकर मैंने घर की तरफ अपने पैंर बढ़ा लिए.

□□

हत्या-आत्महत्या

सलाम बिन रज़्ज़ाक

एक नौकरीपेशा निम्न मध्यवर्गीय मुस्लिम युवक की कशमकश विवशता, अभाव, आदर्श और मजदूरी का द्वन्द्व इस कहानी में सजीव हो उठा है. उसे मजबूरन अपने मालिकों के मनमाने कर्मचारी-विरोधी नोटिस पर हस्ताक्षर करके अपनी आत्मा की हत्या करनी पड़ती है.

यह तो तय हो चुका है कि मैं आत्म-हत्या किए बिना जीवित नहीं रह सकता. ऊपरी तौर पर यह बात बहुत विचित्र-सी लगती है. मगर यह सच है. आज प्रत्येक व्यक्ति, जो जीवत है, वास्तव में आत्म-हत्या कर चुका है, नहीं तो एक दिन कर लेगा. मेरे सामने भी बस अब केवल एक ही रास्ता है, आत्म-हत्या. आत्म-हत्या और एक ज़लील-सी ज़िन्दगी का लम्बा सिलसिला.

मैं एक क्षण को केबिन के सामने रुका, फिर झटके से चिक हटा कर भीतर चला गया. बड़ी मेज के पीछे, वह अपने चेहरे पर औरंगजेबी प्रताप लिए कुर्सी पर विराजमान था. उसकी निगाहें तलवार की तरह सीधे मेरे शरीर में गड़ती चली गयीं. मैं ज़िबह होने जा रहे बकरे की तरह सिकुड़ कर एक कोने में खड़ा हो गया.

एयरकंडीशंड केबिन में पूर्णतया खामोशी थी, मगर मेरे कानों में सन्नाटा चीख रहा था. मैं अपने-आपको सहज बनाए रखने की बहुत कोशिश कर रहा था, तथापि भीतर से मुझे लग रहा था, मैं मक्खन की डली की तरह अप्रतीत रूप से पिघलता जा रहा हूं. मैं अपने-आपको जितना समेटने का प्रयास कर रहा था, उतना ही बिखरता जा रहा था. मगर जब किश्ती के बादबान टूट चुके हों और हवाएं तेज हों, तो बहादुर-से-बहादुर नाविक भी घबरा जाता है.

एयरकंडीशंड केबिन की खामोशी मेरे मस्तिष्क पर हथौड़े बरसा रही थी. मेरे भीतर कितनी तीव्र इच्छाएं करवटें ले रही थीं कि कहीं से कोई शोर उठे, कोई चीख, कोई आर्त्तनाद, या कोई बम फटे, जिससे यह सन्नाटा टूटे. फिर चाहे मेरे अस्तित्व के पुर्जे ही क्यों न उड़ जायें; या फिर मेरा शरीर रुई के गालों की तरह शून्य में बिखर जाए. मस्तिष्क में बराबर एक ही गूंज हो रही है, "कुछ तो हो, कुछ तो हो."

अंततः शताब्दियों के मौन को लांघ कर, वह प्रश्न मेरे कानों से टकराया.

"सुना है, तुमने नोटिस पर हस्ताक्षर करने से इन्कार कर दिया है?"

"जी हां." अगर मेरे होंठ पत्थर के बने होते, तो भी इन शब्दों के उच्चारण

में मुझे इतनी शक्ति खर्च न करनी पड़ी होती.

"तुमने इसके परिणाम पर भी विचार कर लिया है ?"

मुझे लगा, मेरे चारों तरफ बर्छियां तनी हुई हैं. जबान खोली नहीं कि सारी बर्छियां खच्-खच् शरीर में धंस जायेंगी. मैंने सूखते होंठों पर जबान फेरी. किसी ऊंची इमारत से गिरते हुए, असहाय व्यक्ति की तरह अत्यन्त हताश हो, उसकी तरफ देखता रहा पर जबान से शब्द न निकला. वह पुनः भेड़िये की तरह गुर्राया :

"क्या तुम जानते हो कि तुमने कैसा मूर्खतापूर्ण निर्णय लिया है ?"

अपने स्वर को यथासंभव सहज बनाते हुए मैंने कहा, "मैं अपनी वैयक्तिक स्वतन्त्रता का सौदा नहीं कर सकता."

"ओ हो !" अचानक उसकी आंखों का रोष ठण्डा पड़ गया. होंठों पर एक तिरस्कार-भरी मुस्कराहट फैल गयी, "तो तुम स्वतन्त्रता चाहते हो ?"

मैं चुप रहा. उसकी कर्कश आवाज़ केबिन में गूंजी, "घबराओ नहीं. अगर तुम चाहते हो, तो तुम्हें स्वतन्त्र कर दिया जाएगा. मगर याद रखो, तुम्हारा जीवन गुलामी पर ही निर्भर करता है. गुलामी, जो तुम्हें जीवित रखे हुए है. जो ज़िन्दगी की लड़ाई में तुम्हें रसद पहुंचाती है. क्या तुम अपने हाथों इस रसद-लाइन को काट देना चाहते हो ?"

वह बोले जा रहा था और मुझे महसूस हो रहा था मानो मेरे गले में एक मज़बूत फंदा पड़ा है, जिसका एक छोर उसके हाथ में है और धीरे-धीरे फंदे का घेरा तंग होता जा रहा है. मेरी सांस उखड़ने लगी. आंखें उबल पड़ीं. मैंने गर्दन को एक झटका दिया. फंदा कुछ ढ़ीला हुआ.

मैंने संभल कर घुटी हुई आवाज़ में कहा, "मैं इस दफ्तर में नौकर हूं, गुलाम नहीं."

"बकवास मत करो. तुम भूल रहे हो कि तुम्हें सिर्फ चौबीस घण्टे के नोटिस पर नौकरी से मुक्त किया जा सकता है. तुम हो किस गुमान में !"

मैं भीतर-ही-भीतर कांप कर रह गया. एयर-कंडीशंड केबिन में भी मेरी परेशानी पर हल्का-हल्का पसीना छलछला आया था. शायद उसने मेरी भीतरी घबराहट को भांप लिया. थोड़ा ठहर कर, अपने स्वर को कोमल बनाता हुआ वह बोला, "देखो, चुपचाप उस नोटिस पर हस्ताक्षर कर दो. इसी में तुम्हारी भलाई है. आदेश ऊपर से आया है. प्रश्न गलत और सही का नहीं है. इसमें तुम्हारी बरबादी के सिवा किसी का कुछ नहीं जाएगा."

"मगर मेरी आत्मा की आवाज़···"

उसने बुरा-सा मुंह बनाया और उखड़े हुए स्वर में बोला, "बकवास है. सब बकवास है. तुम अपनी आत्मा की उसी दिन हत्या कर चुके थे, जिस दिन तुमने इस दफ्तर में एक वफादार नौकर की हैसियत से क़दम रखा था. तुम घर-गृहस्थी-

वाले एक सीधे-सादे व्यक्ति हो. इतनी ऊंची बातें सोचना तुम्हारा काम नहीं. सुकून के साथ नौकरी करो. घर-बार देखो और हर झूठ और सच की ओर से आंखें बन्द कर लो. इसी में तुम्हारी भलाई है. यह नोटिस की कॉपी है. हस्ताक्षर करो और सब खत्म करो. मुझे इतना सब कहने की आवश्यकता इसलिए पड़ रही है कि तुम अपनी मूर्खता से अपने बाल-बच्चों की हत्या करने जा रहे हो."

सामने मेज पर वही नोटिस रखा हुआ था, जिसके अक्षर, दूर से अस्पष्ट होने के बावजूद, उनका अर्थ किसी हज़ार पाए की तरह मेरे मस्तिष्क को जकड़े हुए था. एक बार जी में आया कि हस्ताक्षर कर ही दूं. सच, मेरे अकेले के विरोध से क्या होने वाला है. स्टाफ के सारे लोग तो उस अन्याय को स्वीकार चुके. यह भी सच है कि स्वाभिमान और आत्म-सम्मान का रोना फिज़ूल है. मगर···मगर··· अपने ही हाथों अपना गला कैसे घोंट लूं. मैंने गर्दन उठा कर देखा. वह मेरी ओर ही देख रहा था.

मैंने थके हुए स्वर में कहा, "मुझे कल तक का अवकाश चाहिए."

वह कुछ क्षणों तक बड़े गौर से मुझे देखता रहा. फिर हल्के-से मुस्कराया और बोला, "अच्छी बात है. चलो, यों ही सही."

उफ ! उसकी वह शालीन मुस्कराहट, जैसे कोई कुंद आरी से गर्दन रेतने की कोशिश कर रहा हो. मैं उससे आज्ञा लिए बिना केबिन के बाहर आ गया.

मेरे चारों तरफ एक नरक सुलग रहा है. अगर मैं फौलाद का भी हुआ तो अपने-आपको पिघलने से कब तक बचाए रखूंगा ! हम सब पुतले हैं. मोम, मिट्टी और अलग-अलग धातुओं के बने हुए पुतले. एक दिन सब पिघल जाने वाले. फर्क सिर्फ इतना है कि कोई पहली ही भाप में पिघल जाता है, कोई धीरे-धीरे पिघलता है. पिघलते सब हैं. मैं जब भी अपने स्वाभिमान के पांव पर खड़े होने की कोशिश करता हूं, मेरे पैरों तले की धरती सरकने लगती है. अपने ही घर की दीवारें मुझे चारों ओर से दबोच लेती हैं. हर दीवार के पीछे से एक चेहरा उभरता है, हताश, खंडित और बुझा हुआ. ये सब मेरे अपने ही चेहरे हैं. मगर इनके माथों पर अलग-अलग रिश्तों की शिनाख्ती तख्तियां लटकी हुई हैं. पत्नी, बेटी, बहन, भाई —रिश्तों की इन सलीबों को ढोते-ढोते मेरी कमर झुक गयी है.

पत्नी—बे रंग व रोगन दीवार की तरह सपाट चेहरा.

जवान बहन—इच्छाओं की टूटी कगार से टंगी दो उदास आंखें.

भाई—बेरोज़गारी का बोझ ढ़ोते थके-हारे कंधे.

बेटी—आंधियों की चपेट में एक टिमटिमाता दिया.

एक ही डोर से कितनी पतंगें बंधी हैं. डोर मेरे हाथ में है. क्या मैं अपने ही हाथों उस डोर को काट दूं ? डोर कट गयी, तो इन पतंगों का क्या होगा ?

"उफ् !"

"क्या, सो गए ?"

"नहीं."

"कब से कह रही हूं, एक साड़ी ला दीजिए. देखिए, साड़ी बिलकुल गल गयी है."

"हूं, इस महीने का वेतन मिलने पर अवश्य ले लेंगे."

"खाक लेंगे ! आप तीन महीने से यही कह रहे हैं."

"नहीं···इस महीने ज़रूर."

"पीछे के कमरे का सारा प्लास्टर उखड़ गया है. छत भी कमज़ोर हो गयी है. बरसात से पहले कड़ियां बदलवा दीजिए, वरना एक दिन सब ज़िन्दा ही दफन हो जायेंगे. आपको तो घर की ज़रा भी चिन्ता नहीं."

मैं कुछ कहने के लिए मुंह खोलता हूं. मगर शब्द सुझाई नहीं देते.

"बच्ची की दवाइयां आज भी नहीं आयीं. डॉक्टर कह रहा था, उसके शरीर में खून बिलकुल नहीं है. दूध और फल देने को कहा है. आप सुन रहे हैं ?"

"हां, सुन रहा हूं. दूध और फल देने को कहा है डॉक्टर ने."

"हां, कुछ टॉनिक्स और तीस इन्जेक्शनों का कोर्स भी लिख कर दिया है. रोज़ एक इन्जेक्शन."

"अच्छा···कल ले लेंगे."

कल—कितना भ्रामक, आशापूर्ण और शाश्वत शब्द है. कभी नहीं मरता.

अगर कल न होता, तो कितने लोग निराश हो आत्महत्या की सूली पर चढ़ चुके होते. 'कल' हमेशा 'आज' को जीवित रखता है. ओहो···मुझे कल निर्णय लेना ही होगा. स्वीकार या इन्कार···

स्वीकार—एक लम्बी मौत का परवाना.

इन्कार—अपने साथ और चार प्राणियों की हत्या.

"जाग रहे हैं आप ?"

"क्या है."

"मैं बहुत दिनों से एक बात कहना चाहती थी."

"साड़ी···"

"नहीं, साड़ी नहीं. अब जल्दी से फरीदा के हाथ पीले कर दीजिए. आपको कतई फिक्र नहीं किसी बात की."

"कोई अच्छा-सा वर मिले तो···"

"आप अच्छे-बुरे की अटकल लगाते रहिए. एक दिन सर पर हाथ रख कर रोइएगा."

"क्यों बकवास कर रही हो."

"कानों सुनी नहीं कहती, आंखों देखी कह रही हूं."

"आखिर हुआ क्या ? कुछ फूटोगी भी ?"

"आजकल फरीदा के लच्छन कुछ ठीक नहीं हैं."

"यों ही तरसा-तरसा कर बोलोगी."

"शरफू पहलवान और फरीदा के बीच कुछ चल रहा है."

"कौन शरफू ? वह क्लब वाला ?"

"हां, वही लुच्चा."

"तुमने कब देखा ?"

"इशारेबाजी तो कई दिनों से चल रही थी. आज उसने एक छोकरे के हाथ गजरा भेज दिया. छोकरे ने गलती से मुझे ला कर दे दिया."

"तुमने फरीदा को डांटा नहीं."

"ना बाबा ! मैं क्यों डांटूं. एक दफा दो शब्द कह दिए थे. उसने सारे जहां में मेरे नाम का ढिंढोरा पीट दिया. आपने भी उसी की तरफदारी की थी. आप भाई हैं, वह बहन, आप जानें, वह जाने. मैं कौन होती हूं बोलने वाली."

"शरफू की तो पहले ही दो बीवियां मौजूद हैं".

"होंगी, मुझे क्या मालूम."

फरीदा का चेहरा आंखों में घूम जाता है. चुप्पी और विवशता की धुंध में डूबा हुआ. सगाई टूटे दो वर्ष हो चुके. कहीं से कोई रिश्ता ही नहीं आता. आता भी है, तो वही मुंह मांगा दहेज···जोड़े के पैसे. हज़ार, दो हज़ार···पांच हज़ार ···कहां से लायें !

शरफू ! शरफू ! ! गुंडा, जुआरी, उसकी यह मजाल कि अब शरीफ बहू-बेटियों पर नज़र डालने लगा. साला एक तो नाक के नीचे गलत काम करता है. तिस पर हमारी ही नाक पर छुरी चलाना चाहता है. एक अर्जी पर साले का धंधा बंद हो सकता है. कल ही गलीवालों के हस्ताक्षर ले कर एक 'कंप्लेन' ठोक दी जाए. बिलबिलाता फिरेगा. समझता क्या है अपने-आपको, पुलिस आ कर पिंडी करेगी, तब पता चलेगा बच्चू को. मगर···यह फरीदा को क्या हुआ ! बेवकूफ, खानदान का नाम बदनाम करेगी. अच्छा, सबेरे देखूंगा.

शरफू-शरफू—कल ही तो स्कूटर पर जाते हुए मुझे सलाम किया था. जब भी मिलता है, सलाम करता है. गुंडा है, मगर गली में कभी कोई धांधली नहीं की. जुए का क्लब चलाता है, तो क्या हुआ. सुना है, आगरा रोड पर नया फ्लैट खरीदा है. स्कूटर पर घूमता-फिरता है. कीमती कपड़े पहनता है. हाथ में घड़ी, गले में सोने की चैन, अंगूठियां. गुजरता है, तो गली 'जन्नतुल फिरदौस' की खूशबू से महक-महक उठती है.

शरफू—फरीदा, फरीदा—शरफू—मेरा सर चकराने लगता है और बार-

बार फरीदा का उदास चेहरा, जिस पर दो प्रार्थी आंखें चिपकी हैं, उभरने लगता है.

जिस दिन से सगाई टूटी है, फरीदा ने मेरे सामने आना ही छोड़ दिया है. संयोग से कभी आमना-सामना हो जाता है, तो मैं स्वयं ही नज़रें चुरा कर निकल जाता हूं.

अपराधी भाव···क्यों न मैंने लड़के वालों की फरमाइश पूरी कर दी. तीन हज़ार ही तो मांग रहे थे वे. तीन हज़ार—सिर्फ तीन हज़ार. काश ! वे लोग रुपये न मांगते, कुछ और मांगते—कुछ और, मेरे प्राण, मेरा शरीर, चमड़ी, रक्त, मांस, मेरा अपना सबकुछ. बोटी-बोटी उतार लेते मेरी, मगर रुपये !

और मैं दो वर्ष से अपने ही घर में अपनी बहन से मुंह छुपाता फिर रहा हूं.

अब यह शरफू ! नहीं फरीदा का कोई दोष नहीं हो सकता. शरफू का भी नहीं. दोष तो सारा मेरा है. फरीदा—एक तरसती, बिलखती जवानी. प्यास लगने पर पानी की ओर आकर्षित होना कोई दोष नहीं हो सकता. तो फिर ठीक है, शरफू ही सही.

"सुनो ! कल मैं शरफू से मिलने जा रहा हूं. जुए का क्लब है, तो क्या हुआ. आदमी अच्छा है. दो बीवियां हैं. इस्लाम तो चार की इजाज़त देता है. फरीदा खुश ही रहेगी. और सबसे बड़ी बात दहेज वगैरह···"

पत्नी कब की सो चुकी है. मैं उठ कर बैठ जाता हूं. पत्नी चित लेटी हुई है. साड़ी जगह-जगह से मसक गयी है. ब्लाउज भी फटने को है. दो-तीन जगह से अंग उघड़ गए हैं. बगल में बच्ची लेटी है. छह वर्ष की होगी. मगर तीन वर्ष से अधिक की नहीं लगती. हाथ-पांव लकड़ी हो गए हैं. पेट दिन-प्रतिदिन फूलता जा रहा है. रंग कितना पीला है, जैसे शरीर पर हल्दी मल दी गयी हो. टॉनिक्स, दवाइयां, फल, दूध, अंडा—मुश्किल है. शायद बच नहीं पाएगी. भीतर कुछ चटखता-सा लगता है. एकटक बच्ची को देखता हूं, पर अधिक समय तक देखा नहीं जाता.

सिरहाने से सिगरेट का पैकेट निकाल कर एक सिगरेट जला लेता हूं. सिगरेट के धुएं में पत्नी और बच्ची के चेहरे धुंधले पड़ जाते हैं. उठ कर धीरे-से पिछले कमरे का दरवाज़ा खोलता हूं. फरीदा चटाई पर घुटनों में सर डाले सो रही है. कमाल की चारपाई अभी तक खाली है. कमाल क्या करता है ? कहां जाता है ! इतनी रात गए तक ?

"क्यों जी ! कमाल भाई कोई नौकरी क्यों नहीं करते ?"

"मिलेगी तो क्यों नहीं करेगा."

"मिलती क्यों नहीं. उन्हें अपनी अल्लम-गल्लम पुस्तकों से और रात-रात-

भर जाग कर कागज़ काले करने से कब फुरसत मिलती है. ख़ुदा जाने उनके दोस्त वगैरह भी कैसे उलटे-सीधे लोग हैं. सबकी हजामतें बढ़ी हुई. मोटे-मोटे चश्मे लगाए, ढ़ीले-ढ़ाले कपड़े पहने, सबके सब जोकरों की तरह लगते हैं. आप मना नहीं करते कमाल भाई को ?"

मैं कैसे मना करूं ! मुझे यह फैसला करने का क्या अधिकार है कि वह गलत है. मैंने स्वयं जीवन में कितने सही फैसले किए हैं !

मैं कमाल की खाली चारपाई के पास आ कर खड़ा हो जाता हूं. उसके सिर-हाने दो-तीन मोटी-मोटी पुस्तकें रखी हैं: पास ही एक टूटा हुआ एशट्रे, जो सिगरेट-बीड़ी के अधजले ठूंठों से पटा पड़ा है. दो-चार कागज भी बिखरे पड़े हैं, जिन पर कुछ लिखा हुआ है. मगर कमरे में इतना प्रकाश नहीं है कि उन पर लिखा हुआ स्पष्ट रूप से पढ़ा जा सके.

एक क्रूर खांसी की करुणाजनक खों-खों मेरे कानों में गूंजने लगती है. और कमरे की दीवारों पर रक्त और बलगम के लाल-पीले चकत्ते उभर आते हैं.

उसका भविष्य एक खुली पुस्तक के समान मेरे सामने है. मैं झुरझुरी-सी लेता हूं. फिर सिगरेट का एक लम्बा कश, फेफड़े सुलग उठते हैं. कमरे में वापस आ जाता हूं. पत्नी और बच्ची अपने-अपने शरीरों की कब्रगाहों में उसी तरह लेटी हुई हैं. मैं बाहर का द्वार खोल कर गैलरी में आ जाता हूं. गैलरी सुनसान है. आखिरी सिरे से बूढ़े सालोमन के हल्के-हल्के खांसने के सिवा दूसरी किसी प्रकार की आवाज़ सुनाई नहीं देती अलबत्ता नीचे गली में से रह-रह कर कुत्तों के भौंकने का शब्द आ जाता है.

मैं रेलिंग पर झुक कर चारों ओर नज़र दौड़ाता हूं. इर्द-गिर्द की बिल्डिंगों पर सन्नाटा छाया हुआ है. इक्का-दुक्का खिड़कियों को छोड़ कर, सारी खिड़कियां अन्धकार में डूब चुकी हैं. गली करीब-करीब निर्जन हो चुकी है. सिर्फ शरफू के क्लब में चहल-पहल दिखाई दे रही है. मेरे सामने पुनः शरफू का चेहरा घूम जाता है---राणा प्रतापी मूंछें, भरे-भरे कल्ले, माथे पर ज़ख्म का गहरा निशान, पीछे को मुड़े हुए घुंघराले बाल और उंगलियों में सुलगती सिगरेट.

कितनी विचित्र बात है कि शरफू की कल्पना के साथ ही फरीदा का चेहरा भी आँखों में उभरने लगा है. फिर दोनों चेहरे इस तरह आपस में गडमड होने लगे हैं कि मैंने घबरा कर जल्दी-जल्दी सिगरेट के दो-तीन कश लिए और ठूंठ को फर्श पर डाल कर पांव से मसल दिया.

मैं दोबारा अपने बिस्तर पर आ कर लेट जाता हूं. कमरे में ज़ीरो पावर के बल्ब का मद्धिम प्रकाश फैला हुआ है. नींद का कोसों पता नहीं. मस्तिष्क बुरी तरह सुलग रहा हूं. दूर किसी मिल का भोंपू चीखने लगता है. शायद साढ़े-ग्यारह ब्रज रहे हैं.

साढ़े ग्यारह ! दिल पर एक घूंसा-सा पड़ता है. ठीक बारह घंटे बाद—कल साढ़े ग्यारह बजे 'हां' या 'नहीं' का उत्तर दे देना है. 'हां' या 'नहीं' प्रकटत: सादे-से दो शब्द, मगर कितनी जिंदगियों की आबरू इनकी मुट्ठी में है. पत्नी की साड़ी, बच्ची के टॉनिक्स, फरीदा की खुशियां, कमाल का भविष्य ! एक टूटा-सा मकान, जिसका मैं मध्य स्तंभ हूं. मेरे सरकते ही पूरा मकान ताश के घरौंदे की तरह ढह जाएगा. मेरे कंधे टूट रहे हैं. मगर आंखें पथरा गयी हैं. टांगें कांप रही हैं. मुक्ति नहीं, इस बोझ को झटक देना कठिन है. इस बोझ को उठाये रखना शायद मेरी नियति है. मुझे यह बोझ उठाना ही होगा. चाहे मेरा अपना अस्तित्व छिन्न-भिन्न हो जाये. मैं अपने स्वाभिमान को बचाये रखने की खातिर इतनी सारी जिंदगियों का सौदा नहीं कर सकता.

हृदय बुरी तरह फड़फड़ा रहा है. शरीर में विचित्र-सी ऐंठन है और मैं छत पर आंखें गड़ाये बिस्तर पर चित लेटा हूं. हाथ-पाँव गल-से गए हैं. मस्तिष्क एकदम जड़ हो गया है. अब मैं कुछ भी नहीं सोच रहा हूं. सोचने लायक शायद अब कुछ रहा ही नहीं है.

मैं केबिन की चिक हटा कर अन्दर प्रवेश करता हूं. एक जोड़ी तेज़ आंखें मेरे मस्तिष्क का एक्सरे ले रही हैं.

"क्या सोचा !"

मैं चुप रहता हूं. मेरी दृष्टि पेपरवेट के शीशे में कैद छोटी-सी गुड़िया पर जमी है.

पुन: वही प्रश्न है !

"मैं हस्ताक्षर करने आया हूं. नोटिस कहां है ?"

अपनी आवाज़ पर मैं स्वयं चौंक जाता हूं. यह आवाज़—जैसे कोई डूबता हुआ व्यक्ति गहरे कुएं से चीख रहा हो.

"वेरी गुड !" एक क्रूर मुस्कराहट मुझे भीतर तक चीरती चली जाती है.

"मैं जानता था कि तुम सही फ़ैसला करोगे."

मैं कुछ नहीं कहता. कुछ नहीं सुनदा. चुपचाप झुक कर टेबुल पर रखे उस नोटिस पर हस्ताक्षर कर देता हूं. मगर नहीं—यह हस्ताक्षर करने वाला व्यक्ति 'मैं' नहीं था. मैं तो कल रात अपनी ही छत के नीचे बिस्तर पर मर चुका था.

□ □

तमाशा

हबीब कैफ़ी

अपने स्वार्थ में मनुष्य कितना अंधा और बेमुरव्वत हो जाता है, यह मरणासन्न ताया से अपने हिस्से का लालच रखने वाला बेदर्द भाई और भाभी के चरित्र से प्रकट हुआ है. साथ ही मुस्लिम उत्तराधिकार क़ानून में नारी असहायावस्था का भी संकेत हुआ है.

ताई का ख़त था. कुल तीन सतरें लिखी थीं—तुम्हारे ताया की तबीयत अचानक ज़्यादा ख़राब हो गई है. तुम्हें बहुत याद करते हैं. जैसे भी हो जल्दी चले आओ.

आगा-पीछा सोचने के बाद दो दिन की छुट्टी लेकर मैं ताया के पास चल दिया.

वहां पहुंच कर मैंने देखा, ताया चारपाई से लगे थे. बेहद कमज़ोर और निरीह. ताई उनकी तीमारदारी में लगी हुई थीं. मुझे जब ताई ने देखा तो उन्हें गोया ढ़ारस मिल गई. वे लपक कर मेरे पास आईं.

"मुझे यक़ीन था सुलेमान कि तुम ज़रूर आओगे." उन्होंने बढ़कर अटैची मेरे हाथ से ले ली.

"क्या हो गया ताया को ?" मैं उनकी चारपाई के निकट गया.

"पता नहीं." उन्होंने धीमी आवाज़ में कहा, "हकीम साहब को दिखाया. बैद जी ने भी देखा. लेकिन तबीयत नहीं सम्भली. डाक्टर साहब का इलाज चल रहा है."

मुझे अपने सवाल का जवाब नहीं मिला. सवाल को दोहराना मैंने फ़िज़ूल समझा. तब मैंने ताया की तरफ़ देखा. वे लगभग हड्डियां हो चुके थे. अगर ज़रा कोशिश करता तो निश्चय ही मैं उनके चेहरे की हडिडयां और बचे-खुचे दांत तक गिनने में सफल हो जाता.

मुंह-हाथ धोकर अभी मैंने चाय का प्याला होंठों से लगाया ही था कि घबराई हुई ताई मेरे पास आईं.

"तुम जल्दी चल कर अपने ताया को देखो." उनके स्वर में दहशत थी.

अनपिया चाय का प्याला रखकर मैं तेज़ क़दमों से ताया के कमरे की तरफ़ गया. ताई मेरे साथ थीं.

ताया वहां तकिये पर अपना सिर इधर-उधर हिला रहे थे. वे अपने सूखे हुए हाथ किसी जनूनिए की तरह बिस्तर पर पटक रहे थे. उन्हें अपना होश नहीं था.

मैंने बढ़कर उन्हें थामा.

"ताया, आप यह क्या कर रहे हैं". मैंने उन्हें मुखातिब किया.

उन्होंने स्थिर होने की चेष्टा करते हुए मुझे अपनी धंसी हुई आंखों से देखा. वे गोया मुझे पहचानने की कोशिश कर रहे थे. वे कुछ कहना भी चाह रहे थे. लेकिन कह न सके. आवाज़ उनके गले में खो गई. बाद में वे निढ़ाल हो गए.

'सुलेमान, कुछ करो.' ताई का रुँआसा स्वर था.

उन्हें लिटा कर मैं उठ खड़ा हुआ. ताया के सिरहाने खड़ी नज्जो, उनकी एकमात्र संतान, डबडबाई आँखों से कभी मुझे और कभी अपने पिता को देख रही थी. उसके चेहरे पर कुछ बहुत ही क़ीमती छूटे जाने का खौफ़ छाया हुआ था.

डाक्टर ने ताया का मुआयना किया. उसने उनके माँसरहित-से कूल्हे पर सूई लगाई, कुछ ज़रूरी हिदायतें दीं और लौट पड़ा. मैं दरवाज़े के बाहर तक उसे छोड़ने गया. एकांत देख कर उसने मुझे ताया की बीमारी की हक़ीक़त बताई. दरअसल ताया का टाईफ़ाइड उनकी बद-परहेज़ी के कारण बिगड़ गया था. और इसे बहुत देर हो चुकी थी. डाक्टर नाउम्मीद लग रहा था.

रात को ताया की हालत और ज़्यादा बिगड़ गई. वे देख कर पहचानने की शक्ति पहले ही खो चुके थे. उनके जिस्म से अब एक अजीब क़िस्म की बू फूट रही थी. उनके पैरों पर सूजन आ चुकी थी. इसे यक़ीनी मौत का चिह्न समझा जाता है. ताई शोक-संतप्त-सी दीख रही थीं. नज्जो ने अभी से सुबकना शुरू कर दिया था. ऐसे में मेरी मन:स्थिति विचित्र हो उठी.

मैंने कभी कोई मरता हुआ आदमी नहीं देखा. ताया को प्राण छोड़ते कैसे देखूं ? मैंने सोचा. वे मेरे सामने थे और फ़रार होने की कोई सूरत दिखाई नहीं दे रही थी. हारकर मुझे वहीं उपस्थित रहना पड़ा.

इसी आलम में रात निकल गई. ताया की दशा में कोई सुधार नहीं हुआ. लेकिन उनकी हालत बिगड़ी भी नहीं. वे पूर्ववत् थे. किसी भी समय कुछ भी हो सकता था. और हम सब इसके लिए तैयार भी थे.

रात मैं सो न सका. जागते रहने की वजह से सिर भारी हो रहा था. आँखें चौंधिया रही थीं. सुबह-सुबह मैंने देखा तो एकाएक यक़ीन नहीं आया. सोचा कि सम्भवत: यह मेरी आँखों का धोखा है. लेकिन नहीं, मेरी आँखें और समझ सही-सही काम कर रही थीं. भाई साहब बीवी-बच्चों समेत आए थे.

उन्हें देखकर मुझे सख्त ताज्जुब हुआ. मुझे उनके शब्द और तेवर याद हो आए—यह आदमी बहुत ही चालाक और मक्कार है. कहता हूँ कि इसके पास हमें देने को तो कुछ नहीं है और मैं कहता हूँ कि इसके पास बहुतकुछ है. दादी के जेवर इसी ने दबा रखे हैं. अपने वालिद का हिस्सा मैं इसे आसानी से हजम

नहीं करने दूंगा. न हुआ तो मैं इसे कोर्ट-कचहरी में देखूंगा···

ताया के प्रति उन्होंने ये शब्द कहे थे. लेकिन उनसे कुछ भी न हो सका था. बाद में उनका जोश ठण्डा पड़ गया था. कोर्ट-कचहरी के चक्कर में वे नहीं पड़े.

इधर मेरी स्थिति भाई से बदतर थी. उन दिनों मेरा अस्तित्व ही असुरक्षित था. तालीम अधूरी थी और रोज़गार की चिंता लगी हुई थी. थोड़ा-बहुत ट्यूशनों का सहारा ज़रूर था. ऐसे में मैं क़ानूनी दाँव-पेंच की बात सोच भी नहीं सकता था. इस दौरान मुझे अपने गाँव के निकट ही पाली मिल में डिज़ाइनर की नौकरी मिल गई. इसे मैंने ग़नीमत जाना. नौकरी में मेरा यह चौथा वर्ष था.

'तुम यहाँ कैसे ?' भाई ने पूछा.

"क्यों ?" मैं बोला, "मुझे यहाँ नहीं होना चाहिए ?"

प्रति प्रश्न सुनकर वे सम्भल गए. उन्हें जैसे अपनी ग़लती का अहसास हो गया. बोले, 'मेरा मतलब है, तुम कब से हो यहाँ ?'

"कल ही आया हूँ." मैंने सामान-समेत अन्दर जाती हुई भाभी को देखते हुए कहा. उनके तीनों बच्चे उनके साथ थे. बच्चे बहुत ही अनुशासित और आज्ञापालक लग रहे थे. यह भाभी के रौब का प्रभाव था.

"कैसे हैं वो ?" भाई ने पूछा. उनका इशारा ताया की तरफ़ था.

"खुद ही देख लीजिए." मैंने कहा तो वे अटैची लिए हुए भीतर चले गए.

भाई के आ जाने से मैंने राहत महसूस की. सोचा कि अब मेरा काम कुछ हल्का हो जाएगा. लेकिन साथ ही कई प्रश्न मन में उठ खड़े हुए. सोचा, इन्हें ताया की बीमारी का इल्म कैसे हुआ ? निश्चय ही ताई ने खत दिया होगा. और भाई इतनी आसानी से आ गए ! इन्हें कौन-सी ताक़त यहाँ खींच लाई है? रिश्तेदारी और इंसानी हमदर्दी ? निश्चय ही नहीं. अपना हिस्सा मिल जाने की आस ? हाँ. मेरा हिस्सा भी अपने नाम कर लेने का लालच ? शायद हाँ. इसीलिए तो भाभी भी बच्चों-समेत आ धमकी हैं कि भाई अगर इस मामले में कहीं कमज़ोरी दिखाने लगें, तो भाभी मामले को सम्भाल लें.

दोपहर तक ताया के घर में खासी भीड़ जमा हो गई. दूर-पास के रिश्तेदार ताया के कमरे में मौजूद थे. हम दोनों भाई भी वहीं थे. ताया पूर्ववत् वहाँ बेसुध लेटे हुए थे. उनकी साँस चल रही थी. उन्हें इस हालत में देखकर वहाँ उपस्थित सब लोगों के दिलों में हमदर्दी उमड़ आई थी.

ताया ने अचानक आँखें खोलकर अपने गिर्द जमा लोगों को देखा. उनके चेहरे पर जैसे नूर आ गया था. उनकी निगाहें मुझ पर आकर ठहर गईं. उन्होंने मुझे पहचाना और मुस्कुराने की चेष्टा की. यह अचानक क्या करिश्मा हो गया ? मैंने सोचा, ताया ठीक हो रहे हैं. इनकी हालत सुधर रही है···लेकिन अगले ही पल दिल में बसबसा उठा—दीपक आख़री लौ दे रहा है !

'सुलेमान.' ताया बोले. मैं लपक कर उनके क़रीब गया. मैंने उन्हें सहारा दिया.

"कहिए ताया, कुछ चाहिए आपको ?" मैं बोला तो उन्होंने धीरे-से सिर हिलाया. यानी, नहीं.

वहाँ उपस्थित सब लोगों की निगाहें ताया पर लगी हुई थीं. भाई मेरे बिलकुल पीछे खड़े थे. ताई और नज्जो ताया के सिरहाने की तरफ थीं. कुछ लोग सम्भवतः यह सोचने लगे थे कि आखरी वक्त में यह व्यक्ति अपनी कयामत सुधारने का सामान कर रहा है. हक़दार का हिस्सा देने को सोच रहा है.

ताया ने तकिये की तरफ हाथ बढ़ाया तो भाई ने बढ़कर फ़ौरन उनकी मदद की. तकिये को उन्होंने ज़रा ऊँचा कर दिया. उन्हें वहाँ गोया कुछ मिल जाने की उम्मीद थी—वसीयत के काग़ज या ऐसा ही कुछ. लेकिन भाई को मायूस होना पड़ा. तकिये के नीचे कुछ न था.

"जरा पानी दो सुलेमान." ताया ने धीमे पर स्पष्ट स्वर में कहा. अगले ही क्षण ताई के हाथ में पानी का गिलास था. गिलास मैंने उनसे लेकर ताया के होंठों से लगाया. उन्होंने घूंटभर पानी पिया और लेट गए.

बाद में मैंने गरदन घुमा कर भाई को देखा. वे परेशान लग रहे थे. भाभी पर निगाह पड़ी तो माहौल की परवाह किये बिना एक ज़ोरदार कहकहा लगा देने की सख़्त इच्छा हुई. लेकिन मैं ज़ब्त किए रहा. संजीदा सूरत बनाए हुए मैं सोचने लगा कि बेचारी भाभी, उनकी यात्रा अकारथ जा रही है. भाई को मायूस और परेशान होना पड़ रहा था.

ताया की तबीयत कुछ बेहतर देखकर ताई की जान में जान आई. नज्जो के चेहरे की हवाइयाँ मिटीं. इसके साथ ही वहाँ उपस्थित लोगों ने अपनी हमदर्दियाँ समेटना शुरू कर दीं. धीरे-धीरे वे वहाँ से रुख़सत होने लगे ! बाद में खुद मुझे भी वहाँ से टलने का मौका मिल गया. मैं बाहर आ गया. कुछ क्षण बाद भाई भी मेरे पीछे-पीछे आ गए.

"सुलेमान, एक सिगरेट तो निकाल." भाई ने मुझे मुख़ातिब किया तो मुझे हिचकिचाहट हुई. उनके आगे मैंने कभी धुँआ नहीं उड़ाया था.

मैंने जेब से निकाल कर बीड़ी का बण्डल और माचिस उनकी तरफ बढ़ा दी तो वे ग़ौर से मुझे देखने लगे. उन्हें शायद मुझसे बीड़ी की उम्मीद नहीं थी. बाद में वे लाचार बीड़ी फूंकने लगे.

"यह बुढ़ऊ तो अपना मरना लम्बा कर रहा है." भाई ने धुआँ उगलते हुए अपनी झुँझलाहट प्रकट की.

"आप उन्हें···" मैंने जुमला अधूरा छोड़ दिया.

"हाँ-हाँ, कहो." उन्होंने मुझे खुलने के लिए बढ़ावा दिया.

"दरअसल शायद आपको यहाँ परेशानी हो रही होगी."

"सो तो है. खुद तुम्हें भी तो परेशान होना पड़ रहा है. लेकिन अब क्या किया जाए ?···इसे मरना है, सीधे-सीधे मर ले. हाँ मरने से पहले मेरा-तुम्हारा हिस्सा जो है, वह दे दे. बस." उन्होंने गणित की भाषा इस्तेमाल की.

"तो क्या आप इसी खातिर यहाँ आए हैं ?" मैंने पूछा.

"इसमें क्या शक है ?" उन्होंने बुझती बीड़ी का शुट लेकर दो टूक कहा, "और मैं अगर ग़लत नहीं समझता तो तुम भी यहाँ इसी ग़रज़ से हो. है ना ?"

मैंने खामोश रहना मुनासिब समझा. मैं इस क़दर मशीनी अन्दाज में बातें करने में स्वयं को असमर्थ पा रहा था.

भाई बाद में बीड़ी का टोटा बुझाकर भीतर चले गए. उनके जाने के बाद मैंने सोचा, इन्हें अगर इस बात का यक़ीन हो जाए कि ताया से कुछ मिलना-मिलाना सम्भव नहीं है, तो निश्चय ही यह बीवी-बच्चों को लेकर फौरन लौट पड़ेंगे.

और आखिर वही हुआ जिससे भाई को सख्त झुँझलाहट और परेशानी होनी थी. रात शुरू होते-होते आशा के विपरीत ताया की तबीयत काफी सुधर गई. वे ख़तरे से बाहर हो गए. उन्हें इस हालत में देखकर भाई से न रहा गया. मौक़ा देखकर उन्होंने ताया के आगे अपना मक़सद बयान कर ही दिया.

"ज़िन्दगी-मौत का कोई भरोसा नहीं ताया. आप क्यों यह बोझ अपने साथ लिए जाना चाहते हैं ? ख़ुदा को जवाब देना है. हमारा हिस्सा हमें दे दीजिए···."

"मेरे पास कुछ हो तो दूँ ना···" कमज़ोर आवाज़ में ताया ने कहा.

"एहसान, इस वक्त तो अपने ताया को परेशान मत करो !" ताई ने भाई को टोका.

"तो फिर कब आखिर ?" भाई अपना ज़ब्त खो बैठे.

उनके सवाल का जवाब किसी ने नहीं दिया. जवाब सम्भवतः दिया भी नहीं जा सकता था. बाद में वे पैर पटकते हुए वहाँ से टल गए. उनके जाने के बाद लेटते हुए ताया ने मुस्कराने की चेष्टा की.

रसोई के पास मेरी खाट लगी हुई थी. ताई और नज्जो ताया वाले कमरे में थीं. पिछली रात सो न पाने के कारण नींद ने मुझे घेरना शुरू कर दिया. फिर भी मैं सो न सका. भाई का स्वर और भाभी की हँसी मेरी नींद में बाधक बनी हुई थी. वे अपने बच्चों-समेत कमरेनुमा दरबे में थे. भाभी की हँसी बेशर्मी की सीमा छू रही थी. मैंने सोचा, इन्हें मेरा नहीं तो कम-से-कम बीमार ताया और परेशान ताई का ही ख्याल करना चाहिए. नज्जो सुनकर क्या सोचती होगी. वे लोग इस सब का जरा ध्यान करें, इसी ग़रज़ से दो-चार दफा मैंने बुलन्द आवाज़ में खाँसा-

खँगारा भी; लेकिन उन्होंने इसका कोई नोटिस नहीं लिया. तब मुझे इस सारी परिस्थिति से सख़्त कोफ़्त होने लगी. जी में आया कि दरबे का दरवाज़ा पीट कर उनसे पूछूँ कि आप लोग यहाँ सैर-सपाटे करने आये हैं क्या ? इस बेशर्मी पर तो कोई बेशर्म भी ग़ैरत से सिर झुका लेगा.

अचानक भाभी का तेज़ स्वर कानों में पड़ा तो मैंने राहत महसूस की. सोचा कि चलो, अब यह बेशर्मी का नाटक ख़त्म हो जाएगा. नईम—भाई साहब का छोटा लड़का कुनमुना कर जाग पड़ा था. वह पानी माँग रहा था. पानी पिलाने के बाद भाभी ने उसे दुपट कर सो जाने के लिए कहा. कुछ ही क्षण बाद फिर वही सिलसिला शुरू हो गया.

अधिक सोचकर कुढ़ते रहने से कोई लाभ नहीं है, यही सोचकर मैंने नींद ले आने की चेष्टा की. और मैं अपनी इस कोशिश में सफल भी हो गया.

सुबह ताया को देखा तो लगा कि उनकी हालत तेज़ी के साथ सुधर रही है. ताई अब निश्चिन्त-सी थीं. नज्जो आश्वस्त. पर भाई की मनोदशा मुझे ग़ैर लगी. यह स्वाभाविक ही था. ताया की दशा देखकर उन्होंने वहाँ अधिक रुकना मुनासिब नहीं समझा. इसके अलावा उनका मतलब हल होने की उम्मीद भी नहीं थी. ताया-ताई भी सम्भवतः दिल से चाह रहे थे कि भाई-भाभी अपने बच्चों को लेकर विदा हो लें.

"सुलेमान, मैं तो लौट रहा हूँ." चाय पर भाई ने एकांत में मुझसे कहा.

"जैसा आप बेहतर समझें." मैं बोला.

"और तुम···रुकोगे ?"

"जी हाँ. दो दिन रुक जाने में क्या हर्ज है ?"

"यह अच्छा है. पर उस आदमी के मेहरबान हो जाने की आस मत करना." दो क्षण रुक कर भाई ने चाय की चुस्की ली. उन्होंने आगे कहा, 'पर हो सकता है, वह तुम पर मेहरबान हो ही जाए. लेकिन शायद इसके लिए तुम्हें इन्तज़ार करना पड़े. वह इतनी आसानी से जान छोड़ने वाला नहीं है. वह भुगतेगा. उसने हमारा हिस्सा दबा रखा. उसकी नीयत में खोट है. वह जरूर भुगतेगा, तड़पेगा. यह कुदरत का कानून है···.' मैंने देखा, भाई उत्तेजित हो उठे थे. वे कह रहे थे और मैं सोच रहा था कि भाई स्वयं को तसल्ली दे रहे हैं. ऐसे में उनसे कुछ कहना मुझे निरर्थक लग रहा था. मैं ख़ामोश रहा.

आख़िर में भाई अपनी गृहस्थी के छोटे-से काफिले को लेकर वहाँ से बस अड्डे की तरफ रवाना हो गये. उन्होंने ताया-ताई से रूखेपन से विदा ली थी.

भाई को विदा करने मैं बस-स्टैण्ड तक गया. वे अनमने थे. भाभी झल्लाई

हुई थीं. उन्हें निश्चय ही समय और फिजूल ही पैसों के खर्च हो जाने की झल्लाहट थी. इसी से वह रह-रहकर बच्चों को अकारण झिड़क रही थीं.

"अच्छा तमाशा किया इस बुढ़ऊ ने." बस के रवाना होते-होते भाई ने मुझे सम्बोधित करके कहा तो मैं अनायास मुस्कुरा दिया.

और धूल-धुआँ उड़ाती हुई बस चली गई तो लौटते हुए मैं सोचने लगा कि तमाशा किसने किया था ?···

□ □

एक इन्द्रधनुष:

(जुबेदा उर्फ़ जुब्बी के नाम)

सूर्यबाला

एक बूढ़े उस्ताद कव्वाल की मार्मिक कहानी जिसने कभी रंगत-भरी शामें गुज़ारी थीं, पर जो अब पैसे-पैसे को मोहताज हो गया है उसका शागिर्द शब्बन भी कितना स्वार्थी निकला ! उस्ताद की साधें ससकती रह गईं.

ऊपर धुले फ़िरोज़ी आसमान में शफ़क़ (इंद्रधनुष) फूल रहा है···अटाला मस्जिद की मीनारों के ऊपर, सतरंगे जादुई रेशों में खिंचा, पूरा कमान-सा शफ़क़···एक पुरानी ग़ज़ल की लाइन ज़ुबान पर आयी ही थी कि टाट के परदे खिसकाकर गफ़ूरे ने चुटकी ली, "गोया जवानी लौट रही है···क्यों उस्ताद ?"

झुर्रियां सिकुड़-सिमटकर एकसाथ हौले-से मुसकरायीं, "शफ़क़ देख रहा था म्यां ! देखो, क्या नज़ारा है कुदरत का !" और नज़ारे का पूरा लुत्फ़ उठाने के लिए जो गरदन टिकाने की कोशिश की तो दीवाल से बालिश्त-भर नोना झड़ गया. उस्ताद तोबा कहकर चिपचिपी गरदन से नोने के चूरे झाड़ने लगे.

"और···मिज़ाज कैसे हैं ?"

"दुआ है तुम सबकी···ठीक हूं. अभी कोठरी के गोरबे से शफ़क़ का टुकड़ा दिखा तो रोक न सका. सोचा, बाहर चलकर नज़र भरकर देखूं, मीनारों पर फूलता शफ़क़, सो दीवाल का सहारा लिए-लिए सहन में आ गया."

"अरे, तो मैं कौन दूर था ! आवाज़ लगा देते···आज तो यह खाट भी काफी पानी खा गयी दिखे···अपनी डाल दूं ?"

"नहीं-नहीं. लमहे-भर में ही अन्दर चला जाऊंगा. कोठरी में उमस ज़रा ज़्यादा ही है." उस्ताद ने फिर टिकने की कोशिश की कि खांसी उभड़ गयी. ग़फ़ूरे ने पीकदान आगे सरका दिया···

"बस करो उस्ताद, शफ़क मिट रहा है, चलो, कोठरी में पहुंचा दूं."

सचमुच दूसरा छोर धीरे-धीरे हलका हो रहा था···उस्ताद देखते रहे. जाने कितने मौसमों, जाने कितने सालों बाद शफ़क···यानी···यानी जलेखा की हरी, फ़ीरोज़ी ओढ़नी से ढका माथा···यानी वे ग़ज़लें···यानी वह तरन्नुम, वे अल्फ़ाज़, उनकी अपनी आवाज़···इसी इन्द्रधनुष की तरह···जिसे वह सारी-सारी रात महफ़िलों में उतारा करते थे. आज, आज कितने सालों बाद दीखा है यह शफ़क जिसे वह पिछले सालों की तरह नज़र-अन्दाज़ नहीं कर सके···सैंकड़ों

बरसातों के बाद देखा इधर मौसम का पहला शफ़क़. याद आयीं, शामियानों में सजी, इत्रबसी महफ़िलें, जब 'बादल हैं तेरे गेसू, बिजली है तेरा जलवाऽऽ···' सुनकर आशिक़ों की नज़रें चिलमन के पीछे से उलझकर झूम-झूम जाया करतीं और बुड्ढों की आंखों की चिलमन में हसीन यादें परिन्दों-सी फड़फड़ाने लगतीं ···गर्मजोशी से भरे, लबालब जाम छलकते तो उस्ताद की आंखें जलेखा की जादुई मुसकराहट के नूर से छलकने लगतीं. उस्ताद की हर महफ़िल की कामयाबी के लिए नमाज़ पर मन्नत मानती जलेखा···और जब बुलावा आता तो आधी-आधी रात तक परसी थाली सामने धरे इन्तज़ार में डूबी जलेखा. उस्ताद लौटने पर सबसे पहले उनींदी जलेखा का माथा चूमते. जलेखा का माथा यानी—यानी फ़ीरोज़ी आसमान पर खिला शफ़क़. यादें भी अब हद से गुज़र गयी हैं. इतने सालों, महीनों, हफ़्तों, घड़ियों में घिसटते-घिसटते दुहराते-तिहराते उनका भी तो रंगो-आब, चमक-दमक फ़ीकी पड़ जाती है. लेकिन आज कुछ जुनून ही चढ़ा है कि उस्ताद उन फीकी, टूटी-फूटी यादों को सालों बाद झाड़-पोंछकर सहेज-सहेजकर धर रहे हैं.

पुरवाई का मद्धम-सा झोंका सुरसुरा गया. उस्ताद की आंखों से एक पल को भी हाई कोर्ट के बड़े हाल का नज़ारा नहीं हट रहा है. बत्तियां जलने के साथ ही वह शब्बन मस्ताने के पीछे सारंगी लिए बैठे थे. दिल कैसा धड़का था, जैसे पहली बार स्टेज पर आए हों. आए तो पहली बार ही थे. जलेखा के मरने के इतने···इतने सालों बाद, नहीं तो उधर जलेखा का जनाज़ा उठा था और इधर उस्ताद की कव्वालियों का मजलिसों से जनाज़ा उठ गया था. तब चहेते शागिर्द शब्बन ने समझाया-बुझाया, आरज़ू-मिन्नत की पर सब बेकार. बस एक लफ़्ज़ बोले थे—शब्बन, मेरी आवाज़ चली गयी. बुलावे आते रहे···राय साहब की सगाई के जश्न के, ठाकुर उमराव सिंह की पचासवीं सालगिरह के, नवाब हुसेनाबाद की लड़की के निकाह के···पर वह न बाहर जाते, न हाथ जोड़कर माफी मांगते. पांच साला जुबेदा को गोद में लिए या खाट पर लिटाए पड़े रहते—नहीं तो पहले जलेखा चिक की आड़ से देखती, उस्ताद किस अदब से सिर झुका-झुकाकर आए हुए बुलावों के लिए असमर्थता ज़ाहिर करते कि कल के लिए तो जनाब ख़ुदाबख़्श के घर, जुम्मा को नवाब की ड्योढी पर हफ़्ते पहले का बुलावा है. जलेखा गद्गद् हो आसमान की ओर हाथ फैलाकर ख़ुदा का शुक्रिया अदा करती कि उसकी कड़ी, पाबन्द पांचों वक़्त की नमाज़ सफल हुई. उस्ताद एक फाक़ेमस्त बेरोज़गार से ज़माने के मशहूर कव्वाल बन चुके थे.

लेटे-लेटे कुरते की निचली जेब में हाथ जाता है. वही मटमैला-बादामी पोस्ट-कार्ड—प्यारे अब्बा हुज़ूर को जुबेदा का आदाब मंज़ूर हो ! आगे, अब्बा, आपको

पता हो कि इधर छह महीनों से हम संडीले हैं. नूरी के अब्बा की मिल मशीन से चलने लगी, काम छूट गया. रोज़ी-रोटी की तलाश में संडीला आ गए. कुछ-न-कुछ काम मिल जाता है. इधर डेढ़-दो महीने से गुज़ारे का आसरा हो गया है. आगे ख़ुदा मालिक ! आगे अब्बा, अब हम एक दिन आपके पास आयेंगे. पहले तो बहुत दूर थे, कुछ बस न था. यहां से ठेकेदार की ट्रक आती है. ईद के अगले हफ़्ते पहुंच सकूं तो रोज़े का सबसे बड़ा सवाब इसे ही मानूंगी···नूरी और उसके अब्बा का सलाम मंज़ूर हो···आपकी प्यारी बेटी ज़ुबेदा उर्फ़ ज़ुब्बी.

पिछले जुम्मे को डाकिया भटकता-भटकता लौटने को था कि गफ़ूरे से मुलाकात हुई थी और भला हो गफ़ूरे का कि पोस्ट कार्ड पर लिखा नाम देख कर ही लमहे-भर कान के पास की जूं टटोलते-टटोलते उसे सहसा याद आ गया. ठहरो, ऐसा ही कुछ तो अपने उस्ताद का नाम है उस्ताद की कोठरी पर आवाज़ देकर डाकिया खीझा था, "तोबा हो उस्ताद ! जिसे ढूंढते थे गली-गली, वो मकान के पिछवाड़े मिली···खासा बड़ा-सा नाम था किसी जमाने में तुम्हारा···शर्त बद सकता हूं जो शहर को तुम्हारा ये नाम याद हो···

'आपकी प्यारी बेटी ज़ुबेदा उर्फ़ ज़ुब्बी' के बादामी पोस्टकार्ड ने वह काम किया कि वह हकीम समीउल्ला खां की दवा से बढ़कर असरदार साबित हुआ.

उस सीली कोठरी के दरवाज़े पर जब डाकिये की हथेली पर उस्ताद की दी हुई चवन्नी चमकी थी तो वह दो पल बौड़म-सा खड़ा रहा···रुक-रुक कर उसकी नज़र कोने में रखी अल्यूमीनियम की पिचकी रक़ाबियों, ज़ंग-लगे टूटे ढ़क्कन वाली बकुचियों, और सीलन तथा पलस्तरों के साथ चिपकती, उखड़ती रही और अंत में चवन्नी पर रुक गयी थी. "यह क्या उस्ताद ! तुम्हारी बेटी मेरी बेटी हुई, बख़्शीश कैसी?"

उस्ताद ने कोशिश तो की, पर कुछ बोल न सके. बोलते कैसे ? जाने कितने महीनों-सालों की भूली-बिसरी दास्तानें आ कर धंसी हुई थीं, गले में, आंखों में, दिलोदिमाग़ में. हर कहीं उन्हीं दास्तानों का पहरा था···फ़िरोज़ी, कासनी, सुरमई दास्तानों का पहरा···

उन्होंने हाथ आगे बढ़ा कर धीमे-धीमे डाकिये की चवन्नी वाली हथेली बंद कर दी.

फिर गफ़ूर मियां को बुलवाया. राय ली कि कम-से-कम कितने में डेढ़ फुट तक की दीवार थोड़ी दुरुस्त हो जाये, तारकोल ही पुतवा दें ? संडास के लिए एक टाट का परदा···नयी रक़ाबियां गफ़ूर मियां अपनी दे देंगे···दीवार के लिए मज़दूरों से बात करनी होगी. फिर एक गोटे-किनारी वाली फिराक, चड्ढी, दामाद को और कुछ नहीं तो एक तौलिया हो और एक फूलदार साड़ी. गफ़ूर खां चले गये तो उस्ताद अकेले बैठे-बैठे ब्योंत बिठाने लगे, "एक-एक पाव भी दो

दिन गोश्त आये तो, तेल-साबुन-मंजन···अरे, नूरी के लिए दूध···सारा हिसाब लगा कर जोड़ा तो लगा, बहुत-बहुत थक गये हैं···यूं ही पड़े-पड़े जालों में फंसी मरी मक्खियां देखते-देखते एकाएक उठे और छडी उठा कर शब्बन के घर चल दिये.

वही शफ़्फ़ाफ़ बत्तियां, वही मजलिस, वही समां···हारमोनियम और सारंगी के मिलते स्वर. फर्क बस इतना था कि स्टेज के बीचों-बीच झिलमिलाती कामदानी की अचकन, धुले, अलीगढ़ी पाजामे और तिरछी मखमली टोपी लगाये उस्ताद नहीं, शब्बन 'मस्ताना' बैठे थे. उस्ताद तो अपनी जीर्ण कामदानी की गुड़ी-मुड़ी अचकन और गफ़ूरे से मांगा पाजामा पहने झेंपते-से, उस ज़माने के अपने प्यारे शागिर्द और इस ज़माने के मशहूर क़व्वाल शब्बन 'मस्ताना' के पीछे बैठे थे. शब्बन ने एकाध बार सामने आने का इशारा किया था, पर उस्ताद अपनी अचकन और मैलखाई टोपी को देख कर झेंप गये थे. वैसे इस बदले लिबास और झुर्रीदार जिस्म में गुज़रे वक़्त के कामदानी में कसे, तगड़े सीने और नुकीली दाढ़ी को ढूंढना मुश्किल ही था, पर हाथ में संभाली सारंगी के तारों पर टपटप कर टपकते आंसुओं को छिपा पाना शायद नामुमकिन···

सुर बंधे···हाथ फैले उस्ताद के नहीं, शब्बन के, और माहौल में उस्ताद की अपनी बहुत प्यारी ग़ज़ल के अल्फ़ाज़ शब्बन की आवाज़ में तैर गये···

यही रंगत भरी शामें कभी हमने गुज़ारी थीं···
शफ़क़, बादल, तड़पती बिजलियां, सब कुछ हमारी थीं.

सम के साथ ढोलक तड़कती रही. पीछे बैठे शागिर्द उसी ताल में हथेलियां घुमा-घुमा कर तालियां बजाते रहे—जैसे कभी शब्बन बजाया करते थे."

लय तेज़ हो गयी, "यही शामें, तड़पती बिजलियांऽऽऽऽ हमारी थीं, हमारी···

हथेलियां तेज़ी से घूम कर ताली देने लगीं. शब्बन ने ठहर कर उस्ताद की ओर इशारा किया. एक आलाप खींचने के लिए उस्ताद संभले. एकदम ख़याल आया, ले जाने से पहले शब्बन ने कहा तो था, "दो-तीन आलाप भी खींचने पड़ेंगे, उस्ताद···लेकिन तुम्हारा दमा उखड़ गया तो ? ऐसा है कि सारंगी तो इम्तियाज़ के न आने पर यह लौंडा गज्जू ही संभाल लेता है, लेकिन अब तुम इतनी दूर से आये हो···और उस्ताद ठहरे···न···नहीं कर सकता···वरना जब कभी कमी पड़ती है, इसी गज्जू के भाई को बुला लेता हूं. नवीं में पढ़ता है, लेकिन फिल्लिम के तराने गाते-गाते, कव्वाली के आलाप भी खींच लेता है. दस-पंद्रह दे देता हूं. कुछ कहता नहीं, बड़ा अदब करता है मेरा, पर तुमको न करके अल्ला-ताला को क्या मुंह दिखाऊंगा ? उस्ताद ठहरे, पच्चीस से कम क्यों दूंगा···वैसे मजलिसों में भी वह आमदनी अब कहां रही !"

शब्बन शुरू से ही होशियार था. और वक़्त के साथ-साथ आदमी और भी होशियार तथा सतर्क होता जाता है. क्या बुरा कह रहा है···पहले ही बात साफ़ हो जानी चाहिए. नहीं तो कहीं उस्ताद मन-ही-मन सैंकड़ा-सवाई के मंसूबे बांध कर आये हों तो बाद में झिक-झिक हो. बाद को लोग कहते फिरें कि शब्बन मस्ताना बूढ़े उस्ताद से काइयांपन कर बैठे. शहर का बच्चा-बच्चा शब्बन मस्ताना को जानता है, इज़्ज़त का सवाल पहले है, पैसे का दूसरा. इसलिए पहले से पक्का होना चाहिए.

शब्बन अपनी तरफ से इतनी दरियादिली कर रहा है, आख़िर, उस्ताद को भी तो कुछ कहना चाहिए. सो बोले, "मुझे तुमसे कोई मोल-भाव नहीं करना, शब्बन, कुछ भी···"

'न दो तो भी' नहीं कह पाये वह. इतना बड़ा झूठ कैसे, किस बूते पर बोलते ? आदमी कभी कुछ चाह कर भी तो नहीं कह पाता. वक़्त की पहरेदारी है यह शायद···वक़्त का पहरेदार ठहाका मार हंस पड़ेगा, "कुछ भी नहीं चाहिए ···तब क्या यह गुड़ी-मुड़ी अचकन और मांगे का पजामा पहन कर शौकिया मजलिस का लुत्फ़ उठाने जा रहे हैं ?

नहीं-नहीं. शब्बन को उन्होंने बेटे की तरह माना है. आवाज़ की एक-एक कशिश, अपने गले की एक-एक बारीकी उसके गले में उतारी है···तो ? वह भी तो उनकी कितनी कद्र करता है ! वह जानते थे शब्बन मना नहीं करेगा. जईफी और तंगी में आज इतने सालों बाद जब उन्हें जरूरत पड़ी तो मदद ज़रूर करेगा, और की भी उसने.

"बुरा मत मानना, उस्ताद ! अपने भी बाल-बच्चे हैं. साल बीतते-न-बीतते बेटी का निकाह कर डालना है···समय की तंगी तुम्हारे सामने है."

ठीक कहता है, कुछ गलत नहीं, आदमी नहीं बदलता, हालात बदल देते हैं उसे.

शब्बन के दूसरे इशारे पर उस्ताद ने कांपते गले से, संभलते हुए, अल्लाह का नाम ले कर आलाप खींचा···बदली हुई आवाज़ से लोग चौंके. एकाएक जैसे तैरता हुआ सबकुछ रुक गया हो···चारों ओर से स्तब्ध, अवाक, खामोश निगाहें उस ओर जुड़ गयीं···यह···यह कैसी कशिश है! ···शब्द कहीं नहीं,बस स्वर··· स्वर···आकारहीन. इन स्वरों को खींचते हुए जैसे कोई समूचा दिल खींचे लिये जा रहा हो···जानकार तो एकदम वाह-वाह कर पागलों-से चिल्ला उठे, कमाल है, कमाल है···सामने आरामकुर्सियों पर बैठे हुए हाईकोर्ट के अफसरान, मजिस्ट्रेट साहब, सरकारी वकील जनाब मुश्ताक अली, रिटायर्ड जस्टिस सहाय साहब—सबकी आंखों में तल्लीनता के साथ कद्रदानी थी. आलाप ख़त्म होते ही

जनाब मुश्ताक अली एक बुलंद वाह के साथ उठ खड़े हुए, मस्ताना ! उस हीरे को सामने लाओ एकाध फड़कती हुई चीज़ सुनवाओ.

शब्बन ने इशारा किया. उस्ताद झुकी नज़रों में वाहवाहियां गोपते, सकुचाते से थोड़ा आगे खिसक आये, हकदार की तरह नहीं, कुसूरवार की तरह. उन्होंने शब्बन की ओर फिर देखा, मानो माफी चाहते हैं, पर शब्बन ने मुसकराते हुए बढ़ावा दिया सुनाओ उस्ताद, पुरानी चीज की लज़्ज़त ही और होती है !···लेकिन फरमाइशों का तांता बंध गया. उस्ताद को खुद पता नहीं, वह कैसे गाते चले गये, एक बार भी खांसी नहीं उभड़ी, गला नहीं फंसा···यह करिश्मा था या रोज़े का सवाब···

समां बंधता गया. पूरी मजलिस समंदर की लहरों की तरह मचलते-उफनते अल्फ़ाज़ों पर झूम रही थी···

इन्हीं अश्कों के राज़दार को हम ढूंढने निकले
अजी हम ढूंढने निकले

आवाज़ की लहरें और तेज जा रही हैं और उस्ताद को लगता है, एक-साथ हज़ार-हज़ार बिजलियां तड़प रही हैं, तमाम ज़ादुई रंगों में शफ़क फूल रहे हैं, समंदरी झागों में परी-सी झिलमिलाती जुलेखा उन्हें आवाज़ें दे रही है, जुबैदा रोजे का सवाब पाने आ रही है शौहर के संग, नूरी को गोद में उठाये···

रहम खुदा का, खांसी नहीं उमड़ी इज्ज़त रह गयी. शब्बन की भी, उस्ताद की भी शब्बन ने ऊपर से हां भले कह दी हो, पर रहा होगा पशोपेश में ही कि कहीं उस्ताद मजलिस न उखाड़ दें, या खुदा !

कव्वाली खत्म हुई तो सहाय साहब एकदम सामने आ गये, "आपकी तारीफ ?"

झुकी नजरों से सारे जादुई रेशे बिखर गये थे "खाकसार को अली अफ़ज़ल मुराद कहते हैं···"

"क्या ?" एकदम सहाय साहब की याददाश्त को झटका लगा, अफ़ज़ल मुराद ? मशहूर···शान-ए-कव्वाली ? शहनाजन गढ़ी वाले ? उन्होंने आगे बढ़ कर उस्ताद को गले से लगा लिया था और लगातार बाकी अफ़सरान को बताते जा रहे थे, कितनी बार पिताजी के साथ बचपन में आपकी कव्वालियों का लुत्फ़ उठाया है, आप लोगों ने क्या सुना···मैंने जो इस शख्स को जवानी के दिनों सुना है, मुश्ताक अली, यह गुदड़ी के लाला है, लाल !"

तब लम्हे-भर को बादल, बिजलियां कुछ नहीं, बस पूरे आकाश पर इंद्र-धनुष-ही-इंद्रधनुष फल गये थे.

बाद में सकुचाते हुए शब्बन को फिर याद दिलाया, "इधर एक-दो मजलिसों में बुला लेते तो."

"ज़रूर-ज़रूर."

गफ़ूरे ने कितनी मदद की; ख़ुदा झूठ न बुलाये, दिन-के-दिन मजूरे के साथ लगा रहा, फिर भी संकोच तो होता ही है. मौका लगे तो पूछना है, "म्यां, दो-चार मजलिसों के लिए और चाहिए था पाजामा. तुमसे कुछ छुपा नहीं है, क्या कहूं, तुम्हें परेशानी तो होगी." लगता तो नहीं कि गफ़ूरे इनकार करेंगे और उन्हें किसी और से पाजामा मांगना पड़ेगा···आते तो ज़रा खर्चे का ब्योंत भी बिठा लेते···एक पाव दूध रोज, कम-से-कम बच्चों के लिए, चाय, पान, जर्दा, तेल, तरकारी और गोश्त—गफ़ूरे होते तो इसी शफक की ओर उंगली दिखा कर समझा देते, "म्यां, ऐसी ही शोख रंगों वाली लहरियादार साड़ी ज़ुबैदा के लिए ले आना."

सामने से शब्बन का शागिर्द आता दिखा. उस्ताद उतावली में बुलाने ही वाले थे कि वह ख़ुद ही लौटा.

"आदाब, उस्ताद! आपका ही घर ढूंढ रहा था. तबीयत नासाज़ नज़र आती है."

उस्ताद ने पीकदान खींचा और गला साफ़ कर हंस दिए, "नहीं, यूं तो अब बुड्ढा हुआ ही, लेटे-लेटे शफ़क़ देख रहा था. शब्बन ने भेजा है?"

"जी हां···"

"कब लग रही है मजलिस?"

"कल शाम की है···"

"ठीक है, ठीक है. कितने बजे! वही साढ़े आठ-नौ का टाइम होगा और क्या, है न?"

"हांऽ ऽ"

"कहना, आठ तक ज़रूर पहुंच जाऊंगा, फ़िक्र न करें···ज़रूरत पड़ी तो हारमोनियम भी संभाल लूंगा. हां, कहना सारंगी ज़रा कसवा लेंगे, खूंटियां हर बखत ढीली हो जाती हैं—कसो, फिर ढीली···"

शागिर्द खड़ा रहा तो उस्ताद को अपनी बुढ़ौती पर कोफ्त हुई, बैठने को न पूछा, "बैठो-बैठो म्यां, चाय पियोगे?"

"न···नहीं," शागिर्द धीमे-से मुसकराया. "मुझे तो शब्बन मियां ने इसलिए भेजा था कि आपसे कह दूं, कल आने की तकलीफ़ न करें."

चुपचाप कहीं खड़े हों और किसी ने पीछे से गहरे खंदक में धक्का दे दिया हो···उसी गहरी खंदक से आवाज़ आयी, "क्या...? क्या कहा है शब्बन ने?···"

"कि उनका सारंगी वाला आ गया है, आप तकलीफ़ न करें···बुढ़ापे में दमा-वमा उभड़ जायेगा···आराम की ज़रूरत है आपको. अच्छा, आदाब."

जाता हुआ शागिर्द अटाला मस्जिद के टीलों के पीछे उतर रहा था. ऊपर आसमान बेहद सपाट था. □□

सुबह होने का इन्तज़ार

कैलाश सेंगर

सेक्सोफोन के उस्ताद अब्दुल की दर्दनाक कहानी. जिजीविषा की यथार्थता. एक ओर है रोग, अभाव, ग़रीबी, बेकसी की सिसकती ज़िन्दगी. इससे छुटकारा पाने को पास पड़ा एंड्रिन का डिब्बा. पर दूसरी तरफ है जीने की अदम्य लालसा. आखिर जिजीविषा विजयी होती है. लाखों-करोड़ों मुसलमानों की यही नियति है—अभाव, उत्पीड़न, रोग-शोक, दरिद्रता में भी जीये जाने की नियति.

बब्बू ने बकरी घर में बांध ली. शेखू की मुर्ग़ियां पहले ही दड़बे में आ गयी थीं, सिर्फ़ मुर्ग़ा कहीं दिख नहीं रहा था, इसलिए वह अपने लड़के को ज़ोर-ज़ोर से पुकारने लगा, "अबे ओ कालूऽ ! मुर्ग़े कूँ ढूँढ़, नइं तो कइं हलाल हो जायगा." जुम्मन की मां अपना कूबड़ सहलाते हुए बहू के नाम से चीखी, "इत्ती शाम को भी कां मर गयी वो बदज़ात, अब ये उपले क्या तेरा बाप कबर में से आ के उठायंगा." गली के नंगे-अधनंगे बच्चे गली में आ कर तालियां पीटते हुए उछल-उछल कर नाचने लगे. सड़क पर अल्लाह को बार-बार पुकारने वाला अन्धा फकीर पीरू के होटल के शेड तले जा दुबका और अब्दुल के मिट्टी के मकान की पुरानी टीन जब कुछ ज़्यादा ही टप-टप-टप का शोर मचाने लगी, तब मुहल्ले को पूरी तरह मालूम हुआ कि बादलों ने इस मोसम की बोहनी कर ली है.

और इसके साथ ही अब्दुल टीन की टप-टप से भी ज़्यादा अपनी छाती की धक-धक का बढ़ना महसूस करने लगा. नूरुल्ला हकीम के घर से जैसे-तैसे वह अभी-अभी घर पहुँचा ही था कि ये बारिश टीन बजाने लगी थी. तेज गर्मी में पसीने से तर होती दोपहर सब को भले ही बुरी लगे, पर उसे अच्छी लगती थी; क्योंकि उसे पता था कि गर्मी की यह तेज़-तर्रारी भले ही कितनी भी उमस-भरी और चीकट क्यों न हो, पर इसके उतरते ही बादलों का घिरना शुरू होगा और वे काले-काले बादल सब को भले ही राहत दिलाते होंगे, पर उसके लिए पिछले कुछ सालों से हर साल ही बेहद डरावने बन जाते हैं. क्योंकि इन दिनों उसके सीने में ज़ख्मी नागिन-सी छटपटाती हुई बेबस सांस और दमे की कशमकश पूरे ज़ोरों पर होती है और कभी-कभी तो सांस छाती उछालती हुई इस तरह बाहर-भीतर करती है, जैसे चिपके हुए सेक्सोफोन में किसी ने फूंक मार दी हो.

और बात जब भी सेक्सोफोन पर आती है, तब अब्दुल का सेक्सोफोन सहसा याद आ ही जाता है. शहर के किसी भी जानकार कान से पूछ लीजिए कि इस इलाके में वो सुफेद बटनवाला चमकीला 'इंग्लिस बाजा' सब से अच्छा कौन बजाता है ? तो जवाब एक ही मिलेगा, 'अब्दुल.' और यदि यही बात अब्दुल से

पूछी जाये, तो अब्दुल पूछनेवाले की तारीफ-भरी नज़र से साफ बच कर अतीत में झांकते हुए कहता है, "मास्टर, सिक्सोफ़ून तो बजाते थे हमारे उस्ताद···अहा हा, आय हाय, बस ऽ···ये बाजा तो उनकेइ बस की चीज़ थी. अजी बजाते क्या थे मियां, बस खेलते थे बाजे से···सच्ची बोल रा हूँ कि हम तो उनके पौं की भी बराबरी नइं कर सकते."

पर अब ये सवाल-ज़वाब अब्दुल से कोई नहीं करता. अब तो अब्दुल के गले से सेक्सोफोन के लिए निकली सुरीली फूंक की जगह घर्र-घर्र करती सांसों ने ले ली है. धीरे-धीरे सारा सुरीलापन खोता जा रहा है वह.

"ये डब्बा काय का पड़ा है ? पयलेइ तो पानी हयां-व्हां इत्ता टपक रा है और उसमें बीच मेंच ये इत्ते बड़े डब्बे में क्या रखा है ?" कुछ अंग्रेजी अक्षर माथे पर लिए हुए, बीच में ही पड़ा वह एड्रीन का डिब्बा खांसते हुए अब्दुल की आंखों को खटक गया. बोलने से थोड़ा दम भी भर आया था, वह वहीं जमीन पर हाथ टिका कर बैठ गया.

"अजी शाम में वो मालेगौं वाले उस्मान भाई आये थे. बोल रहे थे कि ज़रा कोरट के काम से नागपुर जा रा हूँ, ये खेत के कीड़े मारने की दवा का डब्बा रख रा हूँ. दो दिन बाद आ के ले जाऊँगा." अब्दुल की बीवी जमीला डिब्बे को कोने में सरकाते हुए बोली, "बोल रये थे ज़रा बच्चों से बचा के रखना."

"ख़ाने को देव न अम्मा, पक गया क्या खाना ?" बीच में ही दस साल का सलीम जमीला से आ चिपका.

"डाल मुर्दे के मूं में वो डब्बे में की थोड़ी-सी दवा. मुर्दों कुं सुबो-शाम ना जाने कां से भूख लग जाती है." खांसी फिर उबाल मार गयी थी. अब्दुल घुटनों पर कुहनी रख कर, सर पकड़ कर हांफने लगा· उसकी आवाज़ से चारों बच्चे कोने में दुबक गए. सलीम समझ नहीं पा रहा था कि उसने खाने को मांग कर कौन-सी गलती कर दी है. जब खांसी कुछ कम हुई, तो अब्दुल का रुख सलमा की ओर मुड़ा, "गयी थी क्या पैसों के वास्ते इब्राहिम भई के तरफ ?"

"हाँ." जगह-जगह छिदी हुई ओढ़नी से अपनी उगती जवानी को छिपाते हुए उसकी डरी हुई आवाज़ निकली.

"तो फिर दिए क्या उसने पैसे ?"

"नइं, वो बोले शाम कुं आना."

"तो मरना था न शाम कुं व्हां पे."

"मैं नइं जावंगी व्हां पे, वो सब अच्छे लोग नइं हैं. और तो और वो इब्राहिम चचा भी मेरे कुं अपने हाथ से पान खाने कुं कय रये थे." सलमा की आंखों की पीड़ा जमीला द्वारा अभी-अभी जलायी ढिबरी की अधमरी रोशनी में भी साफ-साफ दिख रही थी.

"व्हां जाती, तो क्या खा लेता वो तेरे कु…" खांसी ने फिर झटका मारा. यह अब्दुल को अच्छा ही लगा, क्योंकि यह वाक्य वह बोलने को तो बोल गया था, पर अपने मालिक इब्राहिम की आंखों में बैठे हैवान को वह कई बार देख चुका था. अब दूर काहे को जाना, उस दिन साइड-ड्रम बजानेवाले उस एजाज़ की जवान बीवी को उसके ही घर में…

जब सांस की उठान कुछ कम हुई, तो उसने छोटे सलीम को पास बुलाया, "सुल्लू बेटे, तू इ चला जा न." सलीम ने डरते-डरते इधर-उधर झांका. बारिश कुछ कम हो गयी थी: वह निकल गया.

सलीम को वह बहुत चाहता था और चाहता भी क्यों नहीं, उसे बेटा चार लड़कियों के बाद जो हुआ था. वैसे उसे पहला लड़का ही हुआ था—रोशन. था भी अपने नाम जैसा ही, एकदम गोरा-चिट्टा, उजले पांव वाला. तभी तो उसके पैदा होने के पांचवे ही दिन बाप को अच्छी नौकरी मिल गयी थी. नेशनल ब्रास बैंड वाले यूसुफ अली सेठ खुद घर पर आए थे अब्दुल को बुलाने, "चलो मियां, कब तक इधर-उधर पुंगियां फूंकते रहोगे ? हमारे बैंड में आ जाओ." शहर के सब से नामी बैंड में पक्की नौकरी और अच्छी तनख्वाह.

नौकरी के बाद घर में थोड़ी-सी रोशनी तो आ गयी थी, पर रोशन ने अब्दुल को ज़्यादा दिन साथ नहीं दिया था. हुआ कुछ खास नहीं था. बस एक दिन उसका ज़रा पेट फूला और डॉक्टरों को बताने के पहले ही शाम तक वह ख़ुदा को प्यारा हो गया था.

सलीम बहुत देर से लौटा था. इब्राहिम ने पैसे पूरे नहीं भेजे थे. बाकी पैसे कल देने को कहा था. सलीम आते ही टुकड़ों पर टूट पड़ा था. उसकी रकाबी में जमीला भी बैठ गयी थी. दोनों के बहुत कहने पर भी अब्दुल नहीं बैठा था. वह जानता था कि पेट में कुछ गिरते ही पेट फूलेगा और तकलीफ बढ़ती जायेगी.

अब सब एक-दूसरे में गुत्थमगुत्था हुए सोये पड़े थे—सलीम, नज्मा, जेबू, सलमा और जमीला. दिन-भर शाम तक काम करते हैं और रात को ज़मीन छूते ही सब पट्ट-से सो जाते हैं. और कोई किसी के लिए जागे भी कब तक. अब्दुल की बीमारी एकाध-दो दिन की बात होती तो जागते भी. पर यहां तो सब के साथ छोड़ने पर भी बीमारी अपनी यारी पर कायम थी, और ऐसे रात के वक़्त तो वह पूरे शबाब पर चढ़ जाती.

नींद में सलमा के सीने पर से कपड़ा हट गया था. अब्दुल बैठे-बैठे ही वहां तक खिसका और उसने उसकी ओढ़नी उसे उढ़ा दी. ढिबरी के फीके उजाले में जगह-जगह से निकले दीवार के अस्थि-पंजर जैसे इन सब को घेर कर खड़े थे

कि कब इन्हें दबोचें. पर ये सब तो उन्हें रोज चकमा दे-दे कर अपना एक-एक दिन बढ़ाते ही जा रहे थे.

हवा का एक हल्का-सा झोंका आया, तो दरवाजे पर लगा बोंदरी का फटा पर्दा थोड़ा-सा हिला और उसमें से गली के कोने पर लगे बिजली के खम्बे की थोड़ी-सी रोशनी सलमा के चेहरे पर छिटकी. उस पल सलमा का प्यारा-सा चेहरा देख कर अब्दुल को सहसा लगा कि जैसे कीचड़ में चांदी का कोई कलदार रुपया पड़ा हो···और उतनी रात गये भी उसके मुंह से इब्राहिम के लिए एक गन्दी गाली निकल पड़ी.

सलमा जैसी ही तो ख़ूबसूरत थी उसकी बड़ी बेटी—फरीदा, जो अहमद ड्राइवर के साथ भाग गयी थी. तब से आज तक उसका कोई पता नहीं चला. तब अब्दुल ने अपनी बेटी के नाम खूब गालियां दी थीं, अहमद को कोसा भी बहुत था. आसपास के लोगों की बातों को एक गरमागर्म विषय मिल गया था उन दिनों. पर वक़्त के साथ वह विषय भी ठण्डा पड़ता गया. अब वह सोचता है, "चलो, अच्छाइच हुआ जो बेचारी चली गयी. हयां रयती, तो क्या इन टाट के पर्दों से वो उसकी मासूम जवानी ढंक पाता, अहमद डरेवर नइं तो सुलेमान मिसतरी या फिर कोई और उसकू ले भागता."

"खूंऽखूंऽ" खांसी का एक और दौर उठा. उसने पास का ही एक डिब्बा सहारे के लिए पकड़ लिया और दीवार से सिर टिका कर ज़ोर-ज़ोर से खांसने लगा. खांसते-खांसते मुंह में बलग़म भर आया, तो एक छोटे-से डिब्बे में मिट्टी डाल कर बनायी गयी पीकदानी में जब उसने थूक दिया, तब जा कर उसे थोड़ी-सी राहत मिली. ऊपर-नीचे होने वाली छाती की तेज़ी में कुछ कमी ज़रूर आयी थी, पर सांस अब भी फूल रही थी. सीने पर और माथे पर आया हुआ पसीना जब उसने पोंछा, तो उसकी मैली कमीज़ का चीकटपन और बढ़ गया.

गली में एक मरियल-सा कुत्ता 'हूऊँऽऽ' कर के चिल्लाने लगा था. कुत्ते का वह रोना भी उस समय अब्दुल को अच्छा ही लगा. उसने सोचा, चलो कोई तो जाग रहा है मेरे साथ.

और जागने की बात से उसे याद आये उसके जवानी के वे दिन, जब वह तारोंभरी रात में घण्टों अकेला अमराई के किनारे के पुल पर बैठा नूरा के खयालों में डूबता था. तब उसे काले आसमान पर जड़े वे तारे काली 'किलार-नेट' के सफेद बटनों जैसे प्यारे लगने लगते.

उन दिनों जब अब्दुल रियाज़ करते वक़्त सेक्सोफोन पर कोई मधुर धुन छेड़ता, तो नूरा भी अपनी नूरमंज़िल के ऊँचे झरोखों में से पर्दा हटा-हटा कर फिस्स-से अब्दुल की ओर देख कर मुस्करा देती थी. और तब अब्दुल को किस्सों में सुनी वह बात सच लगने लगती कि पुराने ज़माने में सुंदर राजकुमारियां अपनी

ऊँची खिड़कियों में से ग़रीबों पर अशर्फियां लुटाती थीं.

पर उन दोनों के भीतर-ही-भीतर पलती यह सरगम 'सा' से 'नी' तक पहुँचने के पहले ही बीच में ही कहीं किसी अंधेरी खाई में गुम हो गयी थी. नूरा के बाप ने उसकी शादी किसी बड़े अफ़सर से कर दी थी···हां, उसकी बारात में भी तो नेशनल बैंड ही था. उस दिन नूर-मंज़िल के सामने जो धुन अब्दुल के सेक्सोफोन से निकली थी, वह फिर कभी नहीं निकली. उस पर खुश हो कर ही तो मेहमानों में आयी कलेक्टर साहब की बीवी ने पूरे पांच की हरी पत्ती अब्दुल को इनाम दिलवायी थी. उसके बाद कई सालों तक उसके दोस्त रज़्ज़ाक के सामने जब भी कोई अब्दुल के सेक्सोफोन की तारीफ़ करता, तब वह उसी वक़्त कह देता, "नइं यार, ये तो कुछ भी नइं है, अब्दुल ने तो बस एकीच दिन अपना बाजा बजाया था···नूरा की शादी में. हाय, हाय, हाय, क्या धुन निकली थी उसके सिक्सोफून से उस दिन···'चोरी-चोरी' का वो गाना···'रसिक बलमा'···."

उन दिनों जब भी कोई उसके सेक्सोफोन ज़्यादा बजाने के बारे में उसे समझाता कि इससे सीना कमजोर होता है, कोई बीमारी हो जायेगी, तो अब्दुल हंसते हुए उलटा उसे ही समझाता, "मियां, हमारे उस्ताद कयते थे कि अब्बू, इसका नाम सिक्सोफून है सिक्सोफून, सिक्सोफून यानी मुहब्बत का बाजा और इसीलिए इसे बजाना हो, तो बाबू ज़रा मुहब्बत से बजाव. और साब, जब हमने इस कम्बख़्त सिक्सोफून को मुहब्बत दे दी, दिल दे दिया, तो फिर सीना, दम और जान देने में क्यूं पीछे हटना ?"···और वह एक उदास मुस्कान लिये नूरा की याद में खो जाता.

नूरा के बारे में सोचते हुए अचानक अब्दुल की नजर जमीला के चेहरे पर टिक गयी, वह सोचने लगा कि कहां नूरा का नूरानी चेहरा और कहां जमीला की यह चेचक के दागों से भरी धंसी हुई आंखों वाली बदसूरत-सी शक्ल. पर अब्बा ने जब जमीला के घरवालों से बात पक्की कर ली, तो फिर अब्दुल मुकरता कैसे ? अब्बा का दबदबा ही कुछ ऐसा था कि सब मानना पड़ा. सलीम के पास सोई जमीला के लिए उसके मन में कुछ नफरत-सी जागी. पर साथ-ही-साथ ज़िन्दगी के हर मोड़ पर अनगिनत दुखों में उसका साथ देता जमीला का वही बदसूरत चेहरा जब उसे याद आया, तो अचानक नफ़रत का ख़याल उसके दिल में पल-भर भी टिक नहीं पाया और एकाएक वह उसे ख़ूबसूरत लगने लगी. सहज ही उसका हाथ सोयी हुई जमीला के हाथ को छू गया.

"जागते रहना हो ऽऽ होशियार ऽऽ." गोरखा दूर कहीं लाठी खटखटाता हुआ चीख़ा, तो अब्दुल का हाथ एकदम जमीला के हाथ से अलग हो गया और उसे ऐसे दमे में भी हंसी आ गयी···"हुं स्साला, जागने को कय रा है···हयां तो ये अन्दर बैठा दम्मेवाला गोरखा रोज़ीच जगा कर रखता है." उसने हकीम

साहब की दी हुई दवा की शीशी उठा ली. उसे मालूम था कि इससे कुछ भी फ़र्क नहीं पड़ना है, पर फिर भी उसने एक खुराक ली और टक पी ली. इतने में ऊपर की पटली पर चूहे दौड़ने से खड़खड़ाहट हुई और कुछ नीचे गिरा. उसने हाथ बढ़ाकर उठाया, तो कई दिन पुराना राजा छाप बीड़ी का उसी का अधपिया बंडल था. उन दिनों उसे इस राजा बीड़ी पर बड़ा नाज़ था. वह दोस्तों से मज़ाक में अकसर कहा करता था, "मियां हम खुद राजा हैं···इसलिए राजा बीड़ी पीते हैं." दवा से मुंह कुछ कड़वा हो गया था. पहले ऐसे समय वह राजा का ही सहारा लिया करता था. कई दिनों से उसके मन में सोयी पड़ी बीड़ी की तलब एकाएक जग गयी थी, पर तलब के साथ-साथ ही जब खांसी ने भी उछाल मारा, तो उसे बड़े दवाखाने के डॉक्टर की बात याद आ गयी और मुंह के साथ-साथ उसका मन भी कड़वा होता गया. वह भीतर-ही-भीतर डॉक्टर को गालियाँ देने लगा··· "कयते हैं साले कि एक्सरा निकालो···फोटू निकालो···टी० बी० जैसा भी लगता है···दवा जब देते हैं तो पूरी दस की पत्ती बैठती है···हुं···टी० बी० और मेरे कूं ?··· कल के इन लौंडों ने दो-चार किलास ज़्यादा क्या पढ़ लिये, अपने आप कूं बोत बड़े डाक्टर समझने लगे हैं···वो तो खुदा सलामत रक्खे अपने नूरुल्ला हकीम को जो उसी रोज उसने कय दिया था कि अब्दुल मियां क्या समझता है इन डाकटरों कुं···ह्यां चार पुश्तों से हकीमी कर रये हैं···अरे भई, अब्भी तुम्हारी उमर इ क्या है···टी० बी० होना तो दूर अब्भी टी० बी० तुम्हारे पास फटक भी नइं सकती···देखो···मेरी दवा लेते जाव···कुछी दिनों में टनाटन बोलने लगोगे···"

वह जब भी ऐसा कुछ सोचता है, तो उसका दमा न जाने क्यों बढ़ जाता है. पर वह आज तक नहीं समझ पाया है कि उसके दमे का और उसके सोचने का क्या रिश्ता है ? कई बार उसका मन हुआ कि और किसी बड़े डाक्टर को बताया जाये, पर इब्राहिम के बैंड में वह छनक कहां, जो यह सब हो सके. ऐसे में उसे अपने पुराने साथी रहमान भाई की अकसर याद आ जाती है. बेचारा रेल के नीचे कट मरा था. नेशनल बैंड से छूटते ही तंगी ने जब अब्दुल को लपका था, तो उसी ने उसे दो-चार सेठों के यहां खाली समय में पानी भरने का काम दिला दिया था, जो वह आज तक करता आ रहा है. रहमान भाई बैंड में बेस बाल बजाता था और पैंतालीस की उम्र में भी हर बारात के सामने पसीने-पसीने हो कर किसी कॉलेजी-छोकरे-सा नाचता था. एक बार अब्दुल ने उसे कहा भी था कि "रहमान भाय, अब ये सब उछलना-कूदना तुम कूं जंचता नइं." तो हमेशा हंसनेवाला रहमान भाई भी यह सुनकर अचानक उदास हो गया था. और अब्दुल के कन्धे पर हाथ रख कर उस दिन उसने कहा था, "अब्दुल, क्या तेरे कूं लगता है कि मैं खुद नाचता हूं ?······नइं, मैं नइं नाचता···बाबू, ये जो पेट

है ना, उसमें रोज एक गड्ढ़ा हो जाता है और मेरे घर में ऐसे बोत गड्ढ़े हैं··· सो सब नचाते हैं मेरे कूं···"

और फिर उसे दमे का एक और जोरदार झटका आया. रात के दो-ढाई बजे ऐसे मौसम में उसे अकसर ऐसा दौरा आ जाता है. उसके गले से सूं सूं की आवाजें फिर तेजी से आने लगीं. खांसी सीने में अटके बलगम में अटक-अटक कर आ रही थी. बलगम निकले तो थोड़ी राहत मिले, पर ऐसे में बलगम जैसी सड़ी चीज़ भी उसके बस में नहीं होती. उसे हर बार ऐसा लगता है कि अब की बार उसकी जान जायेगी, पर वह जानता है कि यह जान जाना इतना आसान नहीं है. दमे की इस भयंकर तकलीफ से वह छटपटाने लगा, "···हं···बापरे ···मरा ···अरे···अब उठा ले अल्ला···अब···सहा नई जाता···हं···हं···मर गया···" बोलने के कारण उसकी तकलीफ और ज़्यादा बढ़ गयी. और तकलीफ के कारण उसने अपना सिर दोनों हाथों से थाम कर पास के डिब्बे पर दे मारा. खड्-से आवाज़ हुई, तो जमीला जाग गयी···सलमा भी. जमीला उसकी छाती की हड्डियों पर हाथ फेरने लगी और सलमा अपनी जगह चुपचाप डर-भरी आखों से यह रोज़ का तमाशा देखने लगी.

"अल्ला···अब ले जा रे···अब नइं···हं···हं···जमता···हं···बस···बस हो गया···सलमा बेटा···अब नइं बचूंगा···" और छटपटाते हुए उसका हाथ उस्मान भाई के एंड्रीन के डिब्बे को जा लगा. उसे लगा कि वह डिब्बे को खोल ले और पी जाये दवा, ताकि यह हमेशा की झंझट तो मिटे. घसीटते हुए उसने डिब्बे को पकड़ा."···पिला दे···पिला दे···सुल्लू की अम्मा···ये जहर मेरे कूं··· पिला दे···मर जाऊंगा, तो एक बार का छूट जाऊंगा···झंझट मिट जायंगी··· अब नइं स सह सकता···" जमीला ने झटके-से उसका हाथ डिब्बे से हटा दिया और उसे समझाने लगी. सभी बच्चे जाग गये थे.

थोड़ा वक़्त और बीता. अब भी दमा चल रहा था, पर अब वह चुप था दमा, खांसी और नींद के ये हमले अब उससे सहे नहीं जाते थे. जमीला ने दव की एक और टक उसे पिला दी. आधे घंटे तक उसकी छाती में वह भूचाल और चला, और जब पीकदानी में बलगम के कुछ गोले और जमा हो गये, तब फिर धीरे-धीरे खांसी और दमे का ज़ोर कम होता गया.

चादर का गट्ठा-सा बना कर उसने दूसरे डिब्बे पर रख दिया था और दोरों हाथों से सिर को थामे उसने डिब्बे पर ही सिर टिका दिया था···शायद उसे हल्की-सी झपकी लग गयी थी. धीरे-धीरे···सब की आंखें झपकने लगी थीं···

दड़बे में रात-भर दुबका शेखु का मुर्गा जब जोर से बज उठा, तो अब्दुल की झपकी टूट गयी. शायद मुर्गा भी रात के अंधेरे से घबरा गया था, पर अभी सुबह

होने में काफी देर थी···

अब्दुल की छाती की धौंकनी अब काफी धीमी पड़ गयी थी. पर गहरी थकान के कारण दाढ़ी के काले-सफेद खूंटों के बीच जकड़ा उसका पीला चेहरा भूकंप के बाद के मलबे-सा लग रहा था.

"अल्लाह हो अकबर···" किसी मुअज्जन की गूंजती हुई अजान पास की मस्जिद से सुनाई देने लगी, तो उसकी नज़र सहज ही जानमाज पर टिक गयी. उसे याद आया कि कुछ दिनों से वह मस्जिद भी नहीं जा सका है, बस दिल-ही-दिल में खुदा को याद करता रहा है. अज़ान की आवाज़ से जमीला भी जाग गयी थी···फ़ज़्र की नमाज़ का वक़्त हो रहा था.

थोड़ी देर बाद जब सब बच्चे भी जाग गये तो जमीला ने सिगड़ी सुलगा ली. सिगड़ी सुलगते-सुलगते घर में काफी धुआं कर गई थी. धुंएं के कारण उसे खांसी की फिर एक हल्की-सी हुमक उठी. खांसी के आते ही उसे याद आ गयी डिब्बे में पड़े ज़हर पीने की बात. और एंड्रीन पीने के बाद का खयाल आते ही वह भीतर-ही-भीतर गड़बड़ा-सा गया. उसके दिमाग़ में अचानक रहमान भाई की खुदकशी वाली बात कौंध गयी. रेल की पटरियों के पास चुपचाप पड़ी, कटी हुई रहमान भाई की लाश ···पास ही बिलखते बीवी-बच्चे···पुलिस की वर्दियां··· और दुर्घटनासे खुद का ही मनोरंजन करवाती हुई धड़धड़ाते हुए इंजन-सी तमाश-बीनों की झूठी-बेसुरी सहानुभूतियां. हमेशा नाचने-गानेवाला रहमान भाई जब तक जिंदा रहा, तब तक हमेशा ही कितना रंगीन लगता था···जैसे उसके आसपास कई सुनहरे, चमकीले रंग बिखरे हों और वह इन्हीं में अपने हिस्से के रंगों की तलाश कर रहा हो. पर आखिर तक उसे वे रंग नहीं मिल पाये, बल्कि ऐसा हुआ कि वे सारे रंग एक साथ खूब तेजी से गोल-गोल चक्कर लगा कर एक-दूसरे में कुछ इस तरह गड्डम-गड्ड हो गये कि वे सारे रंग अपना-अपना रूप ही खो बैठे और उनकी जगह बन गया एक सफ़ेद रंग. बचपन में उसने कहीं पढ़ा था कि सब रंग जब मिल जाते हैं, तो उनसे सफेद रंग बन जाता है···सफेद रंग ···बिलकुल रहमान भाई के कफ़न के जैसा सफेद···एक दम सफेदभक्क···.

रहमान भाई के जाने के कुछ ही दिनों के बाद की ही तो बात है. वह जुम्मे की नमाज़ से लौट रहा था कि मस्जिद के दरवाज़े पर खड़ी मांगनेवालों की लम्बी कतार में से आवाज़ आयी थी···"अब्दुल चाचा, खैरात नइं देंगे?" हां, आवाज़ जुबेदा की···रहमान भाई की छोटी जुबेदा की ही थी.

अब्दुल की नज़र फिर से एंड्रिन के डिब्बे पर पड़ी, तो उसे लगा कि रहमान भाई वाली सारी घटना में रहमान भाई नहीं, खुद वह है, और नन्ही जुबेदा की जगह उसे नग्मा या सलीम दिखाई देने लगे.

"लेव, चाय पी लेव"—जमीला की आवाज़ थी सिगड़ी के इर्द-गिर्द सभी जमा हो गये थे. वह भी वहीं जा बैठा तो सलीम ने इतराना शुरू किया···"अब्बा हुं हुं ऊं ओ अब्बा, मेरे कूं डबल रोटी कूं दस पैसे देव ना." उसे फिर लगा कि यह सलीम नहीं जुबेदा बोल रही है. और उसने सलीम को एकदम अपने सीने से चिपका लिया, "हाँ बेटे···ये ले···" उसकी आंखें कुछ गीली-सी हो आयी थीं.

सभी और खुद सलीम भी दस पैसे पाने के बावजूद यह सब देख गुमसुम-सा हो गया था. पर अब्दुल के हंसते ही माहौल फिर साफ हो गया. धुआं छंट गया था

चाय के कारण उसे थोड़ी ताज़गी महसूस हुई, तो वह जमीला से बोला, "सुन, मैं सेठ के ह्यां से आता हूं."

"आज रहन देव ना, कल जाना. सारी रात-भर तकलीफ़ मेंच तो पड़े रये और चले अब्भी से इत्ती जल्दी कामपे."

अब्दुल कुछ बोला नहीं सिर्फ थोड़ा-सा मुस्करा-भर दिया. उसकी मुस्कान में बिखरे कई सवालों के जवाब जमीला ने शायद पा लिये थे.

वह सलमा और नज्मा के कंधों पर हाथ देता हुआ उठा और सलीम से बोला, "सुल्लू बेटा, एक पप्पी नइं देंगा ?" उसने सुल्लू को चूम लिया.

सभी उसे अचरज-भरी नज़रों से देख रहे थे. पर उसकी नज़र फिर एंड्रिन के डिब्बे पर आ पड़ी थी और उसका चेहरा फिर कुछ अजीब-सा, पर गुस्से से भरा लगने लगा था. वह उसी हालत में धीरे-धीरे चलता हुआ एंड्रिन के डिब्बे के पास गया और उसने कस के एक लात डिब्बे को दे मारी.

उसने बाहर देखा, तो महसूस किया कि बादलों के कारण पिछले कई दिनों से सूरज नहीं दिखा है और आज भी वैसा ही एक दिन है. वह लंगड़ाता हुआ घर से बाहर निकला, तो जमीला, सलीम, सलमा, नज्मा, जेबू सभी दरवाज़े पर भौंचक्के-से खड़े थे और वह धीरे-धीरे कदम उठाता हुआ काम पर जाने के लिए आगे बढ़ता ही जा रहा था···

□ □